全国区块链应用创新人才培训指定用书　　"区块链+"应用丛书

区 块 链

创新企业管理

陈意斌　　张晓媛　　刘志毅　　等编著

电子工业出版社·

Publishing House of Electronics Industry

北京·BEIJING

内 容 简 介

本书力求用通俗易懂的语言让读者在较为全面、准确地把握区块链的核心价值的基础上，结合实体经济中农业、工业、制造业、物流业、医疗医药、电力电网、知识产权保护，以及教育、就业、养老、精准脱贫、医疗健康、商品溯源、食品安全、公益、社会救助等民生领域存在的数据可信难、数据共享难、隐私保护难、自动执行难等痛点，应用区块链分布式记账技术、共识机制、加密技术、智能合约技术等集成技术解决上述问题，提高经济社会的运行效率，降低社会信任成本，进而创新数字经济发展模式，为推动社会经济高质量发展提供支撑，并结合大量真实案例提出区块链创新解决方案。

本书不仅能为在相关专业领域具有一定经验与建树的行业骨干提供有效指导，还能为企业家与管理者提供决策参考，亦可作为相关行业区块链应用人才培训的指定教材，以及高等院校通识课或专业课教材或教学参考书。

图书在版编目（CIP）数据

区块链创新企业管理 / 陈意斌等编著. —北京：电子工业出版社，2021.9

ISBN 978-7-121-42035-1

Ⅰ．①区… Ⅱ．①陈… Ⅲ．①企业创新－创新管理－研究 Ⅳ．①F273.1

中国版本图书馆 CIP 数据核字（2021）第 188723 号

责任编辑：秦淑灵　　　　特约编辑：田学清

印　　刷：三河市鑫金马印装有限公司

装　　订：三河市鑫金马印装有限公司

出版发行：电子工业出版社

　　　　　北京市海淀区万寿路 173 信箱　　　　　邮编：100036

开　　本：720×1000　　1/16　　印张：14.25　　　　字数：279 千字

版　　次：2021 年 9 月第 1 版

印　　次：2021 年 9 月第 1 次印刷

定　　价：58.00 元

凡所购买电子工业出版社图书有缺损问题，请向购买书店调换。若书店售缺，请与本社发行部联系，联系及邮购电话：（010）88254888，88258888。

质量投诉请发邮件至 zlts@phei.com.cn，盗版侵权举报请发邮件至 dbqq@phei.com.cn。

本书咨询联系方式：qinshl@phei.com.cn。

"区块链+"应用丛书编委会

一、发起单位

亚洲区块链产业研究院
清华大学技术创新研究中心
中国技术经济学会金融科技专业委员会
中国移动通信联合会区块链专业委员会
全国高校人工智能与大数据创新联盟
深圳市信息服务业区块链协会

二、编委会构成

名誉主任：杨兆廷
主　　任：赵永新
执行主任：钟　宏　陈柏珲
副 主 任：刘　权　朱启明　李　慧　秦响应
　　　　　陈洪涛　万家乐　陆　平
秘 书 长：黄　蓉
执行秘书长：张晓媛　尹巧蕊

三、编委会名单

姓　　名	职称或职务	工 作 单 位
杨兆廷	党委书记 常务副理事长	河北金融学院 中国技术经济学会金融科技专业委员会
赵永新	教　授 副院长	河北金融学院 亚洲区块链产业研究院
钟　宏	院　长	清华大学 x-lab 青藤链盟研究院
陈柏珲	院　长	亚洲区块链产业研究院
黄　蓉	秘书长	传媒区块链产业智库
朱启明	秘书长	全国高校人工智能与大数据创新联盟
秦响应	院　长	河北金融学院金融科技学院

续表

姓　名	职称或职务	工　作　单　位
刘权	院　长	赛迪区块链研究院
陈晓华	秘书长	中国移动通信联合会区块链专业委员会
沈春明	博士/高级经济师	清华启迪区块链有限公司
翟欣磊	区块链负责人	京东集团数字科技有限公司
尹巧蕊	博　士	中央司法警官学院
张小军	区块链负责人	华为集团有限公司
张晓媛	负责人	区块链产业人才研究所
吴俊杰	秘书长	深圳市南山区区块链应用协会
陈意斌	会　长	福建省区块链协会
刘靖	总经理	国数青云（北京）科技有限公司
刘志毅	主　仕	商汤科技智能产业研究院
刘永相	秘书长	中国电力企业联合会能源区块链标准委员会
万家乐	总经理	上海持云管理有限公司
陆　平	负责人	国际数字经济研究中心亚洲区
张　权	创始合伙人	上海持云管理有限公司
宇鸣初	发起人	BTRAC全球数字网络高等智库
黄　锐	总经理	成都雨链科技有限公司
丁晓蔚	博士/副教授	南京大学
赵　勇	会　长	中国西部互联网与大数据产业协会
李　慧	副院长	火币区块链应用研究院
罗　骁	总经理	杭州宇链科技有限公司
郝　汉	首席信息官	安妮股份有限公司
武艳杰	教　授	华南师范大学
刘晓俊	副秘书长	深圳市南山区区块链应用协会
郑相涵	博　士	福州大学
杨国栋	总经理	中化能源科技有限公司
宣宏量	常务秘书长	首都版权产业联盟
梅　昕	博士/主任	全球金融科技实验室
段林霄	联合创始人	微观（天津）科技发展有限公司
郑烨婕	副院长	商汤科技智能产业研究院
宋　森	主　任	华南师范大学区块链经济研究中心
向峥嵘	总　监	中博聚力（北京）投资管理有限公司
李瑞静	总　监	保定金融谷有限公司
陈洪涛	党委委员 副行长	广发银行股份有限公司西安分行
杨锦帆	副教授	西北政法大学

总　　序

　　区块链是比特币的底层技术，是一种集合分布式存储、共识机制、非对称加密、智能合约等多种技术于一体的综合性技术，该技术的价值是在区块链世界中建立一种分布式或多中心的可信化高效运转机制。区块链出现至今已历十多年，底层技术相对成熟。近年来，联合国、国际货币基金组织和多个发达国家政府先后发布了区块链的系列报告，探索区块链技术及其应用。联合国秘书长安东尼奥·古特雷斯（Antonio Guterres）表示，联合国必须拥抱区块链技术。他说："为了使联合国更好地履行数字时代的使命，我们需要采用区块链之类的技术，以帮助加速实现可持续发展目标。"

　　从国际来看，英国、美国、俄罗斯、日本、新加坡等国家的政府、金融机构、互联网企业和制造企业积极投入区块链技术研发与应用推广，区块链技术发展势头迅猛。

　　2019 年 10 月 24 日，习近平总书记在主持中共中央政治局第十八次集体学习时强调："区块链技术的集成应用在新的技术革新和产业变革中起着重要作用。我们要把区块链作为核心技术自主创新的重要突破口，明确主攻方向，加大投入力度，着力攻克一批关键核心技术，加快推动区块链技术和产业创新发展。"这标志着区块链已经上升为国家战略。事实上，2016 年年底，国务院就已经把区块链技术列入《"十三五"国家信息化规划》中，中国人民银行建立数字货币研究所并内测成功、北京市"十三五"规划确定区块链为发展方向、2020 年区块链被列入"新基建"基本组成部分……目前，全国有 20 多个省、自治区、直辖市的地方政府发布了区块链专项行动，积极探索利用区块链解决政务数据共享、政务效率提升、智慧税务、司法存证、城市交通拥堵等问题；各金融机构积极探索并应用区块链实现银行、保险、证券等金融业态更好地服务实体经济、提升服务效率、降低服务成本、降低金融风险；工业、农业、服务业等各行各业都在快速拥抱区块链，提升实体经济运行效率，创新商业模式，构建新商业生态。区块链正在与各个领域深度整合。

　　当前介绍区块链的相关著作不少，但全面、系统、深入介绍区块链各类应用场景的著作还相对较少。因此，由亚洲区块链产业研究院、清华大学技术创新研究中心、中国技术经济学会金融科技专业委员会、中国移动通信联合会区块链专业委员会、全国高校人工智能与大数据创新联盟、深圳市信息服务业区块链协会，联合发起成立了"区块链+"应用丛书编委会，汇集来自河北金融学院、中国技术经济学会金融科技专业委员会、亚洲区块链产业研究院、清华大学 x-lab 青藤链盟研究院、传媒区块链产业智库、全国高校人工智能与大数据创新联盟、赛迪区块链研究院、中国移动通信联合会区块链专业委员会、清华启迪区块链科技发展有限公司、京东集团数字科技有限公司、中央司法警官学院、华为集团有限公司、区块链产业人才研究所、深圳市南山区区块链应用协会、福建省区块链协会、国数青云（北京）科技有限公司、商汤科技智能产业研究院、中国电力企业联合会能源区块链标准委员会、上海持云管理有限公司、国际数字经济研究中心亚洲区、BTRAC 全球数字网络高等智库、成都雨链科技有限公司、南京大学、中国西部互联网与大数据产业协会、火币区块链应用研究院、杭州宇链科技有限公司、安妮股份有限公司、华南师范大学、福州大学、中化能源科技有限公司、首都版权产业联盟、全球金融科技实验室、微观（天津）科技发展有限公司、华南师范大学区块链经济研究中心、中博聚力（北京）投资管理有限公司、保定金融谷有限公司、广发银行股份有限公司西安分行、西北政法大学等在区块链领域开拓创新的学界与业界的 40 多位精英，基于对区块链技术的系统化解读，聚焦区块链应用于政府治理现代化、经济现代化、金融现代化、管理现代化等多维层面的深度阐释，希望在区块链应用理论体系建设方面进行有益探索，为区块链促进社会全面健康发展提供智力支持。

此套丛书不仅可供广大读者分享，亦可作为相关行业区块链应用人才培训的指定教材。

由于编者水平有限，加之时间紧张，丛书难免存在不足之处，欢迎广大读者批评指正。

"区块链+"应用丛书编委会主任　赵永新
2021 年 8 月

前　　言

《区块链创新企业管理》一书在各位专家半年多的努力下终于完稿了。在此，真诚地向各位读者推荐这本在区块链领域具有重要意义的书籍，这也是一本非同寻常的将区块链技术与企业管理结合应用的通识性书籍。

在编撰初期，我们与编委会共同商议，决定将"创新企业管理"这个新颖、独特，同时也备受行业关注的话题作为该书的命题切入点。我们尝试从国家战略、企业管理、人力资源、市场营销、法律风险等角度，深入发掘区块链的赋能价值。不同于市面上其他的产业和技术相关论述著作，本书所选择的方向是从企业管理实践和市场商业逻辑出发，紧贴产业，理解区块链技术的应用和发展，相信对于期待了解区块链的前世今生，以及其背后商业范式与逻辑的读者而言，颇有价值。

值得强调的是本书的实用性。我们对区块链技术的核心价值和产业生态进行了全方位、深层次研究，并用通俗易懂的语言直观呈现其中的关键信息以飨读者。在此基础上，我们针对企业管理中常见的企业发展战略、企业管理思维、企业商业模式、企业人力资源管理、市场营销、企业法务、企业国际化发展等课题，以及区块链技术如何与这些课题紧密有效结合做了翔实的分析与探索，相信这些内容对企业家和一线实战管理者而言具有重要参考价值。同时，对于区块链如何帮助企业解决数据孤岛、数据隐私保护、分布式存储等涉及区块链产业应用核心的关键命题，本书也基于产业实践进行了充分的说明与解读。作为教材，最重要的就是，能够结构化呈现知识，从而帮助学习者建立对该行业的认知框架，毫无疑问，这本书具有这一显著特征。换言之，我们希望这本书不仅能为企业家与管理者提供决策参考，也能为那些正在学习相关技术的学生，或者在相关专业领域具有一定经验与建树的行业骨干提供有效指导。

另外，值得强调的是本书编撰团队专家的多元化背景。参与本书撰写的有长期奋斗在区块链领域一线的实战派企业家，也有长期从事商业与金融理论研究的学院派专家，更有长期专注于数字经济领域且研究成果丰硕的经济学家。鸾翔凤集，渊博的理论知识与深刻的行业认知，结合丰富的产业实践和成熟的市场经验，相信各领域专家、学者的真知灼见可为读者带来一场洞察区块链创新企业管理的知识盛宴。

全书内容共分十章：第一章"区块链与国家战略"和第二章"区块链技术原理"由赵永新编写；第三章"区块链+企业发展战略"由刘志毅、郑烨婕编写；

第四章"区块链+思维重塑"由陈意斌编写;第五章"区块链+商业模式创新"由李慧编写;第六章"区块链与人力资源"由张晓媛编写;第七章"区块链+市场营销"由陈意斌编写;第八章"'区块链+'的法律风险及对策研究"由杨锦帆、吴俊杰编写;第九章"区块链+企业国际化"和第十章"区块链+企业管理创新案例"由刘晓俊编写。在此对各位专家的无私奉献表示衷心的感谢!

回顾整本书稿的编撰,重点要感谢"区块链+"应用丛书编委会主任赵永新教授及本书统稿人刘志毅老师。本书的顺利问世,离不开包括以上二位老师在内的各位专家、学者的辛勤付出。这里还要特别感谢电子工业出版社及参与本书出版的编辑老师。最后也是最重要的,要感谢我们的读者,每一位读者的认可才是书籍价值的最大体现。

区块链技术发展正盛,在推进区块链与管理创新相结合这一开创性的研究工作中,我们难免有不足之处。学海无涯,永无止境!希望借本书的出版,荟萃专家们的智慧与远见,让各位读者有机会领略区块链技术的应用价值与赋能魅力;也希望借此契机与各界人士一道探索区块链技术创新企业管理相关的理论精髓和实践经验,为中国区块链产业的发展添砖加瓦。

陈意斌　张晓媛　刘志毅

2021 年 8 月

目　　录

第一章

区块链与国家战略

　　人类自诞生以来，一直在探索社会发展的规律。从科学技术对经济社会的影响来看，经济发展大致可以划分为四个阶段。18 世纪 60 年代以前基本属于第一个阶段，这个阶段主要以手工劳动为主。第二个阶段始于 18 世纪 60 年代，以英国人瓦特改良的蒸汽机为代表的第一次工业革命，使社会手工劳动向动力机械生产转变。第三个阶段始于 19 世纪后期至 20 世纪初期，发生了以电力的大规模应用为代表的第二次工业革命，代表事件是爱迪生发明了电灯。第四个阶段始于 20 世纪中后期，第二次世界大战以后由于计算机和电子数据的普及和推广，第三次工业革命即信息技术革命，彻底改变了整个人类社会的运作模式。后来诞生的以苹果、微软为代表的一众科技公司，掀起了互联网时代的大幕，至今仍影响着人类经济社会生活的方方面面，信息技术革命可以说是目前对人类社会影响最为深远的技术革命。

　　互联网（Internet）始于 1969 年美国的阿帕网。这种将计算机网络互相连接在一起的方法被称为"网络互联"，在此基础上发展出的覆盖全世界的全球性互联网络则被称为"互联网"。互联网至今已经走过了 50 多年的历史长河。尤其是从 20 世纪 90 年代末开始，我国互联网从个人计算机（PC）端的鼎盛时期转变到现在的移动互联网和物联网的蓬勃发展期，不过用了短短 20 余年的时间。互联网具有打破信息不对称、降低交易成本、促进专业化分工和提升劳动生产率的特点，为各个国家经济转型升级提供了重要机遇。2015 年 7 月，《国务院关于积极推进"互联网+"行动的指导意见》将"互联网+"提升到国家战略；经过 5 年多的发展，互联网已经与传统产业深度融合，产生了互联网金融、互联网交通、互联网医疗、互联网教育等新业态；与此同时，工业互联网正在从消费品工业向装备制造和能源、新材料等工业领域渗透，全面推动传统工业生产方式的转变；除此之外，农业互联网也在从电子商务等网络销售环节向生产领域渗透。可以说，我国是全球互联网应用最成功的国家之一。但随着互联网、移动互联网、物联网、大数据、人工智能的发展，这些新技术在推动人类经济社会快速发展的同时，也产生了一些由互联网自身原因导致的问题，如中心化数据可以篡改、数据共享难、信任成本高、不同主体协作困难等。而区块链作为集计算机技术、密码学、共识算法、智能合约等于一身的新型科学技术，恰恰能解决这些互联网本身不能解决的问题，进而或许会引发继互联网之后人类经济社会发展史上的又一次革命。

第一节　"互联网+"国家战略

一、用户数量持续增长，上网时长不断攀升

1994 年 4 月 20 日，中国科学院用一条 64kbit/s 的连接线让我国与世界连通，标志着互联网正式进入中国。20 多年以来，互联网对中国经济社会产生了深远影响。中国互联网络信息中心（CNNIC）第 46 次《中国互联网络发展状况统计报告》显示，截至 2020 年 6 月，我国网民规模已经达到 9.40 亿人，相当于全球网民的 1/5。互联网普及率为 67.0%，约高于全球平均水平 5 个百分点。城乡数字鸿沟显著缩小，城乡地区互联网普及率差异为 24.1%。2017—2020 年上半年网民规模及互联网普及率如图 1.1 所示。

图 1.1　2017—2020 年上半年网民规模及互联网普及率

截至 2020 年 6 月，我国手机网民规模达 9.32 亿人，较 2020 年 3 月底增加了 3546 万人。网民中使用手机上网人群的占比提升至 99.2%，网民手机上网比例在高基数基础上进一步攀升。2017—2020 年上半年手机网民规模及及其占整体网民比例如图 1.2 所示。

图 1.2 2017—2020 年上半年手机网民规模及其占整体网民比例

从 1999 年我国电子商务出现开始到 2020 年，互联网行业在我国发展的 20 多年里，经历了探索成长期（1999—2008 年）、快速发展期（2009—2014 年）、成熟繁荣期（2015—2020 年），由 PC 互联网走向移动互联网，由 2G 走向 5G，成为推动我国创新与经济发展的主要引擎。

二、互联网顶层设计，建设网络强国

为适应发展趋势，我国及时加强了互联网发展顶层设计和统筹规划。2015 年 7 月，《国务院关于积极推进"互联网+"行动的指导意见》中提出，"互联网+"是把互联网的创新成果与经济社会各领域深度融合，推动技术进步、效率提升和组织变革，提升实体经济创新力和生产力，形成更广泛的以互联网为基础设施和创新要素的经济社会发展新形态。加快推进"互联网+"发展，有利于重塑创新体系、激发创新活力、培育新兴业态和创新公共服务模式，对打造大众创业、万众创新和增加公共产品、公共服务"双引擎"，主动适应和引领经济发展新常态，形成经济发展新动能，实现中国经济提质增效升级具有重要意义。2016 年 4 月 19 日，习近平总书记在网络安全和信息化工作座谈会上发表重要讲话，阐述了中国互联网与信息化事业的发展目标、重要任务与实践途径，确立了建设网络强国的重大战略目标。2018 年 3 月，根据中共中央印发的《深化党和国家机构改革方案》，原中央网络安全和信息化领导小组改为中国共产党中央网络安全和信息化委员会，从体制机制建设上加强党中央对涉及党和国家网络安全和信息化事业全局的重大工作的集中统一领导，强化决策和统筹协调职责，从而更加有效地推进相关领域重大工作的顶层设计、总体布局、统筹协调、整体推进、督促落实。在此基础上，我国加快实施和推进网络强国建设，网络空间国际竞争力持续不断提高。

三、推动"互联网+经济发展"，形成数字经济新动能

回顾互联网在我国快速发展的20余年，其已由单一的资讯信息服务，逐步融合到传统产业并为之带来信息化蜕变。进入移动互联网阶段后，我国互联网已渗透至多个领域，互联网、移动互联网等技术的应用正在深刻改变经济发展各领域的组织模式、服务模式和商业模式。在互联网的引领与赋能下，产业转型升级持续加速，新服务、新模式、新业态不断涌现，经济发展新动能不断培育和增多，有效适应和引领了经济新常态。"互联网+创新"几乎成为农业、工业、服务业、房地产业等所有传统产业的标配，有效促进了社会发展。借此契机，我国正在成为全球创新的典范，"中国创造"成为全球追赶和学习的榜样。2019年，我国数字经济规模已达34.81万亿元，占我国GDP的35%，数字经济已成为我国产业的重要组成部分。

四、深化"互联网+社会发展"，促进民生高质量发展

互联网与经济社会发展协同互促，教育、医疗、文化、社保、养老等领域积极拥抱互联网；互联网教育、互联网医疗、互联网养老等新业态促进了优质资源流动，以及城乡协调和共享发展。电子商务应用持续保持高速增长态势，电子商务交易额从2012年的7.89万亿元增长到2019年年底的34.81万亿元。微信支付、支付宝支付等移动支付模式快速普及，加速推进我国迈向无现金时代。电子商务、移动支付和社交通信等移动互联网应用正在为我国人民创造一种令很多国家向往和羡慕的新生活方式，科技改变未来也因互联网应用正在加速实现。

五、推进"互联网+政务服务"，加速国家治理现代化

国务院与各级政府积极推进"互联网+政务服务"，推行"一号、一窗、一网"服务，不断优化服务流程，创新服务方式，推进数据共享，打通信息孤岛，创新监管和服务模式，实现了让企业和群众少跑腿、好办事、不添堵，宏观调控、社会管理、公共服务、市场监管等治国理政能力不断增强，营商环境显著改善，双创活力蓬勃激发，依法治国深入推进，制度性交易成本持续降低，国家治理能力和水平全面提升。各级政府可以利用互联网、移动互联网、物联网、大数据等新技术，分级分类推进新型智慧城市建设，对政务服务办理过程和结果进行大数

据分析，创新办事质量控制和服务效果评估，大幅提高政务服务的在线化、个性化、智能化水平；还可以通过建立事项信息库动态更新机制和业务协作工作机制，与推进新型智慧城市建设、信息惠民建设等工作形成合力，不断创新政务服务方式，提升政务服务供给水平。

近年来，我国电子政务发展在统筹协调机制、深入推进"互联网+"政务服务、信息资源整合共享等方面均取得了积极进展，但同时也面临一些挑战和问题，需要运用新理念、新方法来推进电子政务进一步发展。截至 2020 年 6 月，我国在线政务服务用户规模达 7.73 亿人，较 2020 年 3 月增长 11.4%，占整体网民的82.2%。已有 297 个地级行政区政府开通了"两微一端"（政务微信、政务微博和政务新媒体平台）等新媒体传播渠道，总体覆盖率达 88.9%。但是仍然有约57% 的地级市政府客户端和微信公众号服务整合程度未达标，移动服务供给分散，政务新媒体平台整合能力有待提升。

截至 2020 年 6 月，我国共有政府网站 14 467 个。其中主要包括中国政府网1 个，国务院部门及其内设、垂直管理机构共有政府网站 900 个；省级及以下行政单位共有政府网站 13 566 个，分布在我国 31 个省（区、市）和新疆生产建设兵团。各行政级别政府网站数量如图 1.3 所示。

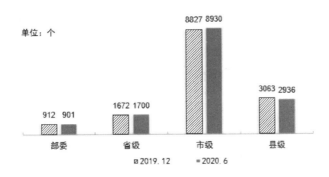

图 1.3　各行政级别政府网站数量

六、"互联网+"存在的根本问题

1. 中心化存储数据安全问题

中心化存储拥有明确的中心，安全成本高昂，且更容易被攻击。对黑客而言，只要攻破了这个明确的中心，就可以拿到所有的数据，甚至篡改其中的数据。

用户使用中小规模厂商提供的中心化云存储类产品，可能面临随时终止服务的风险。曾经发生在我国互联网市场的"网盘大战",主要参战企业都是当时市面上声名显赫的个人云服务厂商,包括 360 网盘、金山网盘、新浪微盘、百度网盘等。然而几年过去了,当年参与"网盘大战"的部分企业,要么业务已经关闭,要么产品无法正常访问,造成大量用户的存储数据丢失。

在过去的 20 多年里,互联网全面融入人类经济社会生活,引领世界发生了巨大的变革。但由于技术本身的局限,网络世界所存在的公平性、价值性、安全性等基础问题,长期以来都未得到圆满解决,甚至由此派生出许多危害公共治安、社会伦理、国家安全的问题,成为现实社会新的"顽疾"。因此,在互联网世界内部开展一场深刻的技术变革,比过去任何时候都显得更加必要、更加迫切。

2. 互联网信任成本过高

在经济互联网化、全球化的今天,信任是经济往来的基石。信任的获得成本非常高,却又非常容易失去。在心理学中,信任是社会影响概念中不可或缺的一部分,因为影响或说服一个信任你的人是很容易的。"信任"已被广泛应用于预测组织(如政府机构)的行为,其所体现出来的诚实、能力和价值的相似性(Value Similarity,类似仁爱心)等因素是必要的。若因为明显违反了其中的三个因素而丧失信任,将很难修复信任。也正因如此,建设信任与破坏信任有一个明确的对称性。在以第三次工业革命下的互联网技术为标志的全球化时代,信息高度透明、对称,每一个个体与组织都曝光在同一片蓝天下,如果没有信任,那么这个社会将变成一个人人自危的社会。互联网、移动互联网、人工智能、云计算、大数据、5G 等的应用基础是数据,但在不诚信的环境下,没有真实的数据,再好的技术也可能做出错误的判断。因此,互联网时代人与人之间、企业与企业之间、国家与国家之间的信任成本非常高,而且多年建立起来的信任可能会因为一些或许只是可能存在的误会而轻易失去;而从金融的角度来看,由于信息不对称会被认为有风险,进而会人为增设很多防范风险的不必要措施,进一步推高信任成本。

3. 用户隐私保护难度较大

2018 年,脸书客户信息泄露事件已经发展成重大的政治事件、经济事件、金融事件、科技事件、大数据事件、客户信息保护事件等多重深层次问题。这起事件的严重程度远远超过市场、政治家、经济金融家及民众的预期。该事件的严重性不仅在于超 5000 万名客户的信息被泄露,更在于诸如脸书等超级平台上积累的与用户切实相关的庞大数据，存在被滥用的漏洞与风险。

互联网发展至今，不论是便利性还是实效性都让我们亲身感受到了科技的力量；但与此同时，个人信息与隐私数据泄露、诈骗骚扰电话等各种科技寄生虫如影随形。尽管国家层面三令五申强调个人隐私保护，要求无论是企业还是个人都不得强行绑架用户、盗用用户信息，但最近几年这一问题依旧屡见不鲜，并未得到妥善解决。

4. 基础技术创新相对较弱

一般来说，互联网的用户终端（计算机、手机等）要想访问一个网页或应用，首先需要通过域名系统获取该网页或应用所在服务器的 IP 地址，然后根据路由控制系统将访问请求发送给对应 IP 地址的服务器。互联网是全球一张网的通信系统，充当"名字标识"的域名和充当"位置标识"的 IP 地址必须具有全球唯一性。为此，无论是域名系统还是 IP 地址系统，都采用树形的分配和管理体系，下级受制于上级。位于域名系统最上游的是"域名根服务器"。一次完整的域名解析过程，需要逐级访问域名根服务器、顶级域名服务器。境内没有域名根服务器的国家，从理论上讲，若不考虑服务器缓存的因素，每一次境内互联网的访问都需要访问境外域名根服务器。没有域名根服务器和 IP 根服务器的国家，一旦境外根服务器反馈错误信息或不提供服务，就会导致境内互联网"断网"。这种对境外根服务器的高度依赖，就成了所有没有根服务器国家头上所悬的"达摩克利斯之剑"。因为各类互联网的应用创新都建立在根服务器基础上，没有根服务器的互联网就像建在沙滩上的大厦。而在这一方面，我国还有很长的路要走。

综上所述，这些问题或许可以用区块链技术来解决。

第二节　"区块链+"国家战略升级

一、区块链上升为国家战略

2019 年 10 月 24 日，在中共中央政治局第十八次集体学习时，习近平总书记强调，"把区块链作为核心技术自主创新的重要突破口""加快推动区块链技术和产业创新发展"。区块链成为社会关注的焦点。

区块链技术的集成应用在新的技术革新和产业变革中起着重要作用。我们要把区块链作为核心技术自主创新的重要突破口,明确主攻方向,加大投入力度,着力攻克一批关键核心技术,加快推动区块链技术和产业创新发展。

区块链是一项集成技术。区块链是一个共享数据库,存储于其中的数据或信息具有"不可伪造""全程留痕""可以追溯""公开透明""集体维护"等特征。基于这些特征,区块链技术奠定了坚实的"信任"基础,创造了可靠的"合作"机制,具有广阔的应用前景。区块链技术的应用已延伸到数字金融、物联网、智能制造、供应链管理、数字资产交易等多个领域。目前,全球主要国家都在加快布局区块链技术发展。我国在区块链领域拥有良好的基础,要加快推动区块链技术和产业创新发展,积极推进区块链和经济社会融合发展。

二、国家区块链战略的良好基础

作为新兴前沿技术,区块链还没有形成强大的技术壁垒,世界各国基本处于同一起跑线。我国要在此领域实现核心技术突破,束缚和阻碍更小,更容易走在理论最前沿,占据创新制高点,取得产业新优势。此外,在技术、产业、人才、政策等方面,我国都拥有良好的基础,具有快速突破的土壤。

1. 区块链行业标准相对完备

密码算法和电子签名标准体系的区块链核心技术相对完备,SM2 椭圆曲线公钥密码算法、SM3 密码杂凑算法、SM9 标识密码算法和祖冲之序列密码算法都可为区块链技术提供核心加密支持。截至 2019 年 6 月底,相关密码算法行业标准约有 19 项,数字签名标准约有 20 项。区块链底层框架技术标准化工作从 2016 年起有序展开,相关科研机构都在积极参与区块链底层框架标准的制定工作;2019 年,我国在区块链基础标准、数据隐私保护和跨链技术标准等方面取得了诸多进展。目前,我国正在着手建立区块链国家标准,从顶层设计推动区块链标准体系建设。区块链国家标准将包括基础标准、业务和应用标准、过程和方法标准、可信和互操作标准、信息安全标准等,以进一步扩大区块链标准的适用性。除了上述内容,我国在应用标准研究,如密码应用服务标准、底层框架应用编程接口标准、分布式数据库要求、虚拟机与容器要求、智能合约安全要求、BaaS 平台应用服务接口标准和规范等方面具有一定基础,在针对具体应用场景制定的区块链应用标准或规范方面不断更新并取得了显著进展。2020 年 2 月,《金融分布式账本技术安全规范》(JR/T 0184—2020)金融行业标准发布，这是国内金融行业首个区块链标准。该标准由全国金融标准化技术委员会归口管理，由中国人民银行数字货币研究所提出并负责起草，中国人民银行科技司、中国工商银行、中国农业银行、中国银行、中国建设银行、国家开发银行等单位共同参与起草。该标准经过广泛征求意见和论证，并通过了全国金融标准化技术委员会的审查。

2. 区块链产业蓬勃发展

我国区块链行业起步稍晚，基础相比欧美稍弱，但从发展势头和潜力来看，我国区块链行业非常有可能实现比肩移动互联网与移动支付的成就。截至 2019 年 12 月底，在国家市场监督管理总局备案的区块链企业达 3.3 万余家。区块链企业应用主要分布在金融、供应链、溯源、硬件、公益慈善、医疗健康、文化娱乐、社会管理、版权保护、教育和共享经济领域，其中以金融、供应链、溯源、硬件为主。整个行业主要有以下几个特点：地域分布集中、企业数量增长快、投融资较为活跃、领域分布较广、专利增长情况好。目前，我国三大互联网巨头企业阿里巴巴、腾讯和百度都在尝试落地区块链技术及涉及较为基础的技术开发，如百度超级链平台、蚂蚁金服区块链 BaaS 平台、腾讯云 TBaaS 区块链服务平台等。中国平安、万向控股、恒生电子等多家 A 股上市公司在金融、能源、物流、交通、贸易、版权等区块链应用领域也有广泛布局。

3. 区块链独角兽全球第一

胡润研究院发布了"2019 胡润全球独角兽榜"。该榜单揭露共 494 家独角兽企业，其中，中国以 206 家位居第一，其次为美国（203 家），印度和英国分别排名第三和第四，各有 21 家和 13 家。值得注意的是，世界上超过 80%的独角兽公司隶属于中、美两国。

登上"2019 胡润全球独角兽榜"的区块链企业共 11 家，估值总计 2790 亿元（人民币），占总市值的 2%。其中，比特大陆以 800 亿元的估值位列第一位，Coinbase、Ripple 分别位居第二和第三。上榜企业数量最多的国家分别是中国（4 家）和美国（4 家）；榜单前十企业的估值总计 2720 亿元，分别为比特大陆、Coinbase、Ripple、嘉楠耘智、Circle Internet Financial、Binance、Block.One、Dfinity、亿邦国际、BitFury，如表 1.1 所示。

表 1.1 2019 年全球区块链行业独角兽企业排行榜

排　名	企 业 名 称	估值/亿元	国　家	城　市
1	比特大陆	800	中国	北京
2	Coinbase	550	美国	旧金山
3	Ripple	350	美国	旧金山
4	嘉楠耘智	200	中国	杭州
5	Circle Internet Financial	200	美国	波士顿
6	Binance	150	马耳他	—
7	Block.One	150	中国	香港
8	Dfinity	150	瑞士	楚格
9	亿邦国际	100	中国	杭州
10	BitFury	70	美国	旧金山
11	Liquid Global	70	日本	东京

4. 区块链专利数量全球第一

统计数据显示，2019 年企业整体发明专利申请量较 2018 年增长明显。从入榜企业所属国家来看，TOP 100 的企业主要来自 10 个国家和地区，中国占比为 63%，美国占比为 19%，日本占比为 7%，德国和韩国占比分别为 3%，瑞典、安提瓜和巴布达、爱尔兰、芬兰和加拿大占比分别为 1%。2015 年后，我国区块链相关专利增速超过 200%，成为我国专利数量增长最快的领域。从增速上看，我国区块链专利领先全球；从数量上看，我国也领先美国，列居全球第一；从企业角度来看，专利量排名前 10 的企业中，有 6 家企业来自我国；其中，阿里巴巴以 1005 件专利位列全球第一，中国平安以 464 件专利排名全球第二，微众银行以 217 件专利数量排名全球第五。

三、"区块链+"，换道超车的突破口

"互联网+"让我国经济得以持续快速增长，但互联网自身的一些问题难以克服，再加上基础创新方面的不足，使我国互联网的发展比发达国家晚了 20 多年；而区块链技术迄今 10 多年，已经在中国各个领域开始应用，因此将区块链上升为国家战略意义十分重大。

1. 区块链是全球性争夺技术

目前，全球主要国家都在加快布局区块链技术发展，而我国正在抢占跑道。在中美贸易摩擦的背景下，我国企业越来越强调对最核心的"硬技术"的掌控；

从政府政策引导来看，政府更加鼓励企业进行区块链核心技术的自主创新。我国在区块链竞争领域的目标就是争夺第一。

从本质上讲，区块链就是一套治理架构，其核心是基于多种技术组合而建立的激励约束机制。它通过集成分布式存储、点对点传输、共识机制、加密算法等技术，对计算模式进行颠覆式创新，大幅提高"作恶"门槛。此外，区块链还通过设置激励机制，推动"信息互联网"向"价值互联网"变迁，从而充分挖掘内部的积极力量，维护网络世界的生态秩序，进而实现更加良性的治理架构，推进国家治理体系和治理能力现代化，因此其可能引起一场全球性的技术革新和产业变革。区块链在促进数据共享、优化业务流程、降低运营成本、提升协同效率、建设可信体系等方面的重要作用启示我们，区块链不仅要作为核心技术自主创新的重要突破口，还要作为推进国家治理现代化的重要依托。

2. 区块链是创造信任的机器

区块链用多中心方式结合智能合约等技术解决多方信任协作问题，在数据增信的基础上，重塑信任关系和合作关系，解决中心化系统的弊端。例如，在数据透明度和数据隐私保护的问题上，强调增信，增强数据可信度，强化数据公信力；而针对存证项目，"存"即数据上链，"证"即证明数据不可篡改。区块链的发展，更是社会生产力和生产关系亟待变革的需要，人们建立信任关系的方式将可能随着区块链技术的出现而发生颠覆性的改变，将人与人之间原本通过言行建立感受所形成的认知来直接建立信任，转换成"从人到物，再从物到人"的间接建立信任，人与人之间以可信赖的"物或数据"为载体来建立信任，人们参与分工和协同的商业行为工作方式也将发生逆转，不再是人与人之间直接发生联系，所有的商业行为都将借助一个"会思考的智能系统"，以"共享且不可篡改的数据系统"为纽带来高效地进行。通过智能合约和区块上的不变记录，区块链消除了许多企业在交易时遇到的障碍。

在这些区块链上记载的记录不能被一个或多个计算机更改，这几乎消除了道德风险事件发生的可能性，并减少了不对称信息，因为数据是完全透明的。

3. 区块链是下一代合作机制

关于区块链如何创造信任与合作机制，只要深入具体的应用场景中，就能够看得更加清楚。区块链不可篡改的特点，为经济社会发展中的"存证"难题提供了解决方案，为实现社会征信提供了全新的思路；区块链分布式的特点，可以打通部门间的"数据壁垒"，实现信息和数据共享；区块链形成共识机制，能够解决信息不对称问题，真正实现从"信息互联网"到"价值互联网"的转变；区块链通过智能合约，能够实现多个主体之间的协作与信任，从而大大拓展人类相互合作的范围。总体而言，区块链通过创造信任来创造价值，能保证所有信息数字化并实时共享，从而提高协同效率、降低沟通成本，使离散程度高、管理链条长、涉及环节多的多方主体仍能有效合作。从更大的视角来看，人类能够发展出文明，是因为实现了大规模人群之间的有效合作。亚当·斯密所阐释的"看不见的手"，也是通过市场机制来实现人类社会的分工协作的。由此可见，区块链将极大地拓展人类信任、协作的广度和深度。也许，区块链不只是下一代互联网技术，更是下一代合作机制和组织形式。

区块链也明显提高了公共管理领域的运作效率。通过应用"区块链+政务服务"，各级政府部门广泛集成计算机技术并应用于面向普通大众的管理服务领域，对重构政府政务组织结构提供了空前的应用场景；同时也为人们提供了多方位、多领域、多元化、规范性、优质高效的政务服务。

4. 区块链对各个产业领域都将发挥重要作用

区块链技术的关键在于"融合"。区块链技术一定要解决某一领域的具体问题，这就要求区块链技术能深入具体场景中。区块链技术在产业应用中，也不是一个点的应用，更多的是融合的应用。区块链通过点对点的分布式记账方式、多节点共识机制、非对称加密与智能合约等多种技术手段建立强大的信任关系和价值传输网络，使其具备分布式、去信任中介、不可篡改、价值可传递和可编程等特性。区块链可深度融入传统产业，通过融合产业升级过程中遇到的信任和自动化等问题，利用共享和重构等方式助力传统产业升级，重塑信任关系，提高产业效率，打通创新链、应用链、价值链。

5. 区块链或成为"一带一路"的重要基石

当前，世界处于百年未有的大变局之中，各种矛盾纷争不断涌现，世界经济增长需要新的动能，中国经济下行压力持续加大，也需要找出更好的办法。所以我们要在公平、公正、效力之间寻找新的增长动能。2013 年，我国提出共建"一带一路"倡议，倡导并推动"一带一路"建设，不仅是为了进一步提高我国的发展质量和水平，也是为了推动我国与相关国家的共同发展、联动发展，推动人类实现更美好的发展，建立人类命运共同体。事实上，"一带一路"倡议确实给很多国家带来了实实在在的好处，建成了大量基础设施、工业园区、民生工程，有效推动了跨境贸易和投资增长。

在"一带一路"建设过程中，除了继续加强金融领域的国际合作，同样应当重视与第四次工业革命相伴而来的机遇和挑战，在创新中谋发展。人工智能、区块链技术等都将产生显著的效益，这就需要"一带一路"建设的国际合作伙伴转变发展动力，通过在不同利益相关方之间架起政策沟通的桥梁，引导公共和私营部门、学术界和民间社会组织，推进可持续投资，共同为"一带一路"建设的国际合作伙伴创造福祉。

从网络强国到大数据，从媒体融合到区块链，中共中央政治局第十八次集体学习瞄准技术变革前沿，展现出党中央的方向把握力、前瞻判断力和未来预见力，引领着我国产业变革和经济转型的步伐。中共中央政治局在这次集体学习中专门强调"区块链"，更是体现了对区块链发展和应用的重视。

第三节　区块链国家战略的新机遇

一、产业区块链发展将迎来黄金期

我国是较早在区块链领域进行国家级战略布局的国家之一。2016年12月，"区块链"首次作为战略性前沿技术被写入《"十三五"国家信息化规划》。此后，全国多个省、自治区、直辖市及特别行政区，都相继发布相关政策，在市场上掀起了区块链研发与投入的热潮。而《"十三五"国家信息化规划》将区块链设为"核心技术创新突破口"，并为区块链技术如何给社会发展带来积极而实质性变化指明方向。这种对区块链前所未有的重视程度，势必推动我国在该领域取得更显著的发展成果。

1. 区块链技术将迎来重要发展期

技术是占据区块链制高点的核心。区块链是一种分布式数据库，融合了密码学、共识机制、点对点传输等多种现有技术。由于区块链技术处于初级阶段，因此在性能、成本、隐私保护、跨链技术等方面仍需要进一步完善。区块链是一个全新的赛道，整个产业规模在持续壮大。根据咨询机构报告，预计截至2025年年底，全球区块链技术市场规模将达到570多亿美元，金融服务、媒体电信、医疗保健和交通运输等领域对这项技术的需求日益增长。在政策和市场的双重驱动下，我国一批企业紧跟趋势、勇担使命，将区块链国家战略融入自身发展中，聚焦区块链核心技术，取得了令人瞩目的成绩。

2. 区块链应用重点是与产业融合

回顾历史，每一次底层技术的重大进步都会带来应用的大爆发。对于区块链发展而言，技术是基础，应用是占据区块链制高点的关键，多元化的应用场景是促进区块链技术迅速发展的强大动力。基于去中心化、可追溯、不可篡改等特性，区块链应用已经从金融领域悄然延伸到实体经济、物联网、智能制造、产品溯源、供应链管理等众多领域。目前，国内的大型企业纷纷加速推进区块链应用场景落地。例如，阿里巴巴发力产品溯源、跨境结算等领域，腾讯侧重电子发票等金融领域，京东聚焦透明供应链体系、打击假冒伪劣产品等。中国平安在金融、医疗、汽车、房产和智慧城市五大生态圈部署了超过 40 000 个区块链的节点，实现了 14 个业务应用场景的成功落地，横跨了金融、实体经济、民生等多个领域，是区块链融合产业发展的先行示范企业。未来，区块链将与农业、工业、服务业三大产业深度融合，不断创新产品和商业模式，进而带来广阔的发展机会。

二、区块链必将重构世界贸易关系

1. 区块链应用最大场景在贸易

贸易尤其是跨境贸易将是区块链应用的最大场景。跨境贸易是人类最为复杂的社会经济活动场景，它涉及人类社会经济活动所有的属性与特征，覆盖贸易、物流、金融、监管四大业务领域。跨境贸易企业间的信任成本、沟通成本及合规成本都非常高。跨境贸易诈骗时有发生，且追讨难。将区块链应用到如此复杂的跨境贸易领域，颠覆性地创造出新的信任机制的生产关系，将大幅降低跨境贸易的各项成本，大幅提升贸易效率。具体而言，在跨境贸易领域，生态主要由"生产+贸易"企业、各功能不同的物流企业、以保险和银行为主的金融机构，以及海关、税务、检验、外汇监管四大业务领域组成，10 多个或 20 多个企业、机构角色共同参与。由于目前各部门或各环节都是以互联网为中心的数据存储，因此各部门或各环节都是信息孤岛，难以打破，这无形中增加了沟通与信任成本。区块链赋能跨境贸易的起点首先是解决对应的痛点。区块链技术完全可以实现各部门或各环节的数据按照统一的标准上链并根据共识进行确认，进而大幅降低沟通与信任成本。任何与运输相关的信息，无论是采购证明、清关文件还是提单、保险等都能上链并成为一个透明监管链条的一部分，从而被供应商、运输方、买家、监管者和审计者获得。这样一来，海关就能看到其所需要的和申报货物有关的准确数据（如卖家、买家、价格、数量、承运人、付款、保险等），并能追踪这些货物的实时位置和状态。这种完整的可视性对监管而言至关重要，区块链无疑会使海关的日常工作获得更好的信息和数据驱动保障。

由此我们不难推断，随着世界各国对区块链技术的进一步应用，区块链在跨境贸易市场中将有巨大的发展空间。

2. 区块链跨境贸易竞争激烈

区块链对于贸易的重构引起了多个国家或地区的重视，来自 25 个以上国家的 70 多个组织参与其中，涉及金融服务、信息技术、电信、物流、海事、房地产、酒店和汽车行业等领域。2017 年，在新加坡成立的国际贸易数字化委员会（ITDC）推出基于区块链技术的针对国际贸易行业打造的全球第一个基于区块链的新一代智能合约平台 SilkChain。同年，由美国摩根大通内部区块链平台 Quorum 牵头的银行间信息网络（IIN）上线，该系统旨在最大限度地减少全球支付过程中的痛点，让款项以更快的速度、更少的步骤抵达收款方。2019 年 4 月，天津口岸区块链验证试点项目正式上线试运行，在海关总署和天津市政府的支持和推动下，在天津海关和天津市商务局的共同指导下，金融壹账通积极参与，经过 7 个多月的规划研究、方案论证、联盟建设、开发测试和安全评估等工作，成功实施了区块链技术在跨境贸易中的验证应用。

而在跨境贸易的另一端，一些第三世界国家，则正在以一种更为激进的方式看待区块链技术。它们不仅希望借助区块链解决跨境贸易的问题，还试图借该技术搭建"全新"的金融体系。

3. 跨境金融市场规模庞大

通过区块链技术，金融获得了真正的可信数据，大大提升了风控能力；贸易商获得了低门槛、低成本的金融产品，从而大大促进了其参与区块链跨境贸易的积极性；海关、税务、外汇等监管各方也可以在区块链跨境贸易平台上看到贸易、金融、物流的过程数据。由此，监管方在历史上第一次打破传统监管模式，从"过去完成时"的结果数据监管，走入监管方"参与过程"与"过程监管"，监管视角扩大到整个贸易过程，大家共同存证、验证，形成真正的"大监管"。过程数据的可信价值远远大于结果数据的可信价值，根据过程数据的可信特征，监管方可为贸易商提供各项贸易便利化的服务，合规成本有望大大降低，为金融服务贸易提供更多的便利。

中国作为全球贸易第一大国，从中国人民银行、中国银行业协会、国家外汇管理局到部分企业都在探索区块链应用的最大场景。一是中国人民银行贸易金融区块链平台，它由数字货币研究所和中国人民银行深圳市中心支行建设和运营，

2018 年 9 月 4 日上线试运行，目前已有中国银行、中国建设银行、招商银行、交通银行、平安银行、渣打银行等 30 家银行接入。截至 2019 年 11 月底，该平台已实现业务上链 30 000 余笔，业务发生笔数 6100 余笔，业务发生量约合 760 亿元。二是中国贸易金融跨行交易区块链平台，它由中国银行业协会牵头，中国建设银行、中国工商银行等 11 家头部银行，以及恒生电子股份有限公司、南京润辰科技有限公司等 4 家科技公司共同参与建设，是基于区块链技术的贸易金融底层平台，于 2018 年 12 月底正式上线运行。三是国家外汇管理局推出的跨境金融区块链服务平台，自 2019 年 3 月 22 日启动试点以来，至同年 12 月 15 日，跨境区块链平台已扩展到 17 个省（自治区、直辖市），自愿自主加入的法人银行达 170 多家，超过全部办理外汇业务银行的 1/3，覆盖银行网点达 5600 多个；平台累计完成应收账款融资放款金额 101.69 亿美元，服务企业共计 1859 家，中小型外贸企业占比达 70% 以上。

4. 区块链引领全球贸易变革

跨境贸易中迫切需要解决的三大难题是支付难、费率高、周期长。由于在跨境贸易中，每个国家的法律、政治与金融体系及国情都有所不同，因此在跨境贸易中的支付需要 3～5 天，需要先把人民币兑换成美元，再把美元兑换成贸易国的法定货币；并且需要支付高昂的手续费，费率可达 3%～5%，货物运输周期长达 30～60 天。这三大痛点困扰着诸多跨境贸易企业。通过区块链技术可以实现点对点支付、秒结算、秒到账、零手续费，大大降低了资金和时间成本，缩短了货物运输周期，解决了跨境贸易的三大难题，进而实现了全球贸易的整体性变革。区块链跨境贸易也有能力为建立世界多边自由、公平、诚信贸易新体系、新秩序提供区块链数字基础服务设施。

三、区块链"未来已来"

1. 重构社会信任关系

区块链是在分布式系统的基础上植入了共识机制，解决了困扰人类的一个古老的问题——如何建立点对点的信任机制。虽然区块链本质上是多种技术与机制的有机组合，可以视为一项技术"创新"而非"创造"，但在建立点对点的信任机制方面，区块链具有开创性价值。运用区块链技术，可以提高人们之间的信任程度，提升整个经济系统运行的效率。而效率的提升就是成本的节约，也是整个社会价值的提升。区块链产业应用还能够解决以人工智能为代表的生产力与以大数据为代表的生产资料的发展瓶颈,而且对两者之间的生产关系产生了巨大的变革作用,从而延伸至对社会关系、产业关系的重构。

2. 企业商业模式创新

区块链技术让用户的数据和隐私更加安全,同时降低了互联网中心化管理成本,为各行各业的商业模式创新提供了可能性。区块链本质是一种加密的分布式记账数据结构,从价值角度看,区块链真正有价值的地方是能重构生产关系,改变生产关系的角色定位和关系流向,从而驱动商业模式变革。对于资源能力有限的中小型企业来说,区块链这种新的变革力量带来了低成本、高效益地变革商业模式的新思维、新方案。这让企业可以以数字化方式追踪资产所有权,跨越了信任界限,开启了新的跨机构合作机遇和富有想象力的新的商业模式。作为共享信任来源,它可以把数字化转型的范畴从单一企业拓展为与供应商、客户和合作伙伴共享的流程。区块链可以记录对供应链参与者、制造商和消费者来说很重要的注册证明,符合公平交易规范。另外,区块链可以在智能合约中保存业务流程的内容,可以自动规定、监控和执行供应链参与者之间的协议。比如,当商品运输到最终收货人手里时,智能合约可以自动触发支付;当出现争议,合约可以控制参与者之间解决理赔的方式。

所以,在区块链时代,很多商业经营者完全可以应用区块链技术实现换道超车。

3. 个人角色的转变

区块链技术所带来的变革,将革新现有经济格局和人类社会各种事务的旧秩序。这实际上不仅是创建新的技术,更是彻底改变每个人的生活。如果说人工智能是一场生产力革命,那么区块链很可能是一场生产关系革命,互联网技术也将从"信息互联网"向"价值互联网"迁移,整个社会的价值体系将被重构。在区块链的思想下,每个人都能被充分赋能,这使每个人都可以成为中心。区块链通过技术的方式让海量人群可以低成本地实现共识,从而极大地降低信任成本,这将创造一些以前不存在的市场。之前的工业经济建立在中心化的生产关系上,处于中心地位的人或组织才能获得更大的资源支配权。区块链技术通过去中心化重构社会信任体系,让陌生人之间通过技术建立起互信机制,社会分工与协作也从企业制度的"人治"逐步走向技术自治,从中心化组织向网状化大规模协作转变。建立在技术协议基础上的大规模分工与协作模式不分国界、不分种族,赋予每个人平等分配资源的权利,通过更高效率的协作与激励机制推动生产力的进步。因此，区块链技术的广泛应用可能产生一场生产关系的大变革，从而影响每个人。

区块链已历 10 多年发展，技术趋于成熟，借助分布式、不可篡改、去信任、匿名性、自动执行等特征正促进各个国家加速布局区块链。区块链在跨境贸易、政府治理、实体经济、金融行业、数字资产、供应链等各个领域已经落地开花，随着认知的不断提升及应用的不断拓展，区块链或许能够像电力、网络一样，成为未来 10 年新经济社会的基础设施。

第二章

区块链技术原理

根据中国电子技术标准化研究院软件工程与评估中心的定义,区块链是在点对点网络下,通过透明和可信规则构建不可伪造、不可篡改和可追溯的块链式数据结构,实现和管理事务处理的模式。其中事务处理包括但不限于可信数据的产生、存取和使用。因此,区块链是一种集成技术。为了确保比特币的交易能够在陌生人间实现可信,中本聪把分布式记账技术、共识机制和加密技术融为一体,形成区块链 1.0 技术;而 V 神(以太坊的创始人 Vitalik Buterin)又在区块链 1.0技术的基础上增加了智能合约技术,使区块链技术进入 2.0 时代。这四项技术的综合使用构成了区块链的集成应用。

第一节　分布式记账技术原理

一、中心化记账方式的变革

记账,从字面上可以理解为把一个企事业单位或个人家庭发生的所有经济业务,运用一定的记账方法在账簿上进行记录。从专业角度来说,记账一般是指专业财会人员根据审核无误的原始凭证及记账凭证,按照国家统一会计制度规定的会计科目,运用复式记账法将经济业务序时地、分类地登记到账簿中。登记账簿是会计核算工作的主要环节。从人类社会的经济发展历史来看,记账方式的发展大致可以分为以下三个阶段。

1. 古代会计发展阶段

在我国历史上,"会计"一词最早出现于西周时期。文明古国,如中国、古巴比伦、古埃及、古印度与古希腊都曾留下了对会计活动的记载。当时的会计基本上只是一些简单的记录，复式记账还未出现。在原始社会，由于生产力水平低下，会计对于生产过程的管理较弱，人们只是凭头脑进行记录；当生产活动增多，单凭记忆已不能满足需求时，人们又创造出利用简单符号进行记录的方法。被发现的公元前 1000 年左右古巴比伦的泥板、古埃及的刻石等，都是古代会计最原始的经济记录和计算工具。这些记录和计算的方式就是会计的雏形。

随着生产的进一步发展，剩余产品大量出现。数字、计量单位出现后，会计逐渐从生产职能中分离出来，成为特殊的独立职能。据考证，在原始的小规模的印度公社中已经有了记账员，负责登记农业项目，记录与此有关的一切事项。这便是早期的会计。

2．近代会计发展阶段

一般认为近代会计始于复式簿记形成前后。近代会计发展的第一阶段又称会计萌芽阶段，近代会计发源于意大利，发展于英国，改进、提高于美国。近代会计是从原始的简单计量行为逐步发展起来的。近代会计发展的第二阶段又称会计形成阶段，即从簿记发展成为会计的阶段，主要标志是会计循环实务的形成和会计循环理论的出现。近代会计发展的第三阶段又称会计的深化和提高阶段，主要标志是传统会计的账务处理程序进一步向标准化、规范化、通用化和理论化的方向发展。与此同时，逐步形成了主要服务于企业内部日常经营管理的成本会计理论与实务。

1494 年，数学家卢卡·帕乔利在《算术、几何、比及比例概要》中专门阐述了复式簿记的基本原理，这是会计发展史上第一个里程碑。工业革命后，会计理论和方法有了明显的发展，从而完成了由簿记到会计的转化。

1854 年，苏格兰成立了世界上第一家特许会计师协会，这被誉为继复式簿记后会计发展史上的又一个里程碑。

3．现代会计发展阶段

现代会计以"一般公认会计准则"（Generally Accepted Accounting Principles，GAAP）的"会计研究公报"（Accounting Research Bulletins，ARB）的出现为起点。在这一会计发展阶段，会计理论与会计实务都获得了惊人的发展，标志着会计发展进入成熟时期。此外，管理会计也从传统、单一的会计系统中分离出来，这是会计发展史上的第三个里程碑。

当前政府、金融行业以及企业广泛采用的基于互联网的复式记账法，同样属于由财务部门负责记账的中心化记账系统。

以银行为例，储户 A 的 5000 元资金存放在银行 B，这在银行的中心数据库来里表现为一条数据。为了防止意外和灾害发生，银行还建有备份的数据库来存放这条数据的副本，这种记账方式就是中心化记账。储户 A 对这笔资金的所有操作，都需要通过银行 B 做身份认证和修改授权才能完成，如使用储蓄卡、U 盾及口令卡等。假如储户 A 把 1000 元资金从自己的账户转移到储户 C 的账户，那么银行的中心数据库中会插入两条数据，一条数据为储户 A 的账户中扣除了一笔资金，另一条数据是储户 C 的账户中增加了一笔资金。

无论是从古代、近代还是现代会计的记账方式中都可以看出，记账行为是由某个人或某个组织实施并掌握的，其他人员或部门不能掌握，这就是中心化记账方式。中心化记账方式高效地记录了人类经济交往活动，但也存在信息不对称及数据难共享等问题。

二、中心化记账信息存储的缺陷

1. 数据安全问题

因为账本上的内容是隐私的，所以就导致记账是一种天然的中心化的行为。在通信手段不发达的时代，这是必然的选择；在如今的信息时代，中心化记账方式依然覆盖了社会生活的方方面面。然而，中心化记账有一个显而易见的弱点，即一旦这个中心出现问题，如被篡改、被损坏，整个系统就会面临危机乃至崩溃。

一个典型的例子是 21 世纪初的 "安然事件"。这家 2000 年披露的营业额高达 1010 亿美元的美国能源巨头公司，由于深陷会计假账丑闻，于 2001 年轰然倒下。如果该公司的记账系统承载的是整个货币体系，那么就会面临中心管理者滥发的风险。历史上，由于货币滥发造成恶性通货膨胀的例子并不少见，甚至在当今世界仍然屡屡发生。例如，津巴布韦从 1980 年到 2009 年，共发行了 4 代津巴布韦元，无一不陷入恶性贬值。2008 年 11 月，津巴布韦每天的通胀率高达 98%。2015 年，津巴布韦元失去了流通资格，当地只能将印度卢比、欧元、日元、澳元、美元、人民币等他国货币当作流通工具。

这种中心化记账方式，无法保证数据的安全性，也无法建立起一个可信的机制，即无法让人信服该账本数据的真实性。比如，银行、企业的财务账本，一旦出现某个人做假账的事件，后果将十分严重；而如果它们的财务数据突然被一把火烧了，那么结果无疑是灾难性的。

2. 信任成本过高

从电话、电报到计算机,当前人类已迈入电子化时代。其实从电话诞生开始,人类便开始利用电子信号实现通信。信号从模拟演化到数字,最终数字信号成为主流。无论是光纤、无线网络还是蜂窝电话,都是为了适应不同的场景而使用的数字通信。

在数字通信中,信息被转换为不同类型的信号,然后通过媒介传递到另一端,包括复杂的寻址和信号放大转换、编码和解码的系列过程。这些都是为了保证信息传达的可靠性,解决信息的丢失问题、寻址问题、路径优化问题和编解码问题。这在不同的通信体系中主要通过一系列的协议和软、硬件编码来实现,但信息的篡改问题和抵赖问题依然存在。

人类解决这一问题所采用的仍然是传统的方案,也就是参照不断升级的货币防伪技术建立具有防伪能力的信任背书,尽量提高信息被篡改的成本,但这并没有从逻辑上解决该问题。计算机同样参照了这种方式,就是将信息保存在政府或有实力的企业数据库中,由政府和企业通过自己的信誉来担保这些信息不会被窃取与篡改,这就是中心化策略。

中心化是目前解决信息信任问题的主要方式,但这种方式是有逻辑缺陷的。信息安全仍然时时刻刻受到来自中心内部的威胁,如果中心内部有人篡改信息,将不会留下任何痕迹。同样,中心化策略也无法防御来自外部的黑客攻击,并且一旦信息中心被攻破,所有信息将立刻失去保护,信息的丢失和篡改、滥用也就不可避免。

3. 法律保障不足

与信息有关的安全事件可发生在信息存储与传递的任何阶段,信息的传递过程和单节点存储是其最薄弱的环节。因为信息在传递过程中要穿过复杂的网络,信息被篡改和截取的机会大大增加;而单节点存储也使黑客有更明确的攻击目标,节点一旦被攻破,信息的安全名存实亡,以备份为目的的分布式存储和灾备系统也无法有效降低这一风险。

信道中的信息经常会被窃取和解密,尽管通信的加密和保密技术一直在进步,但信息泄露仍然不可避免。当这些信息被破译后,破译者就可以假借发送方的身份,将篡改甚至伪造的信息发送给接收方,最终在发送方不知情的情况下导致接收方的利益受损;另一种情况则是发送方发送一些信息给接收方,当接收方按信息采取行动后就进入了圈套,但接收方事后发现并进行追查时,发送方便声称信息不是自己发送的,这便形成了信息抵赖,虽然这一问题最终会交由法律来解决，但法律只能约定相关责任而无法还原事实的真相。

三、分布式记账技术的定义

分布式记账技术（Distributed Ledger Technology，DLT）：分布在多个节点或计算机设备上的数据库，每个节点都可以复制并保存一个分类账，且每个节点都可以进行独立更新。从实质上说，分布式记账就是建立一个可以在多个站点、不同地理位置或多个机构组成的网络里进行分享的资产数据库，一个网络里的参与者可以获得一个唯一、真实的账本副本。账本里区块发生任何篡改，牵一发动全身，都会在所有的副本中被反映出来，反应时间仅为几分钟甚至几秒。这个账本里存储的资产可以是金融领域的资产、法律定义上的资产、实体形式的资产或电子状态的资产，而资产的安全性和准确性主要借助公私钥及签名的使用来控制账本的访问权，从而实现密码学基础上的维护。根据网络中达成共识的规则，账本中的记录可以由一个、一些或所有参与者共同进行更新。

分布式记账技术解决了信任成本问题，使得即使是陌生人之间的交易也不一定必须依赖银行、政府、公证处等中心化权威组织，因为数据全部存储在每个节点上。信息还可以复制更多的份数，已经达到了包括黑客在内的任何组织和个人都根本无法操纵的数量级，甚至使得每个使用节点都持有一份信息副本，就算黑客篡改了其中一处，其他节点的数据仍然存在。当需要进行信息核对时，只要发现某一处的信息与其他地方不一致，便意味着此处的信息已经被篡改，变得不再可信。这样也解决了消费者权益、财务诚信和交易速度的问题。由此可见，分布式记账与中心化记账是完全不同的。分布式记账与中心化记账的区别如图 2.1 所示。

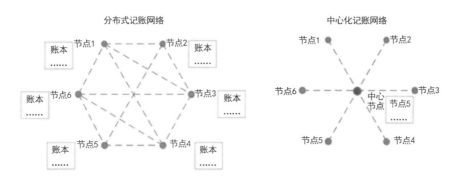

图 2.1　分布式记账与中心化记账的区别

举个例子，王先生全家包括王先生本人、王夫人、王爷爷、王奶奶。王先生勤勤恳恳工作养家，并将所有收入交给王夫人，王夫人一个人负责记录家庭所有收入和开支。如果王夫人收到 100 元却记录只收到 10 元，那么家庭财务收支就可能产生混乱，这就是中心化记账存在的问题。而在分布式记账中，王先生还要再向全家每个人通报一声：王先生在今天上午 10 点给了王夫人 100 元，请大家在各自的账本上记下"王先生在某天上午 10 点给了王夫人 100 元"。于是，王先生家里的每个人都成了一个节点，每次王先生家的交易都会被每个人（每个节点）记录下来。洗碗有报酬，谁洗了碗（工作量证明）之后就可以在公共账本上结账，且必须在前一天大家都公认的账本后面添加新的交易，其他人也会参与验证当天的交易。那么自然会有人问，能否进行恶意操作来破坏整个区块链系统，如不承认别人的结果，或者伪造结果。假如王夫人某天忽然说，王先生没给她 100 元，那么全家人都会斥责她。如果王夫人某天洗完碗想在结账时做手脚，那么其他参与验证的人也会斥责她（除非她能收买超过一半的人），而被发现作假会导致她那天的碗白洗，报酬拿不到，很可能第二天还要继续洗碗。最后那个公认的账本也只会增加，不会减少。后续加入的家庭成员都会从最长的那个账本里继续结账。

所以，我们对于区块链的理解，首先是一个分布式的公共账本。当然，区块链绝不仅是一个分布式的公共账本，它还有很多更加重要的价值。

四、分布式记账技术的应用场景

分布式记账技术产生的算法是一种强大的、具有颠覆性的创新。分布式记账技术可以帮助政府各部门之间实现数据共享，在工商、建设、税收、知识产权保护、福利发放、护照发行、土地所有权登记等方面提高政府数据的公开度和可信度。在英国国民健康保险制度里，这项技术通过改善和验证服务的送达，采取更精确的规则来实现安全的分享和记录，具有改善医疗保健系统的潜力。对使用这些服务的消费者来说，这项技术可根据不同的情况，让消费者自主控制个人记录的访问权，并获知其他机构对这些信息的访问情况。

分布式记账同样可以运用在金融领域，降低银行业数据存储硬件损坏风险、人员录入等操作性风险；分布式记账也可以保证货物供应链的运行，并从整体上确保记录和服务的正确性；分布式记账还可以运用在企业财务记账中，使企业内部各相关部门实现对财务数据的共享和共识，进而提高企业资金的使用效率。区块链的分布式账本如图 2.2 所示。

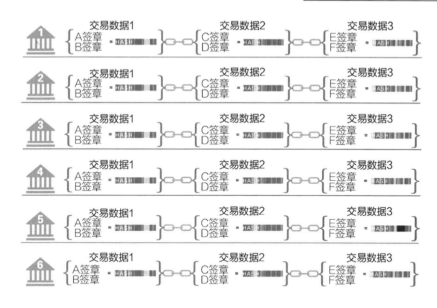

图 2.2　区块链的分布式账本

第二节　共识机制原理

作为一个去中心化的分布式记账系统,区块链是如何在实际运行中确保去中心化后的整个系统运行有效且各个节点诚实记账呢?这里就需要介绍区块链中一项非常重要的技术——共识机制,即在去中心化的情况下,使互相不信任的个体之间能够就交易的合法性达成共识的机制。

一、共识机制的定义

区块链是比特币的底层技术,类似于一个数据库账本,由分布在不同区域的节点共同参与决策并记载所有的交易记录,而这些决策规则的核心就是共识机制。

共识机制是指用来决定按照哪个参与节点记账,以及确保交易完成的技术手段和机制。共识机制可以在区块链技术应用的过程中有效平衡效率与安全之间的关系。通常情况下,安全措施越复杂,处理效率越差。如果想提升处理效率,那么必须降低安全措施的复杂程度。

二、共识机制的重要价值

共识机制是区块链技术的核心,它使区块链这样一个去中心化的记账系统正常运行成为可能。如果说去中心化是区块链的基础,那么共识机制就是区块链的灵魂。

区块链可以用一句简洁明了的"去中心化分布式分类账本"来概括,但是在这个账本中,是如何对在几乎相同时间内产生的事物进行前后排序的,就涉及区块链网络的共识机制。共识机制就是在一个时间段内对事物的前后顺序达成共识的一种算法,共识机制就像一个国家的法律,维系着区块链世界的正常运转。

在区块链上,每个人都会有一个记录链上所有交易的账本,当链上产生一笔新的交易时,每个人接收到这个信息的时间是不一样的。有些想要干坏事的人就有可能在这时发布一些错误的信息,这时就需要一个人把所有人接收到的信息进行验证,最后公布最正确的信息。

三、共识机制的类型

共识机制的类型较多,常用的主要有工作量证明机制、权益证明机制和拜占庭共识算法等。

1. 工作量证明机制

工作量证明(Proof of Work,PoW)机制是我们熟知的一种共识机制。就如字面的解释,PoW 机制就是工作越多,收益越大。这里的工作就是猜数字,谁能最快地猜出这个唯一的数字,谁就能做信息公示人。PoW 机制源于比特币,简单说就是一份证明,用来确认某人做过一定量的工作。通过对工作的结果进行认证来证明某人完成了相应的工作量,这样的方式是非常高效的。PoW 机制是按劳分配的,算力决定一切,谁的算力多谁记账的概率就越大,可理解为力量型比较。

1)PoW 机制的优点

(1)完全去中心化(任何人都可以加入)。

(2)节点自由进出,容易实现。

(3)破坏系统花费的成本巨大。掌握 51%的算力对系统进行攻击所付出的代价远远大于作为一个系统的维护者和诚实参与者所得到的回报。

2)PoW 机制的缺点

(1)对节点的性能网络环境要求高。

(2)浪费资源。

（3）每秒钟最多只能做 7 笔交易，效率低下。

（4）不能确保最终一致性。

比特币本身是由分布式网络系统生成的数字货币，其发行过程不依赖于特定的中心化货币发行机构，而依赖于分布式网络节点共同参与一种被称为"工作量证明"的共识过程来完成交易的验证与记录。PoW 机制的共识过程实际上就是俗称的"挖矿"，每个节点称为"矿工"，通常是各个节点贡献自己的计算资源，来竞争解决同一个难度具有可动态变化和调整的数学问题，成功解决该数学问题的"矿工"将获得区块链的记账权。同时，在当前时间段的所有比特币交易记录被打包存储在一个新的区块中，并按照时间顺序将其连接到比特币链上。

要想整个对等网络维持一份相同的数据，同时保证每个参与者的公平性，整个体系的所有参与者必须有统一的协议，也就是共识算法。比特币所有的节点都遵循统一的协议规范。协议规范（共识算法）由相关的共识规则组成，这些规则可以划分为两个大的核心：PoW 机制与最长链机制。所有规则（共识）的最终体现就是比特币的最长链。共识算法的目的就是保证比特币不停地在最长链上运转，从而保证整个记账系统的一致性和可靠性。

2．权益证明机制

权益证明（Proof of Stake，PoS）机制也属于一种共识证明，它类似于股权凭证和投票系统，因此也称"股权证明算法"。它由持有最多通证或权益（Token）的人来公示最终信息。

对于 PoW 机制，由于"矿场"的出现及"挖矿"设备性能的不断提升，算力开始集中，节点数和算力值渐渐不适配。同时 PoW 机制太浪费了，"矿工"持续挖矿进行的重复性哈希计算没有任何实际或者科学价值。而且还有一个更大的问题，"矿工"的恶意攻击并不会对"矿工"下次记账并获取相关权益（比特币）产生任何影响。鉴于此，人们提出了 PoS 机制。

PoS 机制与 PoW 机制相比，不需要证明你在记账前做了某项工作，只需要证明你拥有某些财产。它根据你持有 Token 的数量和时间来分配权益，类似于股票的分红制度。你持有的越多，持有的时间越长，即币龄越大，能拿到的分红越多，也就有更大的记账权利。

1）PoS 机制的优点

（1）节能环保，不需要计算。

（2）性能高。

（3）更加安全。

（4）人人可"挖矿"（获得利息），不用担心算力集中导致中心化出现。

（5）避免货币紧缩。

2）PoS 机制的缺点

持币趋于集中化，使币过于集中。

3. 拜占庭共识算法

拜占庭共识（Practical Byzantine Fault Tolerance，PBFT）算法，也称实用拜占庭容错算法。这也是一种常见的共识证明。它与之前的两种机制都不相同，PBFT 算法以计算为基础，也没有代币奖励，链上所有节点都参与投票，当少于（n-1）/3 个节点反对时所有节点都获得了公示信息的权利。

1）拜占庭共识算法的背景

传说拜占庭帝国（拜占庭位于如今土耳其的伊斯坦布尔，是东罗马帝国的首都）想要攻占一个强大的敌国，为此派出了 10 支军队去包围敌国。敌国虽不如拜占庭帝国强大，但也足以抵御 5 支常规拜占庭军队的同时袭击。这 10 支军队分开包围，他们中任意一支军队单独进攻都毫无胜算，除非有至少 6 支军队（一半以上）同时袭击才能攻下敌国。他们分散在敌国的四周，依靠通信兵骑马通信来协商进攻意向及进攻时间。困扰这些将军的问题是，他们不确定军队中是否有叛徒，叛徒可能擅自变更进攻意向或者进攻时间。在这种状态下，拜占庭的将军们要想出一种方法来保证有至少 6 支军队在同一时间一起发起进攻，从而赢取战斗。

2）拜占庭将军问题的实质

拜占庭将军问题是一个协议问题，拜占庭的将军们必须全体意见一致地决定是否攻击敌国。问题是这些将军在地理上是分隔开来的，并且将军中可能存在叛徒。叛徒可以任意行动以达到以下目标：欺骗某些将军采取进攻行动；促成一个不是所有将军都同意的决定，如当将军们不希望进攻时促成进攻行动；或者迷惑某些将军，使他们无法做出决定。如果叛徒达到了这些目的之一，那么任何攻击行动的结果都是注定失败的，只有完全达成一致意见才能获得胜利。

3）拜占庭将军问题的算法

为了取得战斗的胜利，将军们必须有一个算法来保证：

（1）所有忠诚的将军采取同一行动计划；

（2）少数叛徒不能使忠诚的将军采取不良行动计划。

忠诚的将军都会按照算法所说的去做，但叛徒可以做任何他们想做的事情。但无论叛徒做什么，算法都必须保证实现上述条件（1）。忠诚的将军不仅应该达成协议，而且应该就合理的计划达成一致意见。算法的研究结果显示，当"叛变将军"少于将军总数的 1/3 时，"忠诚将军"将可以做出正确的决定并达成一致意见。

我们来看这个例子，一共有 3 个将军，其中一个是发令将军 A，另外两个是普通将军 B 和 C。当 A 告诉 B 攻击而告诉 C 撤退时，B 和 C 互相发送消息，因为他俩都是忠诚的，都将如实转发 A 的消息。这样 B 和 C 都不能弄清楚到底谁是叛徒——因为不确定 A 是叛徒，或者是否另一个普通将军可能伪造了据称来自 A 的信息。可以证明，如果 n 是将军总数，而 t 是其中的叛徒数量，那么只有当 $n>3t$ 并且通信是同步的时候，拜占庭将军问题才能得到解决。

各种计算机科学家已经从寓言中概述了拜占庭将军问题的一些潜在解决方案，而用于在区块链系统中建立共识的 PBFT 算法就是潜在的解决方案之一。简单地说，PBFT 算法的作用如下：每个将军维持一个内部状态（持续的特定信息或状态），当将军接收消息时，他们将消息与其内部状态结合使用，以运行计算或操作；这种计算反过来告诉这个将军如何思考有关信息；然后，在达成关于新消息的个人决定之后，这个将军再与系统中所有其他将军共享该决定，最后根据所有将军提交的全部决定，确定共识决定。

4）拜占庭将军问题与共识机制

在此，我们将这个寓言放到区块链中：故事中的"将军"是参与运行区块链（数据库）分布式网络的各方，他们来回进行通信的信使就是通过网络进行通信的方式。"忠诚将军"的集体目标是攻占敌国，即写入一个大家公认的区块记录。

在我们的寓言中，有效的信息是决定支持攻击的正确机会。对于忠诚的区块链参与者而言，他们有兴趣确保区块链（数据库）的完整性，从而确保只接受正确的信息。另一方面，"叛变将军"将是任何试图伪造区块链（数据库）信息的一方，他们的潜在动机有很多种：可能是试图花费他实际上并不拥有的数字货币，或者是不想履行之前已经签署和提交的智能合约中所述的义务等。

区块链的力量在于它需要在一个分布式的网络中部署，其中可能或者肯定有"恶意节点"，如同拜占庭将军所处的境地，在这种情况下也能达成正确的共识。

5）拜占庭将军问题的结论

与 PoW 机制相比，PBFT 算法有以下优势。

（1）效率高。PBFT 算法要求所有节点之间两两通信，因此这种通信机制要求节点数量不能太多，通常是几十个，在这种模式下，节点达成一致的速度更快、用时更短。

（2）吞吐量高。节点数量的限制，使 PBFT 算法网络不用像大型 PoW 机制网络那样，受限于处理能力最低的节点，因此带来全网吞吐量的大幅提升。

（3）节能。无须使用 PoW 的耗电模式，因此更加节能环保。

与 PoW 机制相比，PBFT 算法有以下劣势。

（1）可扩展性及去中心化程度较弱。由于节点数量的限制，因此 PBFT 算法的可扩展性较弱；同时节点需要选举或获得许可，不像 PoW 机制的节点那样可以自由加入，去中心化程度较弱。

（2）容错性较低。PoW 机制网络的容错性是 50%，也就是必须防范 51%的攻击；而 PBFT 算法的容错性只有 1/3，也就是 34%的恶意节点即可发起攻击。

四、共识机制构建机器信任

1．商业信任的难题

现实中很多人可能会遇到这样的经历：你来到一个珠宝店，店主殷勤地向你推销一枚 10 克拉的钻戒，并拿出一张精美的钻石证书，这时你会信任他吗？一张证书能够证明钻石的品质和来源吗？你一定充满了疑问。这时如果你是钻石专业人员，可能会通过认真查看钻石的品质、颜色等确定其真伪。但对于大多数普通客户而言，他们并不能确定钻石及证书的真伪，这可能会有一系列的求证过程。因此，无论买与不买，交易双方都会因为信任不足而产生交易成本。

可能我们还会面临一些其他的问题。如果你是一位金融从业者，尽管当下的整个金融行业投入了巨大成本构建了各种清算设施，但类似重复计算的问题仍然出现在几乎所有的交易中；如果你是一位商业销售从业者，那么你每天一定会重复着繁重的商品盘点工作；如果你是一位慈善工作从业者，那么你一定知道大量的行政成本花在了开支的透明记录和审计上，因为必须让资助人对你与你所从事的慈善事业保持信任。

事实上，几乎所有的商业问题的本质都是信任问题。尽管我们拥有了发达的基础设施，每个行业背后都有无数的人在努力和投入，但依然有大量的信任问题没有得到解决。而利用区块链技术来解决商业信任问题、降低交易成本、扩大交易机会，是商业科技领域在未来 10 年的一大命题。

2．机器信任的价值

人是善变的，而机器是不会撒谎的。区块链有望带领我们从个人信任、制度信任进入机器信任的时代。

区块链技术不可篡改的特性从根本上改变了中心化的信用创建方式，通过数学原理而非中心化的信用机构来低成本地建立信任。比如，钻石及其证书都可以在区块链上公证，变成全球都信任的东西，从而轻松地证明真伪。

机器信任其实是无须信任的信任。人类历史上将第一次可以接近零成本地建立地球上前所未有的大型合作网络，这必将是一场伟大的群众运动。

3．机器信任的实现

共识机制其实就是构建机器信任的保证，区块链系统中的参与者们，都可以核查，也会共同维持账本的更新，按照严格的规则和共识进行修改。由于大家都严格遵守规则和共识，加上区块链去中心化、不可篡改等特性，这就构建了信任的基石。区块链天然能够低成本地建立信任，构建前所未有的大型合作网络。

传统信任体系需要依靠第三方或中介建立。然而这需要很高的成本和烦琐的手续流程，我们的部分资产还会被无形地抵押出去。区块链技术打破了依靠中心的信用机制，它是加密算法、点对点传输、分布式数据存储和共识机制等计算机技术在互联网时代的创新应用。

区块链可以建立一个人人参与、多中心化的信任机制，并且在此基础上，实现数据的共享。虽然不使用区块链技术也可以实现数据的共享，但是这些共享的数据是不可信的。例如，有 10 家机构，它们达成协议可以进行数据共享，它们各自可以把自家的数据拿出来让其他 9 家来查阅。然而，虽然可以让别人看自己的数据，但自己的数据归自己管。若自己把自己的数据篡改了，别人也无法确认。相反，如果对方把数据篡改了，那么自己也同样无法确认。

基于区块链技术的信任就不同了，共享的 10 方会共同拥有同一个网络，任何一方都不能篡改自己已经写进去的数据。任何一个区块链网络的参与者都要参加部署，成为区块链服务器的一部分，分布式地存在于区块链的网络中，即使该服务器发生了故障，也不用担心会影响整个网络的运行。

目前投入使用的区块链的交易速度是每秒能够处理上万笔交易。在算法升级和机器处理能力不断提高的情况下，以后区块链网络的处理速度将会越来越快。如果说互联网解决了端到端的近乎零成本的信息传递问题，那么区块链技术解决的就是端到端的近乎零成本的信任传递问题。

4．零成本信任时代的到来

在数字资产交易、政府公共管理和社会治理、智能制造、物联网与互联网的应用、供应链管理及金融科技等领域，区块链技术将会得到越来越多的应用，将会引发新一轮的工业变革。互联网成为人类最伟大的发明之一，人与人之间的近乎零成本的信息传递问题被完美地解决，人们的生活方式发生了翻天覆地的变化。当"互联网+区块链"技术可以很好地解决低成本传递信任问题的时候，区块链将会改变人们几千年以来的交易模式。

从互联网思维到区块链思维是一脉相承的，区块链就是"更高级的互联网"。区块链网络就是一个去中心化的、数据共享的、自治的信任网络。

第三节　加密技术原理

不同于传统的互联网，区块链能够通过加密技术手段很好地解决数据的隐私保护问题。常用的加密技术有对称加密算法、非对称加密算法和哈希算法等。相比对称加密算法，非对称加密算法和哈希算法更能够保证数据的加密效果，而区块链正是采用了上述更加有效的加密算法。

一、对称加密算法

对称加密算法是应用较早的加密算法，技术成熟。在对称加密算法中，信息发送方将明文（原始信息）和加密密钥一起经过特殊加密算法处理后，使其变成复杂的加密密文发送出去。接收方收到密文后，若想解读原文，则需要使用加密用过的密钥及相同算法的逆算法对密文进行解密，只有这样才能使其恢复成可读明文。在对称加密算法中，使用的密钥只有一个，通信双方都使用这个密钥对数据进行加密和解密，这就要求解密方事先必须知道加密密钥。

对称加密也称私钥加密或传统密码，指加密和解密使用相同密钥的加密算法。加密密钥能够从解密密钥中推算出来，同时解密密钥也可以从加密密钥中推算出来。而在大多数对称算法中，加密密钥和解密密钥是相同的，所以也称这种加密算法为秘密密钥算法或单密钥算法。它要求发送方和接收方在安全通信之前商定一个密钥。对称算法的安全性依赖于密钥，密钥泄露就意味着任何人都可以对他们发送或接收的消息解密，所以密钥的保密性对通信的安全性至关重要。

例如，恺撒密码（Caesar's Code）是一种十分简单且广为人知的加密技术。它是一种替换加密的技术，明文中的所有字母都在字母表上向后（或向前）按照一个固定数目进行偏移后被替换成密文。例如，当偏移量是后移 3 时，所有的字母 A 将被替换成 D、字母 B 将被替换成 E，以此类推。这个加密方法是以罗马共和国时期恺撒的名字命名的，当年恺撒曾用此方法与其将军进行联系。

恺撒密码的替换方法是排列明文和密文字母表。密文字母表示将明文字母表向前或向后移动一个固定数目的位置。例如，当偏移量是前移 3 的时候（解密时的密钥就是 3），两个字母表如下。

　　明文字母表：ABCDEFGHIJKLMNOPQRSTUVWXYZ。

　　密文字母表：DEFGHIJKLMNOPQRSTUVWXYZABC。

　　使用时，加密方查找明文字母表中需要加密的消息中的每一个字母所在位置，并且写下密文字母表中对应的字母。解密方则根据事先已知的密钥反过来操作，得到原来的明文。例如，明文：I LOVE CHINA；密文：L ORYH FKLQD。

　　对称加密算法的特点是算法公开、计算量小、加密速度快、加密效率高。

　　对称加密算法的不足之处是通信双方都使用同样的钥匙，安全性得不到保证。和所有的利用字母表进行替换的加密技术一样，恺撒密码非常容易被破解，而且在实际应用中也无法保证通信安全。此外，用户每次使用对称加密算法时，都需要使用其他人不知道的唯一钥匙，这会使得通信双方所拥有的钥匙数量呈几何级数量增长，密钥管理成为用户的负担。因此，对称加密算法在分布式网络系统中使用较为困难。而与公开密钥加密算法比起来，对称加密算法能够提供加密和认证功能，却缺乏签名功能，使得使用范围有所缩小。

　　对称加密算法的优点在于加解密的高速度和使用长密钥时的难破解性。假设两个用户需要使用对称加密算法加密然后交换信息，则用户最少需要 2 个密钥并交换使用。如果企业内有 n 个用户，那么整个企业共需要 $n+（n-1）$ 个密钥，密钥的生成和分发将成为企业信息部门的噩梦。对称加密算法的安全性取决于加密密钥的保存情况，但要求企业中每一个持有密钥的人都保守秘密是不可能的，他们通常会有意或无意地把密钥泄露出去。如果一个用户使用的密钥被入侵者所获得，那么入侵者便可以读取该用户密钥加密的所有文档；如果整个企业共用一个加密密钥，那么整个企业文档的保密性便无从谈起。

二、非对称加密算法

1. 非对称加密算法是一种密钥的保密方法

　　非对称加密算法需要两个密钥：公开密钥（简称公钥）和私有密钥（简称私钥）。公钥与私钥是一对，如果用公钥对信息进行加密，那么只有用对应的私钥才能解密。因为加密和解密使用的是两个不同的密钥，所以这种算法叫作非对称加密算法。非对称加密算法实现机密信息交换的基本过程如下：甲方生成一对密钥并将公钥公开，需要向甲方发送信息的其他角色（乙方）使用该密钥（甲方的公钥）对机密信息进行加密后再发送给甲方；甲方再用自己私钥对加密后的信息进行解密。甲方想要回复乙方时正好相反，使用乙方的公钥对信息进行加密；同理，乙方使用自己的私钥进行解密。

另外，甲方可以使用自己的私钥对机密信息进行签名后再发送给乙方；乙方再用甲方的公钥对甲方发送回来的信息进行验签。甲方只能用其私钥解密由其公钥加密后的任何信息。

非对称加密算法的保密性比较好，满足了最终用户交换密钥的需要。

非对称加密算法的特点：算法强度复杂、安全性依赖于算法与密钥；但是由于其算法复杂，使得加解密的速度没有对称加解密的速度快。对称加密算法中只有一种密钥，并且是非公开的，如果要解密就得让对方知道密钥，所以保证其安全性就是保证密钥的安全。而非对称加密算法有两种密钥，其中一个是公开的，不需要像对称加密算法那样传输对方的密钥，这样安全性就高了很多。

2．非对称加密算法的起源

密码学家 W.Diffie 和 M.Hellman 于 1976 年在发表了一篇文章，提出了"非对称密码体制即公开密钥密码体制"的概念，开创了密码学研究的新方向。该加密方式规定密钥需要有一对：一个公钥和一个私钥。如果用公钥加密信息，就需要用相同配对的私钥才能解密。

3．非对称加密算法的工作原理

（1）A 要向 B 发送信息，A 和 B 都要产生一对用于加密和解密的公钥和私钥。

（2）A 的私钥保密，A 的公钥告诉 B；B 的私钥保密，B 的公钥告诉 A。

（3）A 要给 B 发送信息时，A 用 B 的公钥加密信息，因为 A 知道 B 的公钥。

（4）A 将这个信息发送给 B（已经用 B 的公钥加密信息）。

（5）B 收到这个信息后，B 用自己的私钥解密 A 的信息。其他所有收到这个报文的人都无法解密，因为只有 B 才有 B 的私钥。

4．非对称加密算法的主要应用

假设两个用户要加密交换信息，双方交换公钥，使用时一方用对方的公钥加密，另一方即可用自己的私钥解密。如果企业中有 n 个用户，那么企业需要生成 n 对密钥，并分发 n 个公钥。假设 A 用 B 的公钥加密信息，用 A 的私钥签名，B 接到信息后，首先用 A 的公钥验证签名，确认后用自己的私钥解密信息。由于公钥是可以公开的，用户只要保管好自己的私钥即可，因此加密密钥的分发将变得十分简单。同时，由于每个用户的私钥是唯一的，其他用户除了可以通过信息发送方的公钥来验证信息的来源是否真实，还可以通过数字签名确保信息发送方无法否认曾发送过该信息。非对称加密算法的缺点是加解密速度远远慢于对称加密，在某些极端情况下，甚至能比对称加密算法慢 1000 倍。

非对称加密算法的一个特点是每个用户对应一个密钥对(包含公钥和私钥)，它们都是随机生成的，所以各不相同。不过其缺点也很明显，即密钥存储在数据库中，如果数据库被攻破，那么密钥就泄露了。

还有一个方法就是依照上面方法随机生成一个密钥对（包含公钥和私钥），通过 ToXmlString(true)方法导出，然后把这个 XML 字符串格式的密钥放到 Web 程序的 Web.config 文件的 Appsetting 节点里面，再通过 FromXmlString(key)方法读入密钥，这意味着所有的用户密码都用同一个密钥对加密和解密。

非对称加密算法不要求通信双方事先传递密钥或有任何约定就能完成保密通信，并且密钥管理方便，可实现防止假冒和抵赖，因此更符合网络通信中的保密通信要求。

5．非对称加密算法与对称加密算法的区别

非对称加密算法与对称加密算法的区别如下。

（1）非对称加密算法用于信息解密的密钥值与用于信息加密的密钥值不同。

（2）非对称加密算法比对称加密算法慢很多，但在保护通信安全方面，非对称加密算法却具有对称加密算法难以企及的优势。

为说明这种优势，下面使用对称加密算法的例子来强调。

A 使用密钥 K 加密信息并将其发送给 B，B 收到加密的信息后，使用密钥 K 对其解密以恢复原始信息。这里存在一个问题，即 A 如何将用于加密信息的密钥值发送给 B？答案是，A 发送密钥值给 B 时必须通过独立的安全通信信道（没人能监听到该信道中的通信）。

这种使用独立安全信道来交换对称加密算法密钥的做法会带来以下问题。

首先，有独立的安全信道，但是安全信道的带宽有限，不能直接用它发送原始信息。

其次，A 和 B 不能确定他们的密钥值可以保持多久而不泄露（不被其他人知道），以及何时交换新的密钥值。

当然，这些问题不只 A 会遇到，B 和其他人都会遇到，他们都需要交换密

钥并处理这些密钥管理问题。如果 A 要给数百人发送信息，那么事情将更麻烦，他必须使用不同的密钥值来加密每条信息。例如，要给 200 个人发送信息，A 需要加密信息 200 次，对每个接收方加密一次信息。显然，在这种情况下，使用对称加密算法进行安全通信的成本相当大。非对称加密算法的主要优势就是使用两个而不是一个密钥值，即一个密钥值用来加密信息，另一个密钥值用来解密信息。这两个密钥值在同一个过程中生成，称为密钥对。用来加密信息的密钥称为公钥，用来解密信息的密钥称为私钥。用公钥加密的信息只能用与之对应的私钥来解密，私钥除持有者外无人知道，而公钥可通过非安全管道来发送或在目录中发布。

A 需要通过电子邮件给 B 发送一份机密文档。首先，B 使用电子邮件将自己的公钥发送给 A。然后，A 用 B 的公钥对文档加密并通过电子邮件将加密信息发送给 B。由于任何用 B 的公钥加密的信息只能用 B 的私钥解密，因此即使窥探者知道 B 的公钥，信息仍是安全的。B 在收到加密信息后，用自己的私钥进行解密从而恢复原始文档。

三、哈希算法

1. 哈希算法的定义

哈希（Hash）算法是一种加密算法，哈希函数也称散列函数或杂凑函数。哈希函数是一个公开函数，可以将任意长度的消息 M 映射成一个长度较短且长度固定的值 H（M），称 H（M）为哈希值、散列值、杂凑值或消息摘要。它是一种单向密码体制，即一个从明文到密文的不可逆映射，只有加密过程，没有解密过程。

2. 哈希函数的特点

（1）易压缩：对于任意大小的输入 x，哈希值的长度很小，在实际应用中，哈希函数 H 产生的哈希值的长度是固定的。

（2）易计算：对于任意给定的消息，计算其哈希值比较容易。

（3）单向性：对于给定的哈希值，要找到逆向计算的哈希函数是不可行的，即求哈希值的逆很困难。在给定某个哈希函数 H 和 H（M）的情况下，得出 M 在计算上是不可行的，即从哈希输出无法倒推输入的原始数值。这是哈希函数安全性的基础。

（4）抗碰撞性：理想的哈希函数是无碰撞的，但在实际算法的设计中很难做到这一点。有两种抗碰撞性，一种是弱抗碰撞性，即对于给定的消息，要发现另一个消息，不能通过计算实现；另一种是强抗碰撞性，即对于任意一对不同的消息，也不能通过计算实现。

（5）高灵敏性：这是从比特位角度出发的，指的是 1 比特位的输入变化会造成 1/2 的比特位发生变化。消息 M 的任何改变都会导致哈希值 H（M）发生改变，即如果输入有微小不同，则哈希运算后的输出一定不同。

3．哈希算法的应用价值

哈希算法可以检验信息是否是相同的，可以节省重复文件传送的时间。例如，我们在工作中会使用一些软件给别人传送文件，如果有人传送了一份文件给一个人，然后又有一个人传送了相同的文件给这个人，那么这个软件在第二次传送文件时会对比两次传送的哈希值，如果发现是相同的，那么该软件就不会再次上传文件给服务器。

除此之外，哈希算法还可以检验信息的拥有者是否真实。比如，我们在一个网站注册了一个账号，如果网站把密码保存起来，那么这个网站不论多么安全，也会有密码被盗取的风险。但是如果用保存密码的哈希值代替保存密码，那么就没有这个风险了，因为哈希值的加密过程是不可逆的。

4．哈希加密破解难度大

从理论上说，哈希值是可以被获得的，但是对应的用户密码很难获得。

假设一个网站被攻破，黑客获得了哈希值，但仅有哈希值无法登录网站，他还必须算出相应的账号密码。

计算密码的工作量是非常庞大且烦琐的，严格来讲，密码是有可能被破译的，但破译成本太大，被成功破译的概率很小，所以基本上不用担心密码泄露。

当然，黑客还可以采用一种物理方法，那就是猜密码。他可以随机一个一个地试密码，如果用猜的密码算出的哈希值正好与用真正的密码算出的哈希值相同，那么就说明这个密码猜对了。

密码的长度越长，密码越复杂，就越难以猜对。如果有一种方法能够提高猜中密码的概率，那么可以算作哈希算法被破解了。

例如，原本猜中的概率是 $1/10^{13}$，现在增加到了 1/1000。如果每猜一个密码需要 1 秒，按照之前的概率猜，直到"地球毁灭"都可能没猜中，但后者只需要 1 小时就足够了。在这样的情况下，哈希算法有被破解的可能。

第四节　智能合约技术原理

一、智能合约

1. 智能合约的含义

智能合约是一种旨在以信息化方式传播、验证或执行合同的计算机协议。在现实社会中，有完善的社会治理体系，但是在社会执行层面，仍然有很大的提升空间。1995 年，计算机科学家和加密大师尼克•萨博提出了智能合约的概念。他在自己的文章中是这样定义智能合约的："一份智能合约是一套以数字形式定义的承诺（Promises），包括合约参与方可以在上面执行这些承诺的协议。"简单说，它就是一段计算机执行的程序，满足可准确自动执行，即可类似计算机中的"if... then..."命令。现实社会中的一些双方达成的协议写成代码交由计算机自动执行该过程，并自动返回结果，就是人们对智能合约的最早想象。智能合约的运行原理如图 2.3 所示。

图 2.3　智能合约的运行原理

2. 智能合约是区块链技术最重要的特性

区块链的智能合约是以计算机语言而非法律语言记录条款的智能合同。智能合约让我们可以与真实世界的资产进行交互，当一个预先编好的条件被触发时，智能合约会执行相应的合同条款。人类文明已经从"身份社会"进化到了"契约社会"，然而人性的弱点让纸质契约的约束力往往大打折扣，智能合约的出现让物理世界与虚拟世界完美结合，使计算机程序成为合约的执行者，将违约和不诚信变为零可能。

例如，爷爷生前立下一份遗嘱，声称在其去世后且孙子年满 18 周岁时将自己名下的财产转移给孙子。若将此遗嘱记录在区块链上，那么区块链就会自动检索、计算其孙子的年龄，当孙子年满 18 周岁的条件成立后，区块链将在政府的公共数据库等地方检索是否存在爷爷的离世证明。如果这两个条件同时符合，那么这笔财产将不受任何约束地自动转移到孙子的账户中，这种转移不会受到国界、外界的阻挠，以及其他各种因素的制约，并且会自动强制执行。

二、以太坊智能合约应用

在以太坊所代表的加密社会里有一条通行的规则：代码即"法律"。

以太坊的创始人 Vitalik Buterin 于 1994 年出生于俄罗斯，4 岁时开始接触微软计算机；1999 年随父亲移民加拿大，新环境使其玩伴减少，让他专注于探索计算机的奥秘；7 岁时，他创建了一个复杂文档，里面全是数学图表和计算；2010 年，他开始研究比特币；20 岁那年，他开始为他心中的以太坊项目募资，融得 3.1 万枚比特币。

以太坊项目定位为下一代智能合约和去中心化应用。

1. 去中心化应用（DApp）

一般来讲以太坊上有三类应用。

第一类是金融应用，为用户提供更强大的用他们的钱管理和参与合约的方法，包括电子货币、金融衍生品、对冲合约、储蓄钱包、遗嘱，甚至某些种类的全面的雇佣合约。

第二类是半金融应用，这里有金钱的存在但也有非金钱的方面，一个典型的例子是为解决计算问题而设置的自我强制悬赏。

第三类是在线投票和去中心化治理这样的完全的非金融应用。

目前，以太坊上已成功运用的 DApp 主要包括储蓄钱包、中心化交易所、游戏类等。

2. 去中心化自治组织（DAO）

比特币的激励机制让人们见证了在没有中心节点的情况下，全世界的人们依然可以共同协作，保证比特币系统运行在正常的轨道上。

基于此，借鉴比特币的思想，对风险采取奖惩分配制度能合理实现经济激励，再加上以太坊提供的智能合约基础平台，DAO 正在逐步实现。

其中最出名的当属"The DAO"这个项目了，15 天就疯狂地筹集了 1 亿美元，但是后来因为以太坊智能合约漏洞问题，发生了"The DAO"被盗事件。

总体来说，作为区块链 2.0，以太坊开启了一个全新的加密货币时代。

在 2017 年比特币疯涨的时候，由以太坊引发的首次代币发行（Initial Coin Offering，ICO）狂潮将整个加密货币市场推向高峰，以太坊本身的价格也由 2017 年年初的 8 美元涨到了 1400 美元，涨幅达到 175 倍。

目前，以太坊因为一直受限于技术方面，出现了很多竞争性项目。即使如此，在拥有如此强大的技术和社区团队的以太坊面前，要实现颠覆也不是轻而易举的事情，与此同时我们也非常期待下一个"以太坊"。

三、智能合约的应用场景

智能合约的应用场景非常广泛，如房屋租赁、差价合约、代币系统、储蓄钱包、农作物保险、金融借贷、遗嘱设立、证券登记等。

智能合约可能是目前唯一能将"合约"与交易融为一体的技术。特别是在跨境贸易中，最为头疼的问题是贸易顺逆差、时差和法律差异等问题。区块链技术现在之所以被广泛应用于跨境支付便是因为智能合约解决了这些问题，只要开始进行交易，智能合约就被即时触发，严密执行规定的权利与义务，保证交易的公平、安全。同时，智能合约不仅能被用于双方交易，还能被用于多方交易，精简了传统多方交易面临的手续复杂等问题。

四、智能合约带来可编程社会

随着区块链技术的进一步发展，由于其具有去中心化及去信任的特性，区块链技术的应用将超越金融领域。区块链 3.0 不仅将应用扩展到身份认证、审计、仲裁、投标等社会治理领域，还将囊括工业、文化、科学和艺术等领域。通过解决去信任问题，区块链技术提供了一种通用技术和全球范围内的解决方案，即不再通过第三方建立信用和共享信息资源，从而使整个领域的运行效率和整体水平得到提高。在这一应用阶段，区块链技术将所有的人和设备连接到一个全球性的网络中，科学地配置全球资源，实现价值的全球流动，推动整个社会发展进入智能互联新时代。随着区块链技术在人类经济社会各个领域的不断落地，与其说区块链是一项集成技术，不如说区块链是一种思想，它代表了一种价值观，一种公正透明、信任协作的价值观。人类社会将沿着历史发展的路线，从最初的数字加密货币走到智能合约，再走向更有前景的可编程社会。

第三章

区块链+企业发展战略

企业发展战略是对企业各类战略的统称，它既包括竞争战略，也包括营销战略、品牌战略、融资战略、技术开发战略、人才战略、资源发展战略等。从定义上来看，企业发展战略是企业根据外部环境及其内部资源、拥有的能力现状，为实现企业的长远发展，而对企业的发展宗旨、发展目标，以及实现目标的方式、手段等进行的总体规划。

随着区块链技术的发展上升到国家战略层面，区块链技术的集成应用在新产业变革和企业战略发展中将起到更加重要的作用。区块链技术之所以能成为企业数字化转型的加速器，是因为它能加快建立数据共享、流程再造、信用体系三大模型。区块链正在不断颠覆传统企业的制造模式、生产组织方式和产业形态，企业家们也不得不重新思考企业的生态系统和经济模式。

第一节　传统的企业发展战略及不足

在探讨以区块链为代表的数字化战略对企业发展的影响之前，需要先简单了解一下传统的企业发展战略，正确认识传统的企业发展战略的劣势，从而对数字化战略进行必要的思考。

一、企业发展战略管理

企业发展战略管理一般包含企业发展战略分析、企业发展战略制定和企业发展战略实施三个阶段。

1．企业发展战略分析

企业发展战略分析一般包含宏观环境分析、产业环境分析，以及企业内部环境分析。宏观环境分析是对与企业发展业务相关的政治、经济、社会、技术等因素的综合分析，以合理辨识在宏观环境中能够影响企业发展的机遇和挑战，为企业战略目标的制定提供重要支持；产业环境分析是对企业所处行业本身的分析，以确定行业的发展现状和整体发展趋势，从而帮助企业判断是否继续在该行业中发展或是否需要进入某行业；企业内部环境分析一般是对企业本身资源、技术及其应用能力的分析，具体地可以从企业技术平台搭建、企业制度建立、企业生产流程等多个方面进行。

2．企业发展战略制定

在不同内外部环境的影响下，企业在不同发展时期运用的重点发展战略层次是不同的。在激烈的市场竞争环境下，在多个战略层次上同时进行的方案不可取。从发展实际情况来看，企业发展战略是在战略分析的基础上，对企业各个层次的战略的具体规划。企业发展战略制定的层次体系如图3.1所示。

图3.1　企业发展战略制定的层次体系

3．企业发展战略实施

企业发展战略的实施一般包含战略实施方案的制订和战略实施方案的具体推进。在制订战略实施方案时，我们应当明确战略目标，包含规模目标和效益目标。规模目标是能够反映出企业在某个考察点上的经济规模目标的目标；效益目标是指在规模目标基础上制定的企业竞争能力目标；具体推进战略实施方案时，应当选择正确的突破口，充分利用相对于竞争对手的企业内部优势，尽可能地避开企业发展局限。

二、企业发展战略的基市分类

企业发展战略强调要充分利用外部环境中的机会，充分发掘并创造企业内部的优势资源，以便企业在现有发展战略的基础上向高收益、可持续的方向发展。常规的企业发展战略主要有三种类型：一体化战略、密集型战略和多元化战略。

1．一体化战略

一体化战略是指，企业对具有优势和增长潜力的产品或业务，沿其经营链条，纵向或横向延展业务的深度或广度，扩大经营规模，实现企业成长的战略。按照业务拓展的方向可以将一体化战略分为纵向一体化战略和横向一体化战略。

（1）纵向一体化战略是指，企业沿着产品或业务链向前或向后，延伸和扩展企业现有业务的战略。从理论上分析，企业采用纵向一体化战略有利于节约与上游、下游企业在市场上进行购买或销售的交易成本，控制稀缺资源，保证关键投入的质量或获得新客户。但纵向一体化战略会增加企业的内部管理成本。企业规模并不是越大越好，尤其是向后的纵向一体化战略，一般涉及的投资金额较大且资产专用性较强，会增加企业在该产业的退出成本。

（2）横向一体化战略是指，企业收购、兼并或联合竞争企业的战略。其主要目的是减少竞争压力、实现规模经济和增强自身实力以获取竞争优势。横向一体化战略的主要适用条件：①企业所在产业的竞争较为激烈；②企业所在产业的规模经济较为显著；③企业的横向一体化战略符合反垄断法律法规，能够在局部地区获得一定的垄断地位；④企业所在产业的增长潜力较大；⑤企业具备实施横向一体化战略所需的资金、人力资源等。

2．密集型战略

密集型战略是指，企业充分利用现有产品或服务的潜力，强化现有产品或服务的优势竞争地位的战略。根据安索夫的"产品—市场战略组合"矩阵，密集型战略可分为市场渗透战略、市场开发战略、产品开发战略。

（1）市场渗透战略是企业在现有产品和现有市场的基础上增加现有产品的市场份额、坚守阵地的一种战略。而坚守阵地主要通过提供折扣或营销广告、提高服务水平、改进包装等方法，实现原有产品在原有市场中所占份额的扩大。当整个市场处于增长状态，而企业希望在现有产品和现有市场的基础上进一步拥有更多的市场份额,那么企业可采用市场渗透战略。

(2)市场开发战略是企业将现有产品或服务打入新市场的战略。其背景主要是企业所在的市场已经发展成熟,但企业不安于现状,希望拓展其他市场或者改进产品,以适合在新市场发展。那么,在什么情况下企业适合采用市场开发战略呢?①存在其他未开发或未饱和的市场;②可得到新的、可靠的、经济的和高质量的销售渠道;③企业在现有经营领域取得了丰硕的发展成果;④企业拥有扩大经营范围所需的资金和人力资源;⑤企业存在过剩的生产能力;⑥企业的核心业务属于正在迅速全球化的领域。总的来说,就是当企业有实力且市场有利可图时适合采用这种战略。

(3)产品开发战略是在现有市场上推出新产品、延长产品生命周期的战略。这种战略可以提高产品的差异化程度,满足市场新的需求,延长产品的生命周期,从而提高企业的竞争地位。

3.多元化战略

多元化战略是市场开发战略与产品开发战略相结合的产物。这一战略脱胎于密集型战略并被归为另一种企业发展战略。

多元化战略是指企业进入与现有产品和现有市场不同的新领域的战略。企业采取多元化战略主要有以下三大考量。①从战略目标上看,安于现有产品或在现有市场中的持续经营无法为企业带来更进一步的战略价值。②从财务管理上看,企业在现有或以前产品与市场中成功经营所保留下来的资金、财富,超过了其在现有或以前产品与市场中施行扩张所需要的资金。③从企业经营上看,与在现有产品或市场中的扩张相比,采取多元化战略能为企业带来更加丰厚的收益。

多元化战略有利于企业获得融合优势,即两种业务或两个市场同时经营的盈利能力,大于各自经营时的盈利能力之和(范围经济);同时能尽可能地分散风险,也就是当现有产品及市场失败时,新产品或新市场能为企业提供保护。但多元化战略也会引发新的风险,包括来自原有经营领域的风险、市场整体风险、产业进入风险、产业退出风险、内部经营整合风险等。

总的来说,以上这些传统战略都未解决企业成本和规模问题。随着企业规模的不断扩张,运营复杂性随之呈现指数级增长,但收入增长可能仍然是线性的。从某种意义上来说,企业在当前数字化时代采取传统的企业发展战略,可能面临更多的投入成本的同时,收益反而被不断侵蚀的局面。

第二节 企业的数字化转型战略

数字化时代已经来临，传统的企业发展战略难以适应当前企业激烈的竞争格局，数字化转型成为大多数企业的战略选择。早期，企业引入数字技术大部分都是为了解决一些局部问题，如通过对某类高新数字技术的应用来提高效率，整体数字化程度不高。现在，企业也慢慢意识到，这种单纯的技术应用思维不能为自身提供持续的竞争优势。由此可见，企业数字化需要企业进行转型与自我变革，需要企业从战略结构层面自上而下进行改革。如今，新老企业都不断投身其中，瞄准"数字化企业"的定位努力提升自身的数字化能力，从而在这股数字化潮流中赢得生存与发展的先机。

其实，早在1996年，尼古拉·尼葛洛庞帝就在《数字化生存》中预言了今天的数字化时代：数字化生存是现代社会中以信息技术为基础的、新的生存方式。在数字化生存环境中，人们的生产方式、生活方式、交往方式、思维方式、行为方式都呈现出全新的面貌。例如，生产力要素的数字化渗透、生产关系的数字化重构、经济活动走向全面数字化，使社会的物质生产方式被打上了浓重的数字化烙印，通过数字政务、数字商务等新范式，人们可体验全新的数字化政治、经济与生活；而网络学习、网聊、网络游戏、网络购物等，也为人们提供了更加精彩的学习、交往、生活方式。

一、企业数字化转型成为当务之急

企业进行数字化转型是多种因素组合的结果，但目前对许多企业来说，主要是为了生存必须这样做。数字化让商业焕发新活力，用数据去验证商业行为的方向、方式、节奏，而不是仅靠经验或主观意愿来做决定。相反，拒绝进行数字化转型的企业不仅容易陷入内部体制僵化的局面，还会因为守旧主义受到客户的质疑。

"第四次工业革命"的到来驱动企业转变发展理念，并重新审视其经营方式。随着云计算、大数据、人工智能、区块链等数字技术的快速发展，数据正扮演着越来越重要的角色。经历了在我国近三十年的发展，信息技术正推动企业从"信息化时代"向"数字时代"不断变迁。未来企业的信息化一定会以数据为价值中心，发掘数据的活力，让数据充分释放其商业价值。也正是基于这一点，数字化转型成为企业的必然选择。

英国《卫报》刊载的一篇文章称："企业不会主动选择转型，因为成本高昂且有风险，但当企业无法发展时就会经历转型。"企业数字化转型是大势所趋，因为数字技术在重新定义整个行业与产业生态系统，数字化产品和服务会大行其道，而供应链与中介也会随之发生重构并推动效率的提升；生态系统的改进促进企业创造新价值，同时数字化程度也关乎企业的生死存亡。

先锋集团的首席信息官 John Marcante 也指出："可以看看标准普尔 500 指数。根据美国企业基金会的数据，1958 年，美国企业在该指数上的平均停留时间为 61 年，而在 2011 年，这一数据则变成了 18 年。如今，符合标准普尔 500 指数的企业大约每两周更换一次。技术推动了这一转变，想要成功的企业必须了解如何将技术与战略融合。"

企业领导者深刻明白了这一点，并且正在相应地进行优先级排序。根据国际数据公司（International Data Corporation，IDC）全球半年度数字化转型支出指南的预测，到 2022 年全球在实现数字化转型的技术和服务上的支出将达到 1.97 万亿美元；IDC 预测，数字化转型支出将稳步增长，2017—2022 年，全球数字化转型支出五年复合增长率将达到 16.7%。

全球数字化转型战略研究总监 Shawn Fitzgerald 指出，截至 2020 年，全球约 30% 的全球排名前 2000 的企业，将分配收入 10% 以上的资本预算用于支撑其数字战略的发展。随着企业领导者逐渐认识到数字化转型是一项长期投资，资金投入将成为一项重要的工作。在未来十年里，为数字化转型提供资金的承诺将继续推动企业的支出。

不同组织在数字化转型过程中处于不同的阶段，但提高数字化转型的速度已成为所有企业的当务之急。企业领导者们面临着巨大压力，他们需要证明数字技术和工具可持续提升整个企业的灵活性和发展速度。

二、企业数字化战略存在的主要问题

不可避免的是，企业在实施全新的数字化战略过程中会面临各种复杂的问题。

（1）缺乏统一架构的 PaaS 平台，导致 IT 应用开发的敏捷执行和个性化程度不足。很多企业建立了庞大的内部开发组织与外包团队来负责 IT 应用的开发。每一个 IT 应用，其实都在单独和重复开发很多相似的功能，每一个应用部署都很耗时，并且很难自动扩展。"如何把这些共同的功能统一起来，开发一个 PaaS 平台或引入一个 PaaS 平台"成为大多数部署数字化业务的企业需要思考的问题。但是，如果每一个企业都去开发一个 PaaS 平台，那么大家还是在做重复的工作，各企业的 PaaS 架构是碎片化的，各自打造的 PaaS 平台的成果也是参差不齐的。

因此，各企业需要一个具有统一架构的 PaaS 平台，以及配套的公共、标准化服务，还有面向每一个领域的专业化服务。

（2）亟待解决私有云和公有云的安全问题。在安全方面，企业普遍认为，将自己的核心业务与活动部署在云计算平台上会导致企业安全性的降低。其第一个顾虑是，在部署云计算平台以后，过于分散的数据可能会出现泄露或被非法访问；第二个顾虑是，原来每一个应用都运行在不同的服务器上，彼此间有物理隔离，采用云计算平台则意味着这种物理隔离将变为逻辑层面的虚拟隔离，安全性可能会大打折扣，而虚拟机和虚拟机之间缺乏必要的防护，潜在风险也会显著提升；第三个顾虑是，从应用的角度讲，企业希望快速、敏捷地提供应用，但安全匹配可能无法跟上；第四个顾虑是，从管理的角度讲，企业都希望资源提供更敏捷，这是云计算平台的优势，但是授权有可能是静态的，匹配存在一定难度。这些也是云计算时代在安全方面面临的挑战。客观上，公有云比中小型企业的私有云更安全，因为中小型企业没有这么庞大的安全投资和可靠的安全服务。提高云计算平台的安全性的关键是构建一个全栈的安全体系，包括物理安全、网络安全、主机安全、应用安全和数据安全，同时要让全局可视化；其次，还要基于大数据和人工智能，实现实时、智能的感知和预防；最后，要选择一些值得信赖的合作伙伴。

（3）越来越多的数据和流量的负荷与处理带来压力。当前的数据中心用一个传统的架构把网络分为三层，最下层连接服务器。这样的网络架构，按目前的能力，多数只能支持 100TB 级的容量，而且面临着单点故障风险和功耗的问题。在大型的数据中心里面，维护几十万对的光纤非常困难。在数字经济背景下，这并非一个具有处理高并发流量和大规模数据存储、计算职能的数据中心应该具备的能力。如果把云的理念用于数据中心架构，将 Scale Up（纵向扩展）方式，变成 Scale Out（横向扩展）方式，就可以实现 PB（1PB=1024TB）级超大带宽，并大幅度地减少光纤的使用。但这个方案现在还没有真正实现，运用云的理念，用一个分布式的架构，去替代现在的数据中心架构将是解决这一难题的有效路径。

（4）数据孤岛尚未打通。在企业中，由于开发时间或开发部门的不同，往往有多个异构的、运行在不同的软/硬件平台上的信息系统同时运行，这些系统的数据源彼此独立、相互封闭，使数据难以在系统之间交流、共享和融合，从而形成了数据孤岛。随着数字化程度的不断加深，企业内部、企业与外部信息交互的需求日益强烈，包括产业链上的其他上下游企业和用户等，急切需要对已有的信息进行整合，连通数据孤岛，共享行业信息。而基于平台的数据整合和流动对于数据的分析汇聚能力更强、传输效率更高。数据将不只是对生产活动的记录，更多的是进行业务的深度融合。企业可以在产品开发周期、产品质量、资源消耗及企业柔性生产能力等方面形成核心优势，能够准确进行生产决策，提升对客户的服务能力。同时消费者可以直接参与产品设计，进而满足产品和服务的定制化需求。

（5）云计算过程中的数据迁移带宽问题。如何解决云计算过程中数据的迁移、私有云和公有云之间的迁移、公有云和公有云之间的迁移的带宽问题是企业数字化转型无法回避的一个问题。以亚马逊为例，其采用特快专递的方式，让企业把一个装有数据的盒子快递到亚马逊，每 50TB 收费 200 美元；如果从云上把这个数据拷下来，则收费为 1000～2000 美元。靠盒子运输既不够安全也不方便，所以站在企业的角度考虑，就更需要运营商按需提供带宽，这样才能够快速地实现公有云和私有云之间的海量数据迁移。

（6）生态圈建设尚处于初级阶段。出于数字化转型的需要，很多企业都建设了自己的生态圈，但真正参与的企业很少。其主要的原因是，各家企业的生态圈都是以自我为中心的，这必然会导致不同企业之间的生态圈相互冲突。事实上，谁能成为生态圈的核心是依靠企业的实力来判断的，对于颠覆性应用，其他企业只能接入其生态。

三、企业数字化转型发展的主要模式

企业数字化转型过程中存在数据孤岛、信息烟囱、数据断层等问题，从表面上看多是技术问题，但究其本源则更多的是管理问题。因此，我国传统企业在数字化转型过程中若不能从管理上革新，仅在技术上着力，将会陷在困境中无法自拔。

要解决这一问题，逐步推进企业数字化转型，首先必须转变企业数字化的管理和建设方式，需要一套全新的、科学的理论体系作为指导，以企业架构理论驱动管理升级，使数字化转型从局部规划和设计向全局规划和顶层设计转变，最终走上可持续发展的轨道。

因此，企业架构的转型和革新是企业数字化转型的首要条件，在此基础上，不同阶段、不同行业、不同规模、不同实力、不同技术领域的企业数字化战略转型一般有以下两种模式。

1. 基于底层架构的 IT 系统升级模式

基于底层架构的 IT 系统由云平台、大数据平台和 DevOps 构成。底层由硬件提供商提供的服务器、存储、网络等基础硬件构成。新的 IT 系统对基础设施提出新的需求：高效、稳定的 IT 基础设施，中间层构建 PaaS 平台，并结合具体行业，提供针对行业的解决方案；位于顶层的敏捷开发，能够帮助企业应对快速变化的企业需求，当业务有需求时，IT 系统可以迅速响应，快速更新 IT 服务内容，实现在线状态下的快速更新。数字化也正在加速产品设计，优化生产过程，提高生产效率，进而降低企业成本。新的 IT 系统能应对大规模、更复杂的流量，对复杂行业的应对性更强。新的 IT 系统最大的优势在于层次分工明确，每一层均交由专业的供应商来完成，能够保证每一层的稳定、可靠。对于企业而言，企业仅需要关心顶层应用，可以将更多精力投入业务创新中，有助于企业的转型发展。

2．数据驱动模式

数据驱动模式可以从三个维度来说明。

（1）通用性（数据可重用）。传统工业是建立在模拟信号基础上的，而数字信号是在模拟信号的基础上经过采样、量化和编码而形成的，这样就可以实现利用 IT 的高通用性解决工业数据非标准化（简称非标）的问题。

（2）标准性（可互操作）。随着包括硬件、网络、操作系统、数据库系统、应用软件、数据格式、数据语义等不同层次的互操作的实现，基于运行环境、体系结构、应用流程、安全管理、操作控制、实现技术、数据模型等的数据驱动模式有望达成，能够达到平台或编程语言之间交换和共享数据的目的，可以将传统产业非标的数据标准化。

（3）敏捷性（流程的再组织、自组织和重构）。敏捷性包括两个层面的含义：数据信息标准化到知识自动化；业务标准化到业务集成化。

①数据信息标准化到知识自动化。在数字化背景下，首先，IT 基础设施成本的降低和网络安全的加强使得企业有动力利用新的 IT 架构，从而解决了数据存放问题。其次，随着 IT 架构的升级，解决底层连接问题，能够实现将非标的产业数据进行标准化处理。然后，将数据信息进行知识化处理，使得数据信息具备知识的通用性和可重复使用的特征，实现知识的集成应用。最后，在上述背景下，通过基础数据的连接和异构处理、企业拥有知识库的管理（手册、资料等）、专家经验的描述，以及数据与知识的模型化，实现知识自动化。知识自动化通过把各种工业技术体系模型化，然后将模型移植到智能设计与制造平台上，并通过平台来驱动包括设计、仿真、计算、试验、制造系统等在内的各种软件，即实现敏捷生产和制造，进而驱动企业业务流程重构和组织再造。

②业务标准化到业务集成化。对产业本身来说，数字化对产业的全生命周期进行标准化集成重构，通过互联网、移动物联网等带来的低成本感知、高速移动连接、分布式计算和高级分析，使得新一代信息技术和传统互联网技术实现深度融合，从而给企业带来深刻变革；同时创新了企业的研发、设计、生产、制造、运营、营销和服务全生命周期的模式。这些不同的创新应用模式为不同行业的企

业带来更快的速度、更高的效率和更高的洞察力，具体体现在智能化生产、网络协同、个性化定制、远程服务、平台化应用等诸多典型场景中。

四、企业数字化转型战略的要素

新兴技术本身就充满未知，如果企业没有强有力的领导和深思熟虑的战略，可能会引起冲突并降低其经营利润。显然，企业仅凭技术无法实现真正的数字化转型。

在此背景下，企业应当思考如何更好地应用新技术，如何将新技术与企业原有的经营模式相结合。有效的数字化转型需要周密的战略，改变企业固化的思维模式和经营方式，为客户提供创新型服务，这也意味着要打破传统的经营模式。那么，什么样的战略才是有效的数字化转型战略？有效的数字化转型战略主要具备以下六大要素。

1. 有远见的领导者

领导者（管理者）是整个企业的掌舵人。企业是否需要进行数字化转型？企业数字化转型是否能成功？这些问题的答案需要依靠领导者的远见与才能。由于数字化转型需要企业对其业务和文化进行深层次的重构，因此管理团队需要精通数字技术，或者能信任专业的数字技术咨询服务的团队，从而正确地使用数字化转型平台与工具，结合实际情况进行数字化转型。

《哈佛商业评论》认为，如果领导者没有才能或远见性，那么企业数字化转型往往是临时而混乱的："尽管鼓励拥有创新的想法和项目很重要，但是将其变为'游戏改变者'，围绕哪些项目展开？按照什么顺序展开？这需要有明确的方向。只有 CEO 有能力在整个企业中提供这种指导。为了能够实现这一点，CEO 需要对业务关键部分所面临的数字威胁和机遇挑战具有敏锐的洞察力与进行深刻的思考，同时需要思考出一种能够有效重塑数字化竞争格局与整体愿景的方法。"

值得注意的是，领导者不需要成为专业的技术人员，也不需要具备这样的数字化领导力。虽然对外发布的公关文案可能会为企业数字化转型带来一些碎片化的例证，但对于寻求数字化转型的企业领导者来说，更重要的是，始终如一地阐明一个愿景，即如何通过数字工具与方法改造一个企业并有效改善其运营、收入、客户体验和竞争地位。这样的参与度和其对数字化转型的觉悟，为企业领导者制定一项成功且具有执行意义的战略奠定了基础。

2．把战略放在技术之前

企业强有力的高层管理必须与精准且有明确规划的数字化转型战略相结合。企业应该首先清楚地知道数字化转型的最终结果，同时持续关注企业客户的痛点和消费者体验。从最终目标倒推，企业便可以预估支持其数字化转型所需的总体成本。否则，业务流程级别与优先顺序会产生混乱，同时实现技术的方式也会更加碎片化。

3．创新的思维方式

数字化转型的一个主要动力是生存。不主动地调整或改变企业既有业务，实际上比追求一个从创新角度出发的数字化转型战略风险更大。数字化转型鼓励颠覆性创新和冒险行为，企业应该超越传统市场和竞争对手的常规模式，以开放、包容的心态积极学习并借鉴其他行业的商业模式。

例如，全球领先的高端装备制造商通用电气（GE）借鉴了物联网的领先经验，为其工业机器产品添加了数字化、远程监控和优化功能。这一创新巩固了通用电气在行业中的领先地位。

而在那些思维固化的大企业里推动创新，往往遵循一种"深思熟虑的冒险精神"。敏捷的"快速失败"是数字化管理人员在进行人力资源管理和人才赋能时所采取的一种有价值的思维方式。正如 John Halamka 博士在德勤咨询公司发表的一篇论文中所说："失败是常有的结果。可穿戴计算非常棒，但是 Google Glass 可穿戴计算设备现在并不适合我们。我们可能会发现患者喜欢 Apple Watch 腕戴式设备，并且将该设备视为日常生活用品，这样的结果无疑超出了我们的预测。"这告诉我们在数字化转型过程中，许多事情是未知的。因此，提高效率的最佳方法是进行小型实验，通过接收来自受益者的反馈不断改进并将改进后的情况反映给下一个实验，实现迭代与优化，直至找到有效且可持续的发展策略。

4．重构客户画像

实施适当的策略并进行思维调整后，有效的数字化转型需要借助工具来寻找能够分析、识别客户痛点的新方法，从而根据客户的体验制定流程，以此来实现最终的价值升级。

数字媒体提供了许多了解客户痛点的新方法，包括高级分析、在线客户调查和社交媒体参与，以及文本分析和数据挖掘工具。

当数据被提炼成可操作的客户数据洞察时，企业可以创建新的用户画像和用户终端状态，如"我们的客户将拥有××产品选择和购买体验。"通过 SaaS 平台、

CRM 系统（客户关系管理系统）和 App 应用程序等渠道工具更有助于创造更具魅力的客户体验。

5．创新商业模式

考虑到新的客户体验并重构客户画像，企业应准备好以数字方式转变其运营流程和商业模式。企业数字化需要协作工具和企业分析平台，以采取更快、更深入、更集成的方式，为企业提供可替换现有架构中旧流程的新方法。正如《麻省理工学院斯隆管理评论》所述："尽管转变的客户体验显而易见，并且可以说是最令人兴奋的，但是企业数字化转型还需要员工支持和绩效管理来转变内部流程，从而获得最佳转型效果。"

全企业范围内的数字化转型运营为数字化业务打开了大门。通过减少运营孤岛或不兼容数据的干扰，企业可以开发新的数字产品。亚马逊作为一个数字化企业，其所启动的"新数字业务"就是一个典型的例子，也就是从书籍开始迅速发展出许多其他的业务类型，如视频分发和云存储。另外，企业还可以通过数字化方式增强传统产品。例如，一家汽车维修店除了提供普通的汽车服务，还提供在线服务历史跟踪和预约维修服务。

6．追求新技术

在企业数字化转型中，技术不可避免地成为重要的关注点之一。随着新的战略、创新思维和商业模式的发展，企业可以根据数字化转型的目标评估其当前的技术堆栈，以发现数字化转型工具所需的功能或数据缺口。首先，将企业当前的功能与数字化转型中需要解决的问题进行比较，转型战略和客户体验所产生的结果应有助于确定数字化转型的技术路线的优先顺序；然后，结合技术规划，利用这些新技术产生的分析结果来实现企业数字化转型。通过正确分析员工正常工作流程从而分析出可实现数字化转型所需的行为，包括：

（1）数据驱动的决策；

（2）提高数字化转型的投资回报率；

（3）提高生产力；

（4）更具竞争力的产品和服务；

（5）更高的客户满意度；

（6）增加收入。

数字化转型从企业管理层开始，有一个迭代更新的周期。企业全员尤其是领导者与数字化转型负责人需要不断检查找并出失败原因，进行更新并且要求全员适应转型过程。思维转变应使企业管理更规范，提高客户体验，具有冒险精神。围绕这些经验，产生新的商业模式和运营流程，从而推动技术投资。最后，启用数字技术的企业可以利用技术工具如 SaaS 平台来分析、检测所需的策略，从而实施调整，并硬性规定转型的必要性。

尽管数字化转型道路可能充满挑战，有时甚至需要付出高昂的代价，但成功进行数字化转型的企业将开辟新的道路，以更快、更创新的方式寻找到新的合作，为客户提供更新颖的服务模式，以此带来更高的收入和品牌效益。

第三节　区块链创新企业发展战略

在企业数字化转型过程中，仅有 18% 的企业认为它们自身的战略"非常有效"。2018 年埃森哲研究报告显示，中国企业已普遍思考并开始数字化转型，但仅有 7% 的中国企业成效显著。它们的突出特征是，在持续深耕主营业务的同时，果断向新业务拓展，并在最近三年中使新业务营收在总营收中的占比超过 50%。虽然有些"犹豫不决"来自观念上的障碍，但在缺少用区块链技术实现有效网络连接的基础架构的情况下，一些企业可能无法充分利用数字化机遇。

例如，截至 2020 年年底，世界各地已有约 64 亿台正在使用中的设备连入了物联网，每天会联系 2550 万种新事物。但隐私安全风险、黑客入侵风险也随着这项技术的应用与日俱增。正如《区块链 101：这一新世代服务将如何改变未来》（*Block chain 101:How This Next Big Service Will Change The Future*）中所述，区块链为信息共享创建了更安全的场所，从而弥补了云技术无法实现的功能，远胜于单一的云技术所能带来的功能。为充分实现物联网的潜力，需要将区块链用于底层架构。

而对于所有云应用及机器学习应用来说，亦是如此。例如，HIPAA 法案、监管问题、许可、数据验证和安全风险都是数字化所面临的障碍。只有以区块链为基础，医疗保健、金融、商业和数字经济才能实现数字化转型的潜力。

一、区块链赋能实体经济

当前，实体经济面临的问题导致企业不得不面临新一轮战略转型。由于我国经济已经进入"新常态"，拉动经济增长的传统动力正在减弱，寻找经济增长的新动能迫在眉睫。毫无疑问，发展实体经济是全社会的共识。

自 2008 年全球金融危机爆发以来，我国实体投资回报率、劳动生产率和全要素生产率的增速都出现了整体下降的趋势。根据公开统计数据，工业企业利润同比增速在 1999—2007 年平均为 37.55%，而 2008 年至今则回落至 12.70%，其中 2015 年至今更下降至 3.10%，出现了较为明显的增速下滑问题。

实体经济发展情况较差，不少行业出现产能过剩情况，与此同时，大量实体经济企业的技术落后，尽管企业在自主投资和长期研发方面的投入逐年增多，但是科技成果迟迟无法落地。实体经济发展的传统要素优势减弱，刚性成本熵增，利润空间缩小。简而言之，实体经济发展内生动力不足、企业创新和研发动力不足、自主核心技术有限，进而造成竞争力下降。

实体经济体制机制改革亟待深化，社会管理服务能力不足，资源要素价格改革还不到位，要素价格扭曲使市场信号失真等，导致产业分化严重和增长缓慢。新一轮实体经济的发展将更具开放性、连通性、互惠性、竞争性，技术创新对实体经济发展的引领作用日益显现，无论是制造业企业的数字化、智能化发展，还是创新型平台经济的发展，都需要先进的技术作为支撑。社会经济"脱虚向实、线上线下经济融合"发展，都需要创新技术来打造新模式和新业态。

解决这些问题的方法就是构建智能经济。智能经济的技术基础包括人工智能、云计算、大数据、物联网和区块链等新技术。这些新技术构建了新的基础设施，也形成了智能经济发展的底层操作系统。如果要理解区块链技术对实体企业的赋能，就要将其放在智能经济发展的浪潮中看待，而不是只关心区块链技术本身的发展。

按时间周期计算，我们可以将我国信息技术推动信息经济发展和为实体企业赋能划分为三次浪潮。第一次浪潮是 20 世纪 80 年代以个人计算机、软件和传统电信网络为代表的互联网技术浪潮，这轮技术浪潮实现了企业的互联网化，让企业在战略决策、设计生产、市场营销等多个环节实现了企业内部信息技术的革新，提升了企业的整体效率，也帮助企业参与全球贸易互联互通。第二次浪潮是 2000 年前后兴起的以互联网技术为代表的信息技术浪潮，在这一轮技术发展过程中最大的变化在于互联网成为最重要的媒体交互形态，大量的消费场景在互联网中产生，尤其是移动互联网的发展，推动了全球科技企业上市的新浪潮，全球市值最高的企业几乎都是科技行业，这一轮浪潮让人们意识到不仅是企业，人类社会也已经开始向信息文明迈进。第三次浪潮就是我们正在经历的智能经济浪潮，5G、物联网、区块链、人工智能、云计算等技术不断发展成熟，这些技术从消费端影响到了产业端，从科技行业渗透到了传统行业，正在开启从"万物互联"到赋能万物的新时代。

区块链技术被认为是继大型计算机、个人计算机、互联网、移动互联网之后计算技术的第五次变革,是人类信用进化史上继血亲信用、贵金属信用、纸币信用之后的第四个里程碑。区块链作为"价值互联网"的重要基础设施,正在引领全球新一轮技术变革和企业战略变革。目前,业界普遍认为,区块链经历了三个发展阶段,正在从以比特币为代表的"数字货币"概念的 1.0 时代进入超越货币和金融范畴的、以应用为主的 3.0 时代。区块链技术接下来会深入应用到社会管理、文化娱乐、医疗健康、物联网等多个领域。具体来说,区块链技术可以从以下三个方面来推动相关企业的发展。

1. 降低企业的运营成本

当前企业面临高成本、低利润的实际困难,金融机构对企业的支持明显不足。企业的财务成本、管理成本是企业发展的重要战略,但是在实际经营管理中,企业的管理成本和财务成本占比过高,影响了企业的盈利能力。区块链技术通过去中心化的模式,可以帮助企业高效处理相应的财务交易信息和企业内部的管理信息,可以显著降低企业的财务成本和管理成本。

2. 提升企业的运营效率

区块链技术将促进产业链协同效率的提升。产业协同指的是,在产业链不同环节下通过流程、信息等要素的设置,提高产业链的运转效率。区块链技术公开透明和不可篡改的特性为不同环节的信息实现即时同步提供了条件,进而打通了产业链的各个环节,促进产业发展,推动制造业的转型。

3. 构建商业的信用体系

利用区块链技术可以营造更加诚信的商业氛围,构建诚信的产业环境。通过区块链技术可以获得不可篡改和不可伪造的账本记录,可以降低交易方信用信息获取难度,使交易方可以便捷地查询到过往信用信息,营造诚信氛围,进而提高合作效率,有效缓解中小型企业融资难的问题。此外,通过区块链与智能合约的结合,可以有效避免违约行为的发生。当下中小微企业融资难、融资贵、融资慢等现象仍然存在,造成这种现象的一个重要原因是,金融机构和实体企业之间存在较为严重的信息不对称问题,社会诚信体系尚不完备,金融机构准确获取实体企业真实经营信息的难度较大。利用区块链技术实现"可信数字化",进而实现实物流、信息流、资金流"三流融合",可以有效解决资金"脱实入虚"的问题。基于区块链技术,数据可以被有效地确权,且数据被多方验证并不可被篡改,能较为有效地保障数据的真实性,实现"可信数字化",从而可以较为准确地把企业运行的实际情况传输给金融机构，为金融机构投资、贷款提供大量可靠的基础信息，降低金融机构服务企业的风险，促进金融机构更广泛地服务企业。

二、产业区块链的浪潮

正是因为以上的应用特点，推动了区块链技术与真实的企业场景相结合，形成了"产业区块链"的新浪潮。接下来，我们从产业区块链的角度来讨论区块链技术在企业的应用要点。

产业区块链的关键在于，区块链将发挥"提高产业链的协同效率"和"为企业降成本"的作用。增进产业协同是推动我国制造产业迈向中高端的重要途径，但是目前很多产业的协同效率不高，而通过区块链技术可以实现协同环节的信息化，大幅提升协同效率。区块链可实现多主体同步记账，很好地满足了协同环节信息化的根本需求。此外，目前实体经济成本高、利润低，区块链技术可以有效帮助企业降低成本。基于区块链系统，只要确认系统运行的有效性，第三方就可以确信交易双方账目的一致性，而且入账后数据不可篡改，进而实现"信任传递"。这样就可以减少对账、审计、检查等环节的重复数据比对工作，大大降低企业的财务成本和管理成本。

区块链的应用已经在供应链金融、电子信息存证、版权管理和交易、产品溯源、数字资产管理等领域的企业中广泛落地。未来，区块链技术将与产业深度融合，形成一批"产业区块链"应用项目，迎来产业区块链广泛落地、"百花齐放"的时代。

区块链将推动实体经济和数字经济的融合发展。区块链作为"价值互联网"的基石，通过分布式多节点共识机制，可以完整、不可篡改地记录价值转移（交易）的全过程。区块链将大大加快数字资源的确权过程，赋予数字资源以价值，进而将数字资源转变为真正的数字资产，奠定数字经济发展的关键基础，进一步推动实体经济和数字经济的融合发展。

产业区块链可以和通证经济结合，区块链技术将打造平台经济的升级版。平台经济是互联网经济发展的基础创新模式。平台的价值来自平台用户，特别是越早期的平台用户贡献越大。通过区块链技术可以使用户对平台的贡献通过通证得到量化反映。通证作为一种技术要素，是区块链技术体系内的一种记账符号，具有快速流转、自动结算的作用，可以实现用户与平台所有者共享平台价值的增值。基于区块链的激励模式推进"分享经济"升级，这符合创新、协调、绿色、开放、共享的新发展理念，是一种更高层次的新型平台经济。

以上就是关于产业区块链相关话题的讨论。我们可以将区块链技术理解为智能经济中"网络"部分的下一个阶段的技术趋势。如果说我们正在以产业互联网的逻辑塑造工业互联网、能源互联网等新的形态,那么未来我们将基于区块链技术以价值互联网的逻辑推动未来实体经济的发展,对实体经济在网络和价值两个方面进行赋能。

三、区块链驱动企业战略转型

目前,区块链技术最重要的目标是实现"从金融场景到业务场景""从边缘应用到核心应用""从小幅改善到大幅变革"的跨越式发展。而实现这些目标的关键就是,通过建立新的商业逻辑和商业模式推动企业实现转型升级。

1. 从实体经济的角度分析

首先从实体经济的角度来分析,学界曾针对实体经济在新时代背景下的升级、转型和发展提出过一个很重要的概念——新实体经济,这里基于这个概念来理解实体经济的转型。新实体经济,具有以下三个基本特点。

(1)新实体经济是指,在新的思维和理念中融合新经济的新型实体经济。新实体经济与虚拟经济不存在对立关系。我们之所以要倡导"互联网+",就是因为在新的经济体制下发展新经济需要研究新的经济规律。当前打算继续沿用传统经济理念来管理新经济的想法是行不通的,互联网既可以为我国制造业向数字化、网络化、智能化迈进提供平台和技术支撑,也可以促进基于信息物理系统的智能装备、智能工厂等的制造方式的变革。换言之,如何通过新的技术手段和新的商业思维来推动传统实体经济的发展是新实体经济的核心。

(2)新实体经济建立在实体经济的资源基础之上,需要创新精神和创新人才。新实体经济并不意味着统一的资源配置和发展路径,而是基于每个地区和产业的资源状况来实现的。新实体经济是经济主体之本在本原意义的回归,这意味着若要推进企业部门的"三去一降一补",须加速全面推动"创新大平台"建设,吸引人才并打造"创新生态链"。如浙江省结合产业和行业优势建设"生态小镇",通过挖掘小镇自身的特质,用"特色"聚集产业,用配套服务涵养产业,使特色小镇成为高端要素集聚的平台和产业创新升级的"发动机"。总之,产业政策与人才政策是新实体经济发展的重要动力,如何结合自身的产业优势推动新实体经济发展是新实体经济的核心。

(3)新实体经济是面向未来与先进科学技术相结合的经济业态。科技创新的每一次重大突破都会带来一系列新技术、新材料、新工艺、新装备,运用这些先进技术对传统产业进行改造提升,有利于提升传统产业的生产效率和产品质量、降低生产成本，以及促进产业的高端化、生态化发展。这里的科技创新不仅包括相关的技术发展，也包括配套的产业能力。

2. 从我国企业战略转型的理论角度分析

接下来我们从我国企业战略转型的理论角度分析，主要有两个方面：一个是转型的周期、一个是转型的要点。改革开放以来，我国企业快速经历了西方数百年的工业革命发展历程，我国也从一个以农业为主的国家发展为工业国家。我国企业过去几十年的发展历史可以划分为两个阶段。第一个阶段是从 20 世纪 80 年代末 90 年代初开始到 21 世纪初的前十年，我国企业大体上进行了工业化转型，我国也从一个农业国家发展为工业国家。从 21 世纪初到现在是第二个阶段，以互联网为核心，我国企业纷纷进行了互联网化转型。

在第一个阶段中，我国形成了一系列与工业化相配套的基础设施，最主要的是形成了由公路、铁路、港口，以及与之配套的汽车、火车、轮船等运输工具组成的遍布全国、连通全球的物流网络。同时，机器在生产中广泛运用，替代了许多手工操作，提升了生产效率。我们把这类更新换代并且广泛应用的技术称为"基础设施技术"，物流网络和机器就是工业化转型时代的基础设施级技术，把过去千千万万的小作坊联合起来，形成了大规模生产。这个阶段的转型可以说已经结束，我国的企业已经完整、系统地解决了怎样创建、运营和发展工业企业的问题，掌握了高效、低成本构建以产品为核心的价值网络，以及整合资源、组织运营和产品交付的全套方法。总之，第一个阶段的转型在技术层面是吸收了西方两次工业革命中的主要成果的转型，在产业层面主要是集中于制造业相关产业的转型，在商业模式层面则是以"供给侧占主导的商业模式"为核心的转型。

第二个阶段是以互联网为核心的转型，这个时代的基础设施是信息网络和计算机。我们知道，制造业依靠集中与标准化来提高效率，而互联网转型则找到了另外一个突破点——把消费端聚合起来。解决这个问题须依靠服务，通过服务把消费需求聚合起来，在供需之间搭建起网络化的体系，我们可以称之为"大规模消费服务"。互联网为什么在我国能成功，就是因为解决了大规模消费服务这个问题。过去的服务都是分散化的，整体效率很低。通过互联网等信息技术的大规模运用，把这些分散的服务能力集合起来，就形成了新的产业升级。简而言之，第二个阶段的转型在技术层面是以西方第三次科技革命的成果（信息科技）为核心的转型，在产业层面主要是集中于信息技术相关的新兴产业的转型，在商业模式层面则是以"消费者主导的商业模式"为核心的转型。

从转型周期而言，我国的企业经历了以"大规模生产"为核心的第一次转型，正在经历的是以"产销一体化"和"大规模协作"为核心的第二次转型，那么以区块链技术为代表的新一代智能技术带来的可能就是第三次转型：以价值互联网为基础的大规模分配的转型。从全球范围来看，从 18 世纪末到 20 世纪初，人类经历了多次技术革命，这些技术革命的核心就是追求规模经济、实现规模化生产和标准化制造。而这一轮信息技术革命则推动了从工业经济到知识经济，再到创新经济的发展。生产方式的变革也会推动企业的组织变革，组织形态正在被重构和再定义，个性化的产品需求、多样化的市场推动着企业在组织层面的变革。在智能经济的诸多技术中，区块链技术所代表的网络化组织可能是未来组织的一种新形态。

区块链技术能够很好地解决大规模分配问题，在数字经济学理论中，企业理论的核心就是如何通过区块链技术建立新的企业生态和组织。一方面，通过重新分配供给侧的利益，以"众包"和"共享"的思想来整合产业链；另一方面，通过对消费端的资源分配整合，基于通证经济的逻辑，激励消费者参与生产过程。这种模式暂且称为"区块链技术下的社区模式"。我们认为区块链所构成的社区就是基于共识的网络组织形态，其能够在将消费和生产聚合起来的同时，大规模提升供给侧的协作效率，这是区块链技术未来商业模式的核心。这里需要强调的是，互联网和区块链网络在重塑企业的组织生态时所扮演的角色是有差异的。互联网使企业组织产生网络化效应，从而构建起企业组织的平台和生态系统，这个商业逻辑在过去数十年一直在持续发挥作用；而区块链网络中的"网络效应"的理论继承了互联网的"网络效应"的理论，只不过将"网络"的范畴从信息互联网扩展到了价值互联网。区块链则是通过"链"的方式将网络化组织的相关利益以共识机制的方式程序化了，也就是实现了以通证作为组织权益，包括但不限于所有权、投票权、收益权、分配权、治理权等的自动化分配机制。在传统经济生态中，企业的分配机制是通过股份和股权来进行激励和分配的，而在区块链网络生态中则是通过技术化的契约机制，将所有权进行明确定义和分配的，这使得网络化组织形成一个基于智能合约的可信、高效、安全的自动化生产关系的系统，也就是实现了收入分配的程序化和法制化的转型。

四、通过新商业模式和人才培养模式建立企业的发展逻辑

商业模式是利益相关者的交易结构，即企业在其选择的业务活动环节与互补协同性资源提供者之间的交易结构，对如今的企业而言，必须有新商业模式，从

而进行转型、升级、创新。

在过去数十年间，我国企业经历了以供给侧为中心的商业模式和以消费端为中心的商业模式，接下来就需要基于区块链和人工智能等技术建立新商业模式，以推动企业发展。其核心体现在以下四个方面。

（1）如何构建企业的关键资源能力，如品牌、技术、渠道等，在企业不同的发展阶段如何利用新技术快速地建立企业的核心竞争力，形成"护城河"？

（2）如何建立企业的用户价值，深刻理解用户需求，并通过整合关键资源来实现用户价值，让用户愿意为企业的产品和服务买单？

（3）如何围绕新的商业模式形成新的利益共同体，也就是如何建立一个内外部利益相关者的交易结构，分配商业模式中的角色和组织方式，提升商业的整体效率并降低成本？

（4）如何建立新的企业收益的分配方式，尤其是通过区块链技术建立一种更加公平、即时和透明的收益分配方式，重新理解新经济下的产业逻辑和分配逻辑？

区块链技术和现有的 IT 能力共同驱动企业新商业模式的实现。传统的 IT 能力是网络技术的标准化，确保一些标准化的数据交换、大批量合作伙伴关系建立，通过不同类型的合作伙伴获取、调动、利用资源，从而提高效率、降低成本、获得规模经济。

区块链技术对应的是双边 IT 定制，这是一种对偶机制，通过建立企业间的智能合约，发行企业间的通证，确保双方能共享信息，并深度参与合作，合作双方可以通过区块链实现非货币化的"轻结算"。

在企业人才培养模式方面，区块链时代诞生了新一代的、拥有全球化眼光的企业家和创新者。一方面，我们所处的产业竞争环境已经是全球化的产业竞争环境，全球化的进程、全球产业的分工和结构调整，以及互联网的飞速发展，都为年轻人创造了大量的机会。同样，在全球化条件下，人才跟随材料、信息、市场等要素在全球范围内不断流动，为新实体企业的发展提供了广阔的舞台，因此需要企业家和创新者拥有全球化的眼光和格局。另一方面，技术的竞争和发展也是全球化的，尤其是区块链和人工智能技术更加具备全球化的基因。如何在竞争中获取技术优势并推动企业提升竞争力，这是所有企业家和创新者都需要思考的问题。

总结一下，传统的集中式的企业发展战略将逐步朝着协同创造、多元分散的共享战略转变，企业将通过构建更加开放的生态，用"去中心化"的自治代替机械化的管理，从而推动整个企业生态的变革。

第四节 "区块链+"推动数字经济发展

一、区块链促进数字经济发展

区块链技术是数字经济的重要"拼图",从更大的系统角度看,数据将使得物质高度量化,我们正在逐渐进入数字世界。群智、涌现、拟态等现象逐步被发现、剖析和利用,这将改人们变传统的认知模式和生活方式。

毕达哥拉斯认为,数是万物的始基。我们可以通过本体、实践、认识和价值四个方面认识数据。从本体视角看,数据是对客观事物的逻辑归纳,是用于表示客观事物的未经加工的原始素材。从实践视角来看,数据大致可以分为获取、存储、利用和处置四个过程。从认识视角看,数据可以转变成信息,进而提炼出知识。而实践和认识这两个过程都需要通过技术/装置来完成。从价值视角看,数据可以成为资产,可以产生基于数据的服务和业务。

数据是始终存在的,只是我们最初没有相应的技术/装置来获取和利用数据。因此,大数据只是数据发展的特定阶段,是数据相关的技术/装置发展后获取的以前不能获取的数据。而数据发展到大数据阶段后,需要更多诸如大数据、云计算等新的技术/装置来处理和利用庞大的数据资源。数据的多维思考如图 3.2 所示。

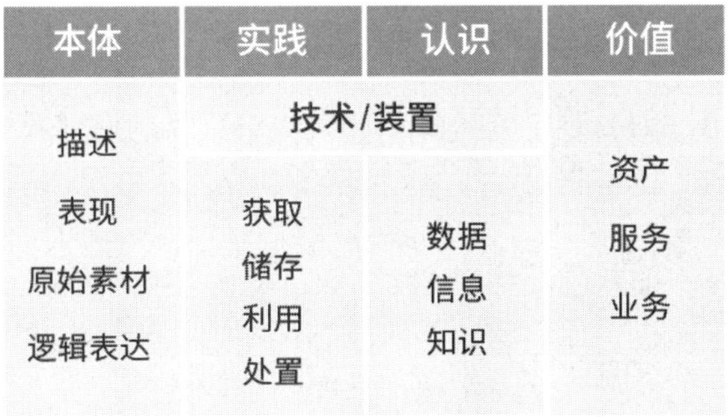

本体	实践	认识	价值
描述	技术/装置		资产
表现	获取	数据	服务
原始素材	储存	信息	业务
逻辑表达	利用	知识	
	处置		

图 3.2 数据的多维思考

数字经济的本质是由数据的特性决定的。随着区块链技术等新一代信息技术的快速发展,数据价值已经得到共识,数字经济成为全球争相推动的重要发展方向。

首先，数据利用的过程边际成本递减。数据一经采集即可无限使用（此处仅从数据视角来看，不考虑合规和使用协议的问题）。其次，数据的价值空间可以无限放大。每个有价值的数据项和其他数据项都可以组合成具有新价值的数据项，从而为更多的应用服务，并产生更多有价值的数据。最后，数据驱动的服务已经成为当下主流的互联网服务形态，基于数据的服务商业模式颠覆了传统的产品模式，加速将传统的产品形态向服务形态转变。

然而，在利用信息技术获取数据价值的过程中，存在数据安全、数据一致性等问题。低质量的数据将严重阻碍数字经济的发展，因此需要利用区块链技术的可信、共识、防篡改的特性来提供高质量的数据，加速数字经济的发展。

二、智能经济技术范式

从麦肯锡发布的《中国与世界：理解变化中的经济联系》报告中的数据可以看出，目前中国在融入世界经济的历程中已经取得了巨大的进步，并且已经是具备全球影响力的贸易大国。然而在金融、贸易、文化等子领域的发展方面，除了体量的增长，中国在质量、内在结构等方面还有一定的欠缺。目前中国与世界的经济联系正在发生一些改变，这种联系的增强和减弱都可能引起巨大的经济价值波动。

在这种波动下，中国的新经济和传统经济会产生什么样的变化趋势？

从新经济的角度来说，高新技术产业、互联网产业等已经逐渐成熟，进入互联网的"下半场"后，市场总量的"天花板"已经显现。以百度为例，其整体战略从用户增长调整为关注用户使用百度系列产品的时间，可以看出新兴产业的天花板和发展瓶颈随着用户红利的逐渐消失而逐步显现，在消费互联网端更注重精细化的消费存量用户的运营，战略重心逐步向产业互联网端赋能的过程过渡。

从传统产业的角度来说，传统产业的效率瓶颈是非常明显的。以制造业为例，在过去几十年，中国的制造业所形成的制造业网络，已经完成了从西方向发展中国家输出资本和技术的双层结构，过渡到西方提供技术和创新资本、中国提供制造和其他发展中国家提供原料和市场的双循环结构。在这个基础上，中国的制造业的效率需要有质的跃升，这是传统产业面临的问题。

在这种情况下，需要一种新的经济模式，一方面解决新兴产业的天花板、瓶颈及不确定性市场的问题等，另一方面解决传统产业的效能问题。"智能经济"概念的提出可能是帮助中国经济转型的非常重要的一个切入点。智能经济框架如图 3.3 所示。

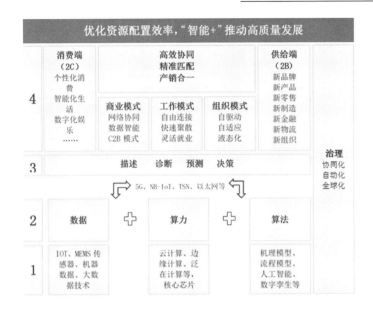

图 3.3　智能经济框架

智能经济概念可以从两个角度来理解。

（1）从技术角度来说，互联网发展在推动用户从传统的经济形态向新经济形态转变的过程中，构建了一个以数据、算力、算法为基础的新经济生态，这是过去数十年间互联网增长的一个基本逻辑和模型。所谓大数据、人工智能、"互联网+"等，都是在这个信息化的逻辑中衍生出来的。不同于以往的是，科技革命更多关注的是能量层面的技术革命，智能经济是一个关于信息层面的技术革命。因为传统的经济模式在新的数字经济下有了新的发展，因而新的经济模型是以数据流动的自动化来化解复杂系统的不确定性的。

（2）从经济角度来说，更多的是从复杂网络、信息经济的视角理解的。经济系统在传统经济理论中是一个可以用数学模型拟合的模型，新经济系统理解的数学模型是一个更加复杂、更具备现实意义的数学模型。如何实现优化配置来支持经济的高度增长？如何通过研究数字经济的内在结构和模型来实现新经济的增长，同时将这种增长的模型和范式拓展到传统经济的领域？随着新经济对传统经济的影响越来越大，理解新经济及新经济和传统经济的关系是理解未来经济的一个重要切入点。

智能经济所涉及的技术包括物联网、AR&VR、区块链、云计算&云存储、人工智能、大数据。其中物联网、AR&VR、区块链技术关注的是智能经济中网络的部分，或者说是如何塑造虚拟经济的信息空间、如何塑造智能经济的空间等问题。移动互联网、互联网塑造的经济体不是完全存在于现实社会中，而是存在于信息空间中，应该以关注关联产品的视角看待。因此，互联网端有两个重要的经济模型：第一，网络经济的增长模型，就是通过网络的不断扩大化和规模化，实现信息不对称的不断消解，从而实现经济要素的快速流通和配置；第二，从复杂经济学视角的分析，随着规模的扩大，收益在递增，这和传统经济的观点是不一样的。正因为网络的收益规模递增效应，使得互联网、移动互联网能够持续增长。在关注下一代技术变革时，从网络角度来说，物联网属于扩展网络结点的范畴，AR、VR 是在网络空间中抽象地构建一种和用户深度互动的信息空间，而区块链则通过一种更加具备价值网络或信用网络的结构方式，帮助商业社会优化信用模式、解决商业摩擦，所以这三种技术的本质是从不同的视角推动互联网经济在规模和信息空间结构、维度的扩散。

云计算&云存储、人工智能、大数据三种技术，更多的是从"能量"的角度推动智能经济的发展。工业革命中的能源是石油，而智能经济的底层能源是数据。数据衍生产业就是通过以人工智能技术为代表的技术集群塑造出来的，所以大家越来越关注数据、算法、人工智能，是因为在物质能量足够充分的情况下，信息空间中关注的能量的视角是不一样的。在物质空间中，关注的是农业、工业所塑造的传统经济的能量范式；而在信息空间当中，关注的是数据所构建的能量资源如何为智能经济提供一种新的价值创造方式。这里的核心观点，不是从概念层面简单地理解技术，而是理解这些技术所代表的和经济互动的本质。我们可以总结一下，从网络的视角理解，智能经济就是构造了一个新的信息空间和经济空间；从能量角度理解，智能经济就是用数据作为能源驱动经济的发展空间。

三、从消费互联网到产业互联网

随后，说明一下从消费互联网到产业互联网的变革。消费互联网关注的是衣食住行问题，以往可能关注的是纯粹网络的部分，以及网络和生活相关、和用户相关的部分；到了下个阶段，关注的是如何为消费互联网提供更好、更优质、更满足需求的产品，这时大量的工作都集中在赋能上，所以智能互联、信息整合、数据决策和人机协作都是为传统行业赋能的一些可能方式。例如，美国在为实体企业赋能的过程中，更多的是通过 IBM、Oracle、EMC 等传统的 IT 技术服务商完成的。但这些 IT 服务商在中国还不太成熟，而浪潮、用友等企业的规模、体量及技术积累都相对有限，所以这部分转型赋能的角色需要由在消费互联网端沉淀了足够技术能力的企业承担。

所以，下一个智能经济的浪潮是由两股力量决定的。一股力量来自互联网自身的技术沉淀和积累，产生"弯道超车"的效应。在美国，亚马逊在一定程度上替代了传统的 IBM 所提供的技术服务。而中国直接用云计算、人工智能的服务模式为传统企业进行赋能，这也是一个弯道超车，是直接进入下一代技术范式的情况。另一股力量在于传统产业在极短时间周期内得到了成长，在这个过程中，由于过度注重规模、市场占有率，而不注重对网络的链接、构建生态等问题，因此给新经济和传统经济的再度融合提供了新的机会。所以，中国是一个对新经济更具备信仰和信心的经济体，"后发国家"往往对新技术、新概念、新商业生态的逻辑理解更加有接受力，而一些传统的国家，可能就不太具备这种接受力。

简而言之，从消费互联网到产业互联网，对新经济体来说是找到一个新的市场，以及将原有的技术沉淀和相应的方法论用到传统产业的一个契机；对传统企业来说是一个快速实现弯道超车，通过新经济提供的技术赋能来完成传统产业改造升级的一个非常重要的方式。所以，我国在 2018 年提出了"新基建"的概念，就是为了用新经济生态赋能传统经济。

从消费互联网和产业互联网的对比来看，在赋能的过程中，传统产业的企业由于提供的服务是面向不同企业的，与腾讯、阿里巴巴等大企业面临的问题有非常大的差异。基本区别有以下三个层面。

（1）产业互联网对链接深度的临界要求要远超消费互联网。在消费互联网中，只要链接、网络规模扩大就可以；而在产业互联网中，单纯的链接是没有价值的，关键的是在链接过程中商业价值的流通。正因为如此，建立深度链接的成本是非常高的，在这过程中如何降低这种成本，如何让传统产业的企业在接受过程中付出高额成本后得到相应的回报就非常重要。

（2）产业互联网与消费互联网运转在完全不同的"时钟频率"上。消费互联网中一个重要的特点是实时反馈，正因为实时反馈才产生大数据和一系列根据用户体验塑造的极致消费互联网产品的需求。但在企业端则有非常长的决策流程，快速的正反馈过程被割断了，企业就需要重新理解这个商业逻辑。

（3）企业用户具有高度自觉的异质性。所谓异质性就是以往消费端的新经济企业在提供服务时，更多采用的是一种"喂养""乌合之众"的方式，也就是说其塑造的所有用户体验都是为了让消费端的用户"上瘾"，形成一种成瘾机制。比如，用今日头条这种媒体产品，更多的是让用户更多沉浸到内容消费的体验中，这是所有产品经理需要完成的功能。但是企业端是高度自觉的，是难以被这种方式所"教育"的，企业的特殊性或竞争核心就在于差异性。所以这些消费互联网企业在提供异质性服务上，是否能够具备足够的竞争力、是否能够真正理解每个行业，是非常关键的。

消费互联网到产业互联网的变革，实际上是从服务大众——提供高用户体验的产品，到服务企业——提供深度链接、深度定制及能够自循环的完成商业价值传递的一个转变，这是一个非常重要的区别。

总之，我国企业现在正在面临一个新的技术变革驱动的经济周期。①新经济的技术变革推动了产业内在生产要素的重新配置。区块链、人工智能、大数据都要围绕数据重新配置相应产业的资源。②我们要关注到生产关系的变化，了解如何形成新的网络关系是很重要的。未来的企业不再是一个单独的企业实体，而是与上下游形成了小众经济体。而研究小众经济体的内在运行逻辑成为理解数字经济学企业模式的关键。③在这个变革中，传统企业和互联网企业都有相应的变化，不再关注消费互联网端成瘾机制、极致用户体验，而更关注的是在服务某些具体产业时，这些原有沉淀的技术能否真正低成本、高效能地推动传统企业的变革，能否真正地在理解传统企业的基本逻辑和商业特点的情况下进行赋能。

第四章

区块链+思维重塑

人类社会每次进步的代表不是简单的物质文明或技术升级,而是思维的飞越与转变。随着全球逐渐进入数字经济时代,整个社会、商业经济都将数字化,区块链就是这个数字经济时代诞生的产物。互联网思维是我们耳熟能详的一种思维模式,当前区块链技术已经广泛进入大众视野,并在各领域中形成全新的应用模式,给产业发展带来了全新的思路,由此诞生了一种全新的思维模式——区块链思维。

互联网思维是从互联网衍生出来的,可以理解为一种优秀的商业思维;区块链技术是融合了分布式数据存储、点对点传输、共识机制、加密算法等核心技术,具备去中心化、开放性、自治性、不可篡改性、匿名性等特点的一种集成技术。区块链思维承接了区块链技术的特点和优势,是结合分布式思维、代码学思维、共识思维、社群思维和通证思维等的新型商业思维。这些思维的综合反应将区块链技术在各领域的应用推上了更高的阶段,所以区块链思维又称"区块链大脑",意将区块链思维比喻为大脑,指挥区块链技术的执行操作,如同人脑一样,错乱有序地开展工作。

区块链思维与互联网思维一样,也是从传统商业社会中延伸出来的,并且实现了原有互联网和传统商业不够重视或无法落地的需求,进而形成了一套全新的商业逻辑。区块链是一种分布式数字化账本,基于这一点,使得区块链思维具有了数字化特征,可以说,区块链思维就是一张数字化世界的通行证,用数字化的方式解决行业痛点与难题。现阶段,区块链思维的理解与应用将有利于传统行业和互联网产业的重塑与升级,无论是即时通信、社交网络、媒体,还是银行、电商、公共服务等,都将在区块链思维的引导下被重构,一个崭新的"区块链+"应用时代正在向我们走来。

第一节　互联网思维概述

互联网思维是早些年提出来的一种思维模式,也是互联网时代的全行业思维模式。目前,人们对互联网思维的定义存在着三种具有代表性的观点:①工具论,即数字化,持该观点的人认为互联网是工具,可以提高效率、降低成本,是人们生活、企业生产的一种必须工具;②现象论,即互联网化,利用互联网改变运营流程,进行电子商务、网络营销等;③思维论,即互联网思维化,利用互联网改造传统行业,进行商业模式和价值观创新。许多人认为互联网思维是随着时代发展而产生的一种全新的思维方式,同时也是未来商业发展的一种常态化现象。从整体上看,"互联网+"代表的是利用互联网在信息、技术、资源整合等方面的优势,把互联网运用到经济社会的各个领域,从而形成一种高效率、资源得到合理利用的新型经济发展形态。其不仅能带来企业生产与销售模式的创新,还能实现企业管理中高价值的创造。

一、互联网思维的内涵

互联网思维指在大数据、云计算、物联网等科技发展的背景下,利用与其相关的信息技术等优势资源,把传统的企业、产品或服务方式与互联网相结合,以建立一种全新的发展方式或形态,对市场、用户、产品、企业价值链乃至对整个商业生态进行重新审视的思考方式。在"互联网+"的新型经济形态下,互联网思维主要涉及以下几种思维特征。

1．流量用户思维

过去很多人都把流量思维与用户思维分开对待。流量思维是指,只要有足够大的流量池,足够吸引眼球,网站的流量足够高,企业就可以售卖产品或广告。而流量缔造方想尽一切办法,获取和持续扩大流量,也不在乎吸引来的是什么样的人,只要有流量就行。互联网流量思维模型就是"引流成交",这个模型非常简单直接,先"烧钱跑马圈地",吸引一大批用户,然后像漏斗一样筛选用户,最终实现"变现"。流量思维不是简单的买流量,而是要经营流量。用户思维则是从用户的角度出发,了解用户的痛点和需求,分析企业所提供的产品或服务是否可以帮助到用户,以及是否可以解决用户的痛点和问题。

在互联网时代下,用户是一个宽泛的概念,其不再局限于通过购买产品或付费成为企业用户的人，还包括通过网络及其他途径免费体验企业产品的用户。因此，在互联网时代企业要做到真正意义上的用户至上，不仅要根据自己以往的规模、资源、制度等来经营生产，更要根据用户的真正需求来打造产品；不仅要注重购买产品或付费的用户，还要注重免费体验企业产品的用户。流量思维不是一个简单的加法组合，而是对传统产业的重塑，对传统产业的影响是呈几何级倍数增长的。流量的本质是用户，"流量为王"是互联网思维的特点。真正的互联网思维应该做到在寻找无限流量的过程中，锁住体验用户的时间，实现转化成交，将其沉淀为企业的超级用户。

2．平台整合思维

多数互联网企业都有一个平台梦，梦想着企业成为一个平台型企业；同样，运用"互联网+"的实体企业也有一个平台梦，梦想着企业成为一个产业互联网平台。平台模式最有可能成就产业巨头，在世界 500 强企业中，有 40%以上的企业的主要收入来自平台商业模式。"互联网平台思维"是开放、共享、共赢思维的体现形式，我们可以利用"互联网平台思维"对传统商业模式进行变革。现实中"互联网平台思维"延伸出来的"平台化商业模式"已经成熟应用于众多产业，如电子商务、社交、金融、地产开发、物流、移动应用、制造业等。这种模式改变了传统行业靠买卖赚差价的盈利方式及上下游博弈和同业竞争的恶性竞争关系。它利用网络增值效应，调动供应方的积极性，带来生态圈的黏度，提升企业的持续竞争力。所以，基于互联网连接一切的特性，我们不妨构建一个平台或利用一个平台，将市场与各方连接起来，发掘企业的增长机会，激发企业的创新力，并获得持续竞争力。

这既是一个互联网时代，也是一个共享经济的时代，在此背景下平台思维尤其显得重要，我们将进入一场平台思维战，能否在"平台思维模式"上创新，决定了企业能否在未来的竞争中获得主动权。所以，未来企业要么打造一个平台，要么加入一个平台，这是企业获得持续竞争力的关键因素之一。"无生态不平台"，平台思维模式的精髓在于，打造一个多主体、共赢互利的生态圈，而在这里考验的就是企业如何应用平台整合思维，充分实现资源的最优配置与整合。

3．价值跨界思维

说到要给顾客带来极致的体验，不断迭代优化产品和服务，我们可能很容易想起"海底捞"。所谓的价值，不是仅指产品价值，还包括给顾客带来的更多的深度价值，包含潜在价值与内部价值，是对产品、消费、服务等同性价值的综合概括。海底捞在餐饮业具有强大的影响力，其获得成功的原因之一就是，其基于产品提供了优质的服务，服务已经成为海底捞的代言词。海底捞的创始人张勇在创立品牌时就定下了做餐饮业中最好的服务的目标，提供火锅餐饮中最舒适的环境、最热情的服务员，以及让顾客享受最好的服务。服务不是海底捞最直接的利润来源，但服务却是它的潜在价值。当顾客在享用服务时，最让他记忆犹新的不是产品质量，而是他在这个过程的直接感受，那么服务便成为一个能够影响到直接利润的因素。对于餐饮业来说，产品是直接因素，而服务属于跨界因素。海底捞获得优势的不是火锅，而是跨界创新的增值服务价值。

那么，在当今社会中还存在"界"吗？我们可以在线下的零售店中看到无处不在的跨界服务，曾经的花店、书店、水果店、咖啡店、美甲店都已经实现"混搭"了，人们也很习惯随手可得的跨界产品和服务。这中间最为重要的一点是节省了顾客的时间，顾客在享受一项服务的同时，可以顺便"带走"其他商品，选择变得更为简单。过去，人们在熟悉的领域，运用自己最擅长的生产方式纵向发展，于是有了"界"；而互联网渗透到传统行业，这过程中的横向拓宽所带来的颠覆，为跨界创新提供了更多想象。跨界不仅是简单的行业堆叠与复刻，需要进行深度的融合，才能实现资源价值最大化。

许多互联网从业者内心流淌着跨界的"血液"，时刻想着跨界。跨界是在不同领域内产生链接的过程，是不断打破自我、重塑自我的过程。尤其是在移动互联网时代，信息变得更加透明和流通速度更快，行业的边界发生了更大的递延，如果不跨界，则可能已有的知识会变成得"落伍"；如果不跨界，则可能别人会通过跨界抢了你的"地盘"。跨界更准确地说应该是一种融合创新、价值缔造，我们需要通过跨界的方式来拓宽自己的产业价值链。创新和突破是互联网人的信念，价值和跨界是互联网行业必备的思维要素。

二、互联网思维下创新企业管理模式

1. 创新企业组织建设

互联网时代最大的特征就是信息大爆炸，喷涌式的巨量信息带来的是各企业及其产品的透明化，在这种情况下，企业应该采取开放的态度，优化企业组织结构，建设与互联网时代相适应的组织文化，建立富有激励作用的管理制度。传统的企业在结构上多为科层制组织，部门权利更加集中；而在互联网时代，扁平化组织更有利于信息传递和沟通，员工关系也更加平等，使每个员工都能成为组织动力的引擎。在互联网时代，知识的积累、技术的更新对企业的发展越来越重要，因此企业需要更多具有创造性的员工，创新型企业能不断激发员工工作的积极性。同时，企业要创造氛围，让一线员工和用户参与经营决策，让用户体验测评代替传统的KPI（关键绩效指示）考核，用文化创新激发员工的工作激情。在这个时代，员工对于企业组织的期望也超出常规思维，企业要做到自调节、自创新、自平衡。一个企业能否获取成功的关键在于企业是否拥有强大的创新组织能力，这也是检验企业互联网化转型成败的重要标准。

2．助力企业产品迭代

在过去，"企业生产什么，用户就用什么"；如今，"用户需要什么，企业就做什么"，这就是时代最明显的变化。每一个产品都有自己的生命周期，创新产品的生命力更加持久，企业以用户为中心所做的产品更能形成自增长，所以企业应通过不断创新、迭代让产品日臻完善，而不是追求一次性做出一个完美的产品。另外，用户的反馈会作为设计决策的部分依据。

曾经有人说："中年人偏爱华为，年轻人挚爱小米"。谈到互联网企业中的产品创新，我们很容易想到小米公司，小米公司作为年轻的世界500强企业，从单一的手机产品延伸到跨行业的多种产品，带领了一批具有创新能力的生态链企业崛起。很多对于产品设计要求比较高的年轻人在买东西时，第一时间已经不再是到主流电商平台上找样式，而是去小米有品和小米商城中找产品。这两个平台一经推出，平台上小米生态的系列产品便快速得到广大消费者的认可。例如，小米便携式鼠标和蓝牙双模键盘就是众多产品中的佼佼者。从2016年到现在，小米历经风雨磨砺，不断深挖产品工艺，对产品的"颜值"的追求孜孜不倦，用互联网思维不断创新迭代产品，以赢得用户。

3．助力企业商业模式变革

"开放、协作、分享"的互联网精神已渗透到商业和生活当中，顺势而生的互联网思维已经成为指导企业商业模式创新的重要理念。互联网技术的发展对企业的商业业态产生了深刻的影响，传统企业面临着市场竞争环境发生了前所未有的剧变，企业对商业模式需要重新定义，用互联网思维重新审视商业模式。特别是互联网技术与传统产业已经深度融合，从消费互联网到产业互联网，再到工业互联网都发生了变化，传统企业只有结合互联网创新商业模式，充分应用互联网信息技术，从产品研发、用户需求采集、柔性生产、快速响应、快捷物流、用户体验等多维度优化企业商业模式，最终满足用户需求，才能使企业在互联网的大潮中不断前进，立于不败之地。

在互联网经济环境下，商业创新活动日趋频繁，由信息传递方式变革带来的新商业模式层出不穷，"共享经济"正是在互联网经济环境下应运而生的一种新商业模式，多数传统企业也快速适应商业环境的变化推出新商业模式。互联网形势下很难预见"谁动了你的奶酪？"例如，正当中国移动、中国电信、中国联通争夺市场时，微信悄然问世，短短几年的时间，微信"跨界""抢"了电信行业很大一部分生意。所以，企业想要长期在市场中生存下来，需要构建具备未来巨大价值空间的商业生态，或者加入这类商业生态并在其中做出自己的贡献。

第二节　区块链思维概述

互联网实现了信息的自由传播，被认为是一种信息互联网。如果说互联网为我们的生活带来的是信息传播方式重构，那么具有去中心化、公开透明、可追溯等特点的区块链，为我们奠定了坚实的信任基础，创造了可靠的合作机制。基于区块链实现的是价值传递，即构建转移价值的互联网，所以区块链是一种价值重构。

区块链已经上升为国家战略，不只是单纯的一门技术，也是一种思维方式，以及"新基建"的底层基础设施。

一、互联网思维与区块链思维的区别

1. 核心思想差异

（1）互联网思维核心思想是"快+口碑+专注"。

①快。在互联网时代，企业要想抢占市场，拼的就是"速度"。"小步快跑"，则能快人一步抢占市场先机，获得竞争优势。

②口碑。用户购买产品的时候，在很大程度上依赖于用产品口碑的好坏来决定其购买行为的发生。只要产品拥有好的口碑，每个消费者都是最好的免费宣传员。

③专注。专注是指将所有资源、经历、财力都聚焦在某一个点上，实现单点突破。

（2）区块链思维核心思想是"信任+共识+激励"。

①信任。信任机制是区块链最核心的价值之一。我们可以通过技术手段降低信任成本，确保信息安全。区块链技术可以很好地满足信任关系的需求，因为建立在区块链上的信任并非由单个中心化的组织控制，而是采用了多中心化的交叉验证与监督机制。

②共识。共识是指在一定规则下，通过多方参与的节点交互，对某些数据、行为或流程达成一致的过程。社群内人人平等、人人贡献、人人获利。

③激励。区块链侧重自组织，社区是共同的社区，进入社区的每一分子都会为社区做贡献，每一个贡献者都会获得相应的奖励——通证激励。

2. 本质差异

（1）互联网思维强调的是用户和闭环。在互联网思维下，以往的互联网服务都是以提供中介服务为主的，因为互联网可以很容易地通过信息化将相关的各方联系在一起。如淘宝、支付宝、微信、饿了么等，都具有有中心化特点的服务器，将相关领域的资源联系在一起，提供比没有互联网更为方便、快捷的服务。互联网服务通过获取流量的方式赢得竞争力，如提供一个统一的入口，通过"烧钱"或其他的方式吸引大批用户，达到汇聚流量、建设服务平台的目的，使得强者更强。而弱者在互联网思维下是难以为继的，最终的结果要么是被那些互联网巨头"招安"，要么就在惨淡经营中以失败告终。

（2）区块链思维强调的是共识和共赢。区块链有去中心化的特点，每个节点都是建立在一种基于统一规则的"宪法"基础上的，所以每个节点之间具有相同的责任和义务，大家能够将自己的交易记录分享给系统网络中的其他节点，并能够对所记录的交易内容达成一致意见，这体现的就是区块链的一种共识、共享的特点。显然，区块链思维强调的是个体的力量，作为一个独立的个体，通过社区竞争、团队协作，以达成共识的方式将用户和服务联系在一起，使得提供服务的机构组织和其用户之间不对立，而是相互激励、互利互惠，从而形成一个共赢的局面。区块链思维是自发性地带来流量的，并且在带来流量的同时可以获得相应的回报。

3. 渠道差异

（1）在传统商业模式中，"渠道为王"，大多数生产商的利润较薄，多层经销渠道瓜分商品流通的大部分利润。互联网的出现并未完全改变这种现状，虽然在一定程度上削弱了层级渠道商，但中心化的互联网平台成为控制力更强的渠道。比如，将消费者和卖家联系起来的电商平台，生产商市场渠道若太依赖于某个电商平台，一旦平台规则出现变化或平台倒闭，则会将企业置于非常不利的局面。

（2）在区块链思维下，生产者可以充分利用激励机制，将产品和内容直接面向社群推广，不需要中间渠道商的参与和干扰，也免受互联网的集中流量渠道的限制。每一个用户被充分激励后都是自发流量，这将是生产关系的一大变革。

二、区块链思维的内涵

区块链技术被认为是继蒸汽机、电力、互联网之后的下一代颠覆性的核心技术，甚至被人称为"第四次工业革命"，区块链思维也成为继互联网思维之后的又一创新思维模式。但区块链思维并不是靠凭空想象而登上历史舞台的，而是带着如当年互联网思维般的恢宏气势和无法比拟的价值呈现在人们面前的。那么，区块链思维到底是什么样的一种思维呢？

1. 分布式的区块链思维

在区块链思维下，社会生产关系的变革将比互联网带给人们更多的惊喜。分布式是区块链思维鲜明的特点，使得区块链最有效、最实用的价值是实现了去中心化与透明化，实现了点对点的传播，且每一次交易都被分布式记录、存储、验证。通过多方参与的、可靠的分布式数据存储系统，可以很好地满足人们对于公信力的需求，建立分布式的信任，这将超越过往人类历史上任何一种信任体系。

人类从最早的结绳记事发展到第三方记账，以往的复式记账方式为资本主义的发展奠定了坚实的基础，但在银行业因工作人员渎职或操作失误而导致账目出错的情况时有出现。区块链的分布式记账方式将是对传统复式记账方式的革新。区块链本身是一个去中心化的分布式账本，所以其记账方式便是分布式记账方式。那么这种分布式记账方式的原理和特点是什么？

（1）分布式记账原理。分布式记账是一个基于密码学的安全记账方式，其交易记账并不像传统的中心化机构记账方式，而是由分布在区块链上不同地方的多个节点共同完成的，每个节点都记录了完整的账目，参与记账的每个节点都可以监督交易的合法性，同时也可以共同为其作证。为此，在账本中任何形式的资产都会为了维护安全性和准确性而受到一定的访问限制。这样，只有通过公钥或签名的方法才能获得账本的访问权和掌控权。

在区块链网络中，任何一个节点上的参与者都可获得唯一的真实账本的副本，账本中出现任何更改都会在账本的副本中反映出来，这种反映往往在几秒或几分钟的时间内就能显现出来。所以，想要对分布式账本进行随意更改并非易事。

（2）分布式记账特点。区块链的分布式记账方式与传统的记账方式有所不同，主要体现在以下 3 个方面。

①基于信任而存储完整的数据。传统的记账方式通常指将数据按照一定的规则分成多份进行存储；而区块链的分布式记账方式指由各个节点共同记录交易信息，并按照块链式数据结构存储完整的数据。基于这一点，区块链的分布式记账方式有助于众多节点对所记录的数据进行共同监督和维护，这样就方便人们对数据的准确性进行验证，即所有参与记账的节点可以共同为账本作证。

②各节点存储独立、地位等同。传统的记账方式一般通过中心节点往其他备份节点同步数据；而在区块链的分布式记账方式下，每个节点都是平等、公平的，不存在中心结构做信任背书，依靠共识机制建立信任关系，保证所存储数据的一致性，实现同时、同步数据备份。

③多方存储保障安全。采用传统的记账方式时，往往绝大多数的交易数据都掌握在中心节点手中；而采用区块链的分布式记账方式时，没有一个节点可以单独记账，从而避免了单一记账人因被控制或被贿赂而记假账的可能性。而且由于记账节点数量足够多，从理论上讲，除非所有节点上所记录的交易数据都被破坏或篡改，否则账目不会出现丢失的情况，从而保证账目数据的安全性。区块链的分布式记账方式本质上是一种全民参与记账的方式，区块链中的每个节点都有机会参与记账。

2．代码化的区块链思维

契约精神是市场经济的基础和灵魂，是基本的商业道德和商业准则，一切社会主体都应该严格遵守契约规则。契约归根结底解决的是信任问题，但人们在签订契约后可能会遇到背信弃义的事件。而区块链技术的出现则为未来社会中契约的执行带来了一个以代码为核心的自动执行协议的数字新世界，区块链技术的自动执行协议就是区块链的核心技术之一——智能合约。智能合约是一种特殊协议，旨在提供、验证及执行合约。智能合约通过代码写在区块链上，其在建立、存储、执行的过程中都融入了代码，将代码作为一种语言，通过将代码编程的方式，保证基于区块链的执行协议能够顺利进行，解决信任问题。

智能合约与我们传统的合约、契约之间有着千丝万缕的联系，是在传统合约、契约基础上实现的智能化合约。其区别在于智能合约是由计算机生成的，因此代码本身解释了参与方的相关义务。换句话说，智能合约就是自动完成简单交易的一种协议，智能合约得以实现的条件之一就是要有参与方做出承诺，其最大特点是合约、契约能够自动执行、完成。

例如，A 决定将自己的房子送给 B，作为 A 归还 B 的欠款，B 对 A 做出这样的承诺表示认同，且 A 承诺，如果 B 在约定的某一天将借条原件当众销毁，就将 A 的房产证移交给 B。B 认为合约没有任何问题，于是双方签订协议（契约）。双方将承诺的相关内容写入智能合约中，并由其他相关的参与者对 A 和 B 的这一协议进行见证。当 B 在约定的那天将借条撕毁，并且通过所有见证人的验证之后，智能合约系统就会自动将 A 的房产证转交给 B，原本属于 A 的房屋也自然地归 B 所有。

这就是智能合约的操作流程。在整个操作流程中，显然智能合约作为一种自动执行的协议，直接连接的主体已不再是传统合约中的人和物（如 B 和房产证，或 A 和欠款），而是物与物（如借条和房产证）。

以智能合约为核心的代码思维重塑了人与人之间的信任关系，如同一个由代码书写的宪章，代码即法律。智能合约在代码思维模式下，规范了整个区块链网络内所有角色的权利、义务及行为准则，保证了区块链内各个参与节点的利益。

3．共识化的区块链思维

共识机制是指定义共识过程的算法、协议和规划。达成共识是区块链的核心思想之一，能够帮助区块链降低搭建信任关系的成本，实现价值互联网。举个例子：村里准备选出一个德才兼备的人当队长，但每个人都有自己心目中的最佳人选，所以大家为了这个队长的人选争吵不休。主办人为了控制这种混乱的局面，只好采用投票选举的方式，票高者胜。大家觉得这个方式很公平，达成一致看法，最终用投票选举的方式选出最佳人选。在以上例子中，"一致看法"就是"共识机制"，换句话说，村民达成共识的方法和过程的集合就是一种共识机制。区块链中的共识机制就是通过特殊节点的投票，在很短的时间内完成对交易的验证和确认。在对一笔交易进行验证和确认的过程中，如果这些与利益毫不相干的众多节点能够达成共识，那么整个区块链中的所有节点就对这笔交易实现成功验证和确认。

在区块链体系中没有所谓的权威组织，大家共同遵从一定的共识机制，通过平等、自愿、公平的方式达成共识。这种共识性思维将给商业、社交、生活带来重大变革。

4．通证化的区块链思维

区块链世界中有两部分内容，一是区块链的底层技术；二是通证的经济生态。通证译为"Token"，代表权利，或者权益证明。所有资产的本质属性就是权利，如所有权、使用权、分红权等。我们拥有一定的资产，实际上拥有的是其对应的权利。在区块链上进行交易的过程中，可以将所有交易记录在一个足够安全的可信的账本上，而记账的过程就是一个权利划分的过程，区块链在这个过程中提供了一个可信任、不可篡改的分布式账本，资产可以用通证的形式呈现。随着区块链的不断普及，一切资产都可能实现通证化，以数字化通证的形式记录在区块链上。通证的要素表现如下。

1）数字权益证明

数字权益证明，意味着通证是以数字形式存在的权益证明。它代表的是一种权利，一种固有的内在价值。

2）加密

加密，意味着通证借助密码学技术，在隐私保护、保证真实性、防止篡改方面具有保障的能力。每个通证都被加密保护，这种保护与传统的法律、权威机构等相比，更具有可靠性。

3）可流通

可流通，意味着通证在任何时间、任何地点，都可以在区块链上自由使用和管理流动，不受限于第三方。

通证可以代表一切权益证明，包括身份证明、学历证明、股票债券证明等所有与人类生活息息相关的权益证明。换句话说，人类社会的全部文明都可以认为是建立在权益证明基础之上的，所有的账目、所有权、资格、证明等都属于权益证明。因此，通证是区块链最好的拍档。区块链在很大程度上能够实现资产数字化，扩大数字资产的流通性，从而突破以往数字资产存在的边界，实现跨边界的流转，这就是区块链的出现对数字资产的巨大影响。

数字资产能够保证流通，关键在于"值"和"证"。"值"即"价值"。数字资产具有的最显著的特点就是流通性。区块链的出现，使得存在于区块链之上的数字资产有了更多的发展空间，区块链技术让数字资产的流动性大幅增加，使得数字资产以往流通的边界得以打通，实现跨界流转。这正是区块链带给数字资产的巨大价值。"证"即"证明"。由于数字资产是由一连串数字构成的，若想让数字资产流通，则首先需要自证其存在性，保证可以识别、防止篡改。区块链是后台底层技术，通证是前台经济形态，两者之间相互独立存在。通证成为区块链最具特色的应用和重大创新，通证思维是重要的区块链思维，具备通证思维的组织或个人，才能更好地将区块链技术应用于资产和资源配置。

5. 社群化区块链思维

传统社群是由一些具备相同爱好、需求的人聚在一起形成的团体，他们有一致的行为目标和行为规范。社群由社区发展而来，社区多指地区性生活共同体和社会关系。与社区相比，社群更突出内部成员之间的交流、分工协作和相似的兴趣，强调成员之间的互动，从而形成强烈的社群感情。在社群中，每个成员都是一个中心点，大家可以利用自己的碎片化时间做大家都感兴趣的一件事情。所以，社群经济强调的是去中心化。

以产品供应链为例，一款产品从设计到生产、包装、传播、运输等环节，社群成员都参与其中，为了共同的利益目标而努力。社群最大限度地赋予每个人话语权和执行能力，尽力满足个体的心理需求。另外，用户作为社群中的一员，加入供应链后，可以深入参与产品的设计和开发过程，充分挖掘自己的智慧和参与积极性。

因为区块链社群成员之间存在利益关系，所以区块链社群比传统社群更具有"灵魂"。如果没有社群属性的存在，就不会有数字货币的价值，社群中所有人的共识和信任形成了数字货币的价值。因为，对于以区块链技术为基础的数字货币来说，社群和用户的价值非比寻常，使用的用户越多，数字货币的价值才会越高。区块链社群中的用户既是使用者，也是经营者。但是往往用户并不能合理地认清自己的身份，仍然需要社群运营人员加以维护。社群只是区块链的载体，最重要的其实是"共识"，没有共识的区块链就没有灵魂。

区块链是一种技术性的信仰，让大家达成共识，并通过共同的规则使区块链中所有的环节实现价值的合理分配，这就是区块链社群形成的本质。换句话说，区块链的共识源于社群，没有社群就没有共识，人人共识正是区块链的价值所在。

第三节　区块链思维革新企业治理模式

企业的发展的根源不在于规模的扩大，而在于思维创新。区块链技术不仅改变了众多行业的运营模式，还为未来"无人化"组织管理提供了技术支持。区块链技术带来了新型的经济及价值组合，区块链思维可以在企业的所有权、架构、运作、奖励和治理上有更多的创新应用，这远远超出了鼓励创新、激励员工和集体行动的范畴，这些是实现一个更加繁荣的经济体所需的先决条件。

多数企业采用层级化的架构，管理者将自己或某个负责人视为企业的人才、无形资产（品牌、知识产权知识和文化）及激励员工的核心人员。与现有的企业不同的是，区块链架构企业不需要单独用品牌来彰显其可信性，它们通过将资源免费公开，使每一个参与者都有分享的权力，使用共识机制来确保公正性，并在区块链上公开运行业务，实现全体共治。全体共治是一种协作方式，即用自组织的架构取代传统体系中的分配工作的分层规划过程。

一、充分打造信任机制

建立信任是为了简化人与人之间的合作（协作）关系。区块链技术能极大地降低调查、签约、协调和建立信任的成本。对企业来说，这不仅能够更容易地对外开放，也能更容易地与外部的参与方建立信任关系。在这种机制下，为自己谋取利益，也意味着实现每一个人的利益，欺骗这个系统的成本远远高于依据该系统的设计原则去行事的成本。通过智能合约，各方均需要对自己的行为负责，通过软件的执行和结算，他们必须履行他们的承诺。企业能够以高度透明地将各种关系进行编程安排，这样每一个人能够了解到各方的角色和责任。

二、高效建立协同机制

在互联网的早期应用阶段，人们就注意到其网络化和赋权的特性，小组制和项目制开始成为内部组织架构的基础，降低了内部协作的成本和交易成本。但互联网依然没有降低机构成本，即为确保企业内每一个人都根据企业或雇主的利益行事所耗费的成本。商业化媒体工具正在帮助很多企业实现一个新层次的内部协作体系。作为真正意义的去中心化，其标志就是"赋权"在商业领域的应用，有个别企业正在实验或实施从矩阵管理到全体共治的新模式。

区块链技术能发挥什么样的作用？如何改变企业内部管理和协调的方式？如何降低机构成本？通过智能合约，不仅能够减少企业内外部的交易成本，还能显著降低机构在各个层级的管理成本，即企业不仅能降低交易成本，还能降低机构成本。这意味着管理者应该准备迎接在协调资源和行事过程中所需要的极大透明度，企业主可以轻松观察到这个过程中的低效问题、不必要的复杂性、管理者的薪酬与其实际贡献价值之间的巨大差距等管理问题。管理者不再是企业主的代理人，他们在企业里扮演的只是中介和节点的角色。

三、公开透明组织目标

在传统的组织中，组织目标永远是领导的目标，即使做了很好的绩效管理，也很难让员工感觉到实现组织目标的责任在自己的身上，其重要的原因是人力资源管理中目标设定的合理性和绩效考核的公正性。在分布式的组织里，很多日常的决策及任务均可以被编程成为智能的代码。理论上，这些组织最起码可以在较少甚至无须传统管理架构的情况下运行，每个人都可根据智能合约里编码好的特定规则和流程运作。设想一下，在这种组织里，不会有报酬超过其贡献的管理者、管理层或存在于企业内部的"官僚主义"等。这也可能会形成一个没有高管，只有股东、财务和软件的企业。股东可以对代码的规划提出相应的意见，代码和算法可以取代某个层面的代表们，如董事会。分布式企业可以有一个钱包，它需要所有股东达成共识，才能达成一项重要的交易；无须担心企业的资金被挪用，与该笔交易有关的事项会在分布式管理模式下达成共识。

在这种全体共治的协作方式下，企业用一种共识的架构取代了传统的分配、分层任务的过程，从而打造成分布式自主运作组织。在未来，由区块链技术和思维驱动的分布式自主运作企业，将形成一种全新的企业治理模式，也将更好地带动我国所提倡的"创新创业创造"。

四、创造激励相容机制

2007 年的诺贝尔经济学奖得主里奥尼德·赫维茨（Leonid Hurwicz）提出，在市场经济中，每个理性经济人都会有自利的一面，会按自利的规则行动。如果能有一种制度安排，使追求个人利益的行为正好与集体价值最大化的目标相一致，则这一制度安排就是激励相容机制。换句话说，对于一定的经济环境和社会目标，如果能有一种机制使人们在自利行为驱使下采取的行动，正好可以使集体的预定目标得以实现，那么这一机制就是激励相容的。"激励相容"是经济学中一个老难题，即使在利益一致的情况下，也可能出现激励不相容的情况，但这个问题在区块链上却得到了很好的解决。

在企业治理中，因为利益分配的复杂性，难以保证利益相关者对获得利益的感知程度是一样的，如员工拿的是"死工资"，领导拿的是呈指数级增长的利润。员工希望工作之余轻松点，领导却希望员工永不停歇。在这个场景中，虽然员工和领导的激励是相容的，即都希望公司发展得好（这样才是有利的生存策略），但因激励效应不同，仍然会出现激励不相容的现象。激励相容的机制设计既包括目标函数奖励等激励措施，也包括约束条件与惩罚等约束措施，实践中往往需要激励和约束"双管齐下"。利用区块链技术，在保证了激励相容实现的前提下，使得预定目标公开透明、不可篡改，同时利用智能合约，将激励措施和惩罚方法写入代码，确保激励触达后的无条件执行，不再受限于企业在执行时的主、客观因素。

实践证明，在创新企业治理时，只有坚持激励相容机制原则，才能有效地解决个人利益与企业利益之间的矛盾、冲突，使个体行为符合企业价值最大化的目标。

第五章

区块链+商业模式创新

第一节　商业模式的再理解

随着时代的发展，尤其是近十年来，各界对于商业模式的讨论逐渐变得热烈了起来，商业模式的变迁也愈加快速。商业模式关系到企业的生死存亡、兴衰成败，企业之间的竞争从产品之间的竞争演变为商业模式的竞争。企业能否在激烈的竞争中胜出，关键在于能否制定出成功的商业模式，成熟的大企业是这样，初创的小企业也是这样。就像经济学家郎咸平所说："商业模式是企业竞争制胜的关键，是商业的本质。"

商业模式的范畴极其广泛，时至今日也未能找到一个权威的定义来解释商业模式的概念。从逻辑上说，商业模式指的就是通过整合企业内外部资源，满足市场需求并实现各方价值最大化的一套完整、高效的运行体系，这其中包含了三个核心的组成部分，即创造价值、传递价值及获取价值，三个组成部分环环相扣，缺一不可，形成了商业模式逻辑闭环。

创造价值指的是基于市场及客户的需求，提供解决方案；传递价值指的是通过市场要素等资源的整合配置，实现价值的交付；获取价值则指的是通过价值的交付形成稳定的盈利模式，持续获取利润，获取利润后才能为创造价值带来可持续性。商业模式的核心逻辑如图 5.1 所示。

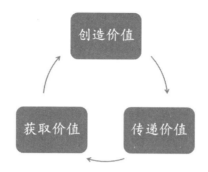

图 5.1　商业模式的核心逻辑

在学术领域，2007 年北大汇丰商学院魏炜教授与清华大学经管学院朱武祥教授对商业模式进行了更为细致的解构，建立了"魏朱（Wei-Zhu）八要素商业模式"模型（见图 5.2）。这个模型将商业模式拆解为定位、业务系统、关键资源能力、盈利模式、现金流结构及企业价值六个维度，来研究企业交易结构。

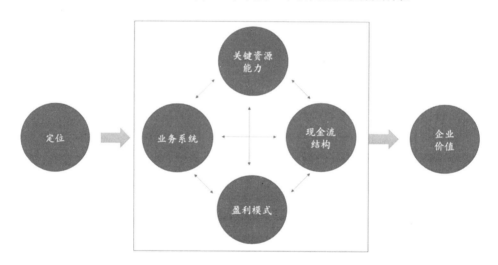

图 5.2　魏朱（Wei-Zhu）六要素商业模式模型

①定位：一个企业在切入市场之前，得明确自身的定位，也就是明确企业面向的是什么群体、提供什么服务来满足群体的需求。可以说，定位是企业商业模式的起点，是企业战略选择的结果。

②业务系统：业务系统指的是企业的业务环节及选择哪些主体作为其内部或外部的利益相关者。例如，顺丰的直营模式及三通一达的加盟模式就是两种截然

不同的业务系统。而且，业务系统是商业模式的核心。

③关键资源能力：关键资源能力指的是为满足业务系统运转所需要的重要资源及能力。例如，有的企业在产品设计及技术上有着很强的优势，而有的企业有很强的融资能力来维持企业的运转，这些关键资源能力构成了企业的核心壁垒。

④盈利模式：盈利模式指的是企业获得收入、支出成本并获得利润的模式，这是企业持续经营的核心。企业的盈利模式各不相同，传统的企业多采用以直接销售产品获取利润的方式为盈利模式；而大多数互联网企业多前期大量投入、扩大用户基数，后期通过其他方法获得收入的盈利模式。虽然两者本质上都是在销售产品，但盈利模式却大相径庭。

⑤现金流结构：现金流结构指的是企业的利益分配方式，体现了不同商业模式的不同特征，也影响了企业的成长速度。大航海时代出现的股份制就是一种在当时来说非常先进的利益分配方式，股份制出现后也一直沿用至今。

⑥企业价值：在通过前面五大要素所构成的商业模式下的企业所能创造出的金钱及社会价值构成了企业的价值。

上面所讨论的六要素相互影响、相互作用，构成了企业完整的商业模式。不同的要素构成意味着不同的商业模式，企业商业模式需要经过企业家的反复研究、实验、调整，只有合理的商业模式能够实现企业的持续成长，而今天我们所看到的亚马逊、苹果等企业也是在经历过商业模式的反复推敲后才成长起来的。

例如，可口可乐因为其独特的口感，长期以来在市场上独霸鳌头。我们今天所看到的可口可乐玻璃瓶，也是可口可乐成功的秘诀之一。1980 年，一位叫作亚历山大·山姆森的年轻工人，从女友的一套筒型连衣裙获得灵感，设计出了一种如同少女所穿的裙子一样圆满、丰硕的玻璃瓶，经过了反复的修改，瓶子不仅变得非常美观，而且使用起来非常安全，不会轻易滑落，获得了用户的交口称赞。亚历山大·山姆森立即向专利局为瓶子的设计申请了专利。随后，可口可乐当时的执掌人阿萨·G·坎德勒在市场上看到了亚历山大·山姆森设计的瓶子，他认为这种瓶子非常适合作为可口可乐的包装，一方面美观安全，另一方面瓶子的设计会让消费者觉得分量很多，于是他主动向亚历山大·山姆森提出购买这种瓶子的专利，最终可口可乐高价买下了这种瓶子的专利，并将这种包装投入使用。果不其然，在采用亚历山大·山姆森设计的玻璃瓶作为可口可乐的包装后，可口可乐的销量飞速增长，成为全美最畅销的饮料，并风靡全世界。对于可口可乐来说，这笔购买瓶子的专利的投入是一笔非常成功的投资，也为可口可乐换来了世界第一的位置，一直到 20 世纪 30 年代，可口可乐一直是饮料界无可争议的"大佬"，可以说几乎没有竞争对手。

在这样的背景下，后起之秀百事可乐又是怎么发展起来的呢？百事可乐在商业模式上采取了一种讨巧的方法。独特的包装设计成为可口可乐成功的法宝之一，正因如此，可口可乐投入了大量资金，囤积了"天量"的玻璃瓶为市场做准备，而这让百事可乐抓到了机会。百事可乐通过加量不加价的办法，选择了一个更大的瓶子来包装自家的饮料，主动与可口可乐打起了价格战，许多消费者在性价比的驱使下选择了百事可乐，而可口可乐碍于玻璃瓶库存量过大，无法对百事可乐的举措做出回应，眼睁睁地看着百事可乐抢走了自己许多的市场份额。

20 世纪末，互联网开始萌芽，并且在接下来的几十年里迅速发展。世界上各个角落的信息、各式各样的商品都可以放在互联网平台上进行展示，而全球的用户也可以通过互联网平台了解、浏览到这些信息。在这样的新纪元里，企业发现通过互联网这样的开放式平台可以突破原有业务在地域上的边界，更加容易地触达用户，从而实现规模的扩张。自此，企业商业模式开始出现翻天覆地的变化及创新，全球大大小小的企业在互联网的浪潮中享受着时代的红利，企业之间的竞争也变得更加激烈。在激烈的竞争之中，诞生了如阿里巴巴、谷歌、脸书等巨擘企业。

互联网技术率先自西方世界发展起来，但在接下来的时间内，中国却利用互联网的时代机遇实现了弯道超车，将互联网的商业模式发挥得淋漓尽致，令许多国家望尘莫及。在互联网时代，中国企业在商业模式创新上一步步发力，迅速迭代，在这个过程中诞生了一个又一个千亿市值的大"玩家"。

如今家喻户晓的小米，就是其中的一员。

早期的手机市场由摩托罗拉、诺基亚这样的巨头手机企业统治着。进入移动互联网时代后，苹果凭借精益求精的工业设计与用户体验，以及"产品为王"的理念在手机市场杀出重围，成为全球智能手机的霸主。在接下来的时间内，苹果和三星两大巨头瓜分了中国智能手机市场的大多数市场份额。苹果和三星在产品的战略上走的是旗舰高端路线，产品的单价也比其他手机厂商高出不少，但它们仍然凭借优质的产品和服务收获了一大批忠实用户。

而小米自诞生以来一直是以高性价比著称的。雷军曾经在小米的产品发布会上说过："小米硬件综合利润率永远不会超过 5%。如有超出的部分，将超出部分全部返还给用户"。小米一次次在手机价格上与同行"抬杠"，开创了智能手机千元机时代，以超高性价比在中国市场杀出了一条"血路"，许多人在高性价比与爱国心理的驱动下纷纷成为"米粉"。小米生态链琳琅满目的产品如图 5.3 所示。

图 5.3 小米生态链琳琅满目的产品

同样是卖手机，为什么小米能通过极具性价比的价格和市场上的巨头企业比拼呢？其商业模式的调整起到了关键性的作用。在商业模式上，小米另辟蹊径。小米通过高性价比的策略捕获了市场上大部分用户的注意力，随着流量在小米身上聚集，小米开始布局小米生态链，投资紫米、华米、智米等一系列科技企业，也就是我们所看到的小米充电宝、小米 9 号平衡车、小米插线板等产品的生产商。其实逻辑很简单，小米通过投资孵化这些企业，让它们专心设计、生产与小米调性一致的高性价比产品，而小米负责产品的销售，通过高性价比的手机产品线，带动小米生态链其他产品的销售，即"低频带高频"。多元的产品维度与统一的品牌调性，使得消费者在选择成本越来越高的当下，优先选择进入小米商城选购合适自己的产品，既省时又省钱。现在再看看小米，消费者还会认为小米只是一个单纯卖手机的厂商吗？最初让市场上的其他竞争对手摸不着头绪的小米商业模式实质上是在用时间换空间，下一盘战略大棋，而正是这样的商业模式撑起了小米的千亿市值。

站在 2020 年这个时间点，回首过去的十年，发生了太多的大事。腾讯与奇虎 360 的"3Q 大战"、千团大战、滴滴快的合并、摩拜击溃 ofo 等足以载入 MBA 案例库中的经典案例犹如发生在昨天一样，历历在目。也正是这些案例记录着中国互联网行业动荡起伏的风云史。在激烈的竞争中，企业商业模式得以一步步优化、一步步迭代，商业模式对企业的生死存亡起到了决定性的作用。

在激烈的竞争过后，优胜劣汰的直接反映是马太效应的突显，市场进一步集中，流量也掌握在市场上以 BAT 为代表的少数几家巨头企业手中。本以为市场格局就此稳定下来了，然而谁也想不到，拼多多凭借病毒式的裂变模式，强行在拥挤的市场中撕开一条缝，以黑马之姿出现在世人面前，作为后浪追赶前浪，成长为超 700 亿美元市值的大企业。

不难看出，商业模式的创新为拼多多在电商行业的崛起创造了机会，而拼多多的成功也为行业巨头企业敲响了警钟，不持续往前走代表的就是灭亡。

第二节　现有企业商业模式的不足

协作共赢是人类能在自然界崛起的根本原因。法国哲学家帕斯卡说："人只不过是一根芦苇，是自然界最脆弱的东西，但他是一根能思想的芦苇。"人类之所以能够驯服比我们强大得多的凶猛野兽，最终在自然界崛起，很大程度靠的就是人与人之间相互协作，形成了集体，并通过协作实现了共赢。而企业存在的意义则是通过商业模式实现社会协作下的效益最大化。以金钱利益为代表的效益是衡量商业模式好坏的重要维度，但是现有商业模式存在严重的利益分配失衡状况，导致其对于协作效率的调动力度相对有限。

从公司股份的角度考虑，在大航海时代所诞生的股份制一直沿用至今，它把大家团结到一条船上，实现合作共赢。但时至今日，世界已经又向前发展了几百年，已经发生了翻天覆地的变化，仍然套用大航海时代的股份制，其实已经是刻舟求剑了。现代的企业是一个庞大又复杂的体系，而好的机制应该能够把各方的力量与积极性都调动起来，但是在股份制下，企业只对股东利润负责，企业的股东们只着急着做大利润，那么与企业相关的其他利益方呢？客户拿的是企业的产品，产品好用就行，和公司股份没关系；供应商只负责供货拿款，和公司股份没关系；推广渠道负责产品推广、拿返点，也和公司股份没关系；多数员工的主要收入来源是工资而非股份，也和公司股份没关系。

而从产业链的角度来说，在零售行业，传统品牌商为了能让自家生产的产品面向更多的消费者，会进行多渠道铺货，而在这个过程中，优质渠道如商超百货的话语权逐渐建立了起来，且愈加强势，最终变成品牌商牺牲了大部分的毛利给渠道打工，而消费者同样为渠道的强势支付了高溢价。这时候，电商平台的出现旨在打破线下渠道在零售行业中称霸的格局，让品牌商和个体工商户能直接面向消费者，让天下没有难做的生意。然而，随着流量在头部的逐渐集中，电商平台逐渐成为最大的渠道，利益的驱使使得电商平台在走向初衷的道路上开始偏离。

　　在中国互联网迅速发展的这些年，市场中的竞争日益激烈，各种商业模式与创新玩法层出不穷，这一来一往已经彻底地改变了中国的商业环境与经济面貌，商业的入口与红利面向社会大众开放，从"大众创业、万众创新"到现在的直播带货，上到政府，下到"草根"，人人都能参与到这样的开放平台中，做出相应的贡献，并享受创新与协作带来的多方共赢。然而，现代企业的商业模式，在企业权力集中的情况下，难以真正实现利益合理分配的共赢。这里所说的共赢的概念，在区块链的世界里仍较为狭隘。

　　互联网曾经给众人带来了一个新希望，那就是通过互联网建立一个更加开放、更加自由的新世界，将数据更广泛、更自由地分发出去。然而，它却在这条道路上越走越远，我们现在所看到的各领域的独角兽企业就是互联网集权化、中心化的产物，大多数数据被少数企业收集并利用，它们通过这些数据积累更多的财富和权力，财富和权力开始不合理地倾斜，即使它们不再积极、努力地做出贡献，它们所获得的收益也远远大于其他群体。这对于这个商业链条上的其他参与方来说并不是一件好事。

　　那么，红极一时的共享经济商业模式会是一种创造共赢的最佳模式形态吗？不管是打车、外卖还是共享单车的服务提供商，从实际情况来看，确实将社会上的闲置资源进行了有效整合与分配，在让用户动动手指便能享受到多元且经济的服务的同时，创造了大量的就业机会。但本质上，这些服务提供商在"共享共赢"的道路上只走到了一半，它们并没有实现真正的共享，它们更像是一个服务的聚合者，通过充当中间人将服务汇聚在一起并打包加以出售。

　　当然，不管是商超、电商、共享经济，还是其他商业模式，这些商业模式都大幅提高了社会协作及资源分配的效率，同时便利了我们的生活，尽显共赢态势。但是，流量在中心化平台的集中也使得利益分配在商业链条上出现失衡，利益矛盾愈发严重。

　　可以看出，现有企业商业模式中各参与方的利益关系是相互割裂的，各参与方的利益没能有效地绑定在一起。这种利益相互割裂实现共赢的商业模式，没有将共赢的理念贯彻到底，并仍有待改进。

第三节　区块链如何实现商业模式创新

　　在区块链出现之前，传统的商业行为需要在建立信任的基础上进行，而信任关系的建立通常依赖于诚实可信的个人或组织，如支付宝在淘宝商家与消费者之间扮演了第三方背书的角色。通过建立信任关系，交易成本可以得到显著的降低，且交易更加高效且便捷。久而久之，我们逐渐建立起对第三方的信任，也逐渐形成了依赖性，让它们提供担保，负责交易的维护与执行。当然，我们也为此付出了相应的代价，不管是费用抑或是我们的数据。

而区块链凭借其分布式的架构与密码学技术的基础，不需要第三方的存在即可建立起来之不易破裂的信任关系。那么，区块链的本质是什么？是分布式账本？还是非对称加密？这些都只是手段，不是目的，更加不是本质。区块链的本质如果用两个字概况，那就是"共赢"。就像大家在同一艘船上，是生是死是由大家共同决定的，只要群体的利益是绑定在一起的，这条船就会往大家向往的彼岸驶去。

信任就像是商业世界的润滑剂，只要有足够的信任关系，就能激发很多生产力。就像我们所说的投资加杠杆一样，我们都知道杠杆很重要，虽然杠杆有风险，但能够放大收益。但我们有没有想过为什么企业或个人能够有杠杆？最核心的原因是他们有信用，信用能够产生杠杆，这个杠杆则撬动了商业世界的效率。而区块链足以对传统商业模式做出创新的重要前提是凭借其分布式、不可篡改及可追溯等特点，建立了无须以第三方为基础的信任机制，无须中介就可以实现各个节点之间的相互信任，从而降低各个参与方之间的信任门槛。

区块链上的信息都是公开、透明且可信的，在这个基础上不存在"谁被谁剥削，谁又被谁欺骗"的情况。比如，在网上购物的过程中，通过虚假好评误导消费者的行为将难以维持下去，因为在区块链上的好评、差评均是不可篡改的，用户通过区块链上的信息便能够了解商家的资质，真正好的商家只需要凭借记录下来的好评便可收获更多的新客户，而作恶的商家也会因为不能像以往一样花钱删差评来粉饰自己，从而倾向于不作恶。善人收获奖励，恶人遭到惩罚，商业环境从此进入良性循环。在这样的平台上，消费者对商家的信任不会受平台左右，从而消除了信任带来的交易成本，激发更多消费的可能性。

另外，在以往的商业活动中，大多是通过双方签订合同，通过法律的方式对双方的履约职责进行约束的。什么时候发货、货款如何结算、要结多少资金、违约了怎么办，合同上都写得清清楚楚，但是合同最终的履约情况还要回归到双方的信用上面。虽然一方违约之后法律在这其中所发挥的约束作用大家都清清楚楚，但违约方作恶的成本还没有高到足以约束他们。然而，区块链是一个由代码所构建的世界，商业世界中的各项条款、各项职责都可以以代码的形式写到区块链上，而权责的执行也能通过区块链上的智能合约自动实现，发货、收货这样的动作在触发智能合约后，以通证为代表的价值转移会自动发生，双方的信任门槛被进一步降低，所有的职责细节通过代码的形式表达、展示并执行，极大程度上解决了信息不对称的问题。

比如，在二手商品市场中的非标准化产品交易中，产品的卖方永远拥有比买方更多的信息。其中的二手车交易更不像一般的二手商品交易那么简单，由于单价较高，客户的决策周期会比较长，需要考虑到非常多的因素。在二手车交易这样信息极其不对称的市场中，买卖双方长久以来一直存在很大的信任问题。二手车卖家极力想向客户证明这台车的各项资质，而买家心里想的却是"这台车会不会是泡水车""这台车的里程数是不是被人为调整过"，所以卖家说什么买家都不信。在不信任的情况下买家就会压低价格，在价格被压低的情况下，卖家也只能卖劣质的二手车，最后形成了恶性循环。

但是，在区块链作为底层基础设施铺开后，车辆的信息会被一一记录在区块链上，公开、透明、不可篡改，里程数、事故信息、维修记录等都列得清清楚楚，买卖双方的信息不对称得以消除。在消除信息不对称后，后面的交易执行也可以通过智能合约的方式实现。双方在智能合约中约定好，交易完成后哪些是卖家的责任、哪些是买家的责任，出现相应的问题后结合智能合约上的代码来自动执行，将权责进行细颗粒度的划分。当然，在这个过程中需要结合人工智能和物联网来实现资源配置的优化。

还有其他很多在现有的商业体系里无法实现的事情，在信用门槛被大幅降低后，都将变得有可能实现，从而激发更多的商业潜力。

信任问题——这个商业环境中的"钉子户"被解决后，区块链便开始对传统的商业模式进行解构及重新组合。在上文所讲述到的商业模式六要素中，业务系统和现金流结构两大要素涉及多方的利益分配及协同合作，而区块链具备分布式、不可篡改且可追溯等特性，使得组织协同及公开、公正天然就是区块链的强项。区块链的商业模式创新主要体现在三个方面。

（1）组织形式的重构。在经济学中有一个很重要的概念叫作企业边界。按照科斯定理，企业边界指的是企业内部的交易成本与市场的交易成本相等。商业世界中之所以有企业的存在，就是因为市场行为中是存在交易成本的，这个交易成本是一个广义的概念，所有不诚信或信息不对称产生的代价都可以视为交易成本。而企业在管理效率不差的情况下，能够实现内部交易成本低于市场的交易成本，这也是企业存在的意义，即让市场交易活动以更低的成本、更高的效率来运行。

但是，如果有一种更好的市场机制，能够把市场行为的交易成本降下来，那么可能就不需要大规模的企业了。上文讨论到的共享经济就是一种很棒的尝试，将社会资源进行统筹调配，各方的交易成本得到了显著下降，然而现在看来，随着市场的集权化，共享经济似乎逐渐变了味儿，从共享经济变成了分享经济。

另一个很好的例子是，2017 年 12 月，谷歌 Cloud 人工智能和机器学习首席科学家李飞飞宣布谷歌 AI 中国中心正式成立，大家都对李飞飞充满期待，可是有谁知道李飞飞是如何在 AI 领域崛起的呢？她的第一步成功来自 ImageNet。说到人工智能，可能人们会想到复杂的算法，但是基于深度学习的人工智能，最难的并不是算法本身，而是将海量的带着标签的数据投喂给算法进行训练。那么这些标签是怎么来的？通过人工的形式进行标签标注是必不可少的。李飞飞当时下载了近 10 亿张图片，准备给这些图片贴标签，而这样的工作往往会交给专业的外包企业处理，然而因为外包企业的人员流动极大，相应的管理成本也很高，而且这部分的成本压在了谷歌 AI 中国中心的研发经费上，即使是谷歌也可能难以负担这样的成本。

那么李飞飞是如何做的呢？她采取了众包模式，通过亚马逊的 AMT 平台雇用了 5 万人来帮她做图片的标注分类，通过众包的形式雇佣这些人的成本是很低的，而且 AMT 平台上有超过一半的人的薪资水平都比美国规定的最低标准还要低，因为他们利用的是自己的闲暇、碎片时间。因此，很多时候打破企业边界，有可能使效率变得更高。

亚马逊的 AMT 平台就是通过明确的规则来消除市场的交易成本，达到比外包企业更好的效果的。但是这其中同样存在许多问题，如不同等级的劳动者的单位时间的薪酬及被委派任务的机会不一样，不同国家/地区的劳动者的待遇也不一样。亚马逊从来不公开 AMT 的规则，因此受到了很多人的质疑。

如果采用区块链，则能更好地消除不透明性，使得交易成本更低，更有利于打破企业边界。比如，未来如果有基于区块链的去中心化外卖应用，那么外卖员可以通过区块链平台在线上进行接单，智能合约上记录了里程数、餐点份数对应的派送单价，一分一毫智能合约都算得清清楚楚，点餐者、外卖员也都清晰明了，而价值通过通证的方式进行流通，上交组织的唯一的费用可能就是进行数据记录的"矿工"手续费。通过这个方法，即建立了一种公开、透明且交易成本更低的组织形式。

未来，以企业形式存在的组织可能逐渐被这样的社会组织所取代，通过一种松散、耦合的形式，来达成大规模的社会协作。

（2）实现合理的利益分配。从产品经销的角度来说，当前的商业世界是"渠道为王"的，渠道在商业世界中起到了关键性的作用，也创造了无数的商业奇迹。商超是一个渠道，电商平台是一个渠道，如今我们看到的各大网红本质上也是一个渠道。供应商负责做好产品，渠道负责兜售产品，而消费者负责买单，各司其职，各取所需。然而，上文中也讨论到了，随着流量的集权化，渠道的话语权变得越来越强大。在大多数情况下，做消费品的赚不了多少，都给商场、超市"打工"了；开商场、超市的也赚不了多少，都给房东"打工"了。原以为互联网可以在一定程度上削弱渠道，结果互联网入口成了控制力更强的渠道，电商品牌商也赚不了多少，都给电商平台打工了；而做游戏的收入流水也都给了互联网渠道。或许有人会问，现在这个时代不是"内容为王"吗？少数情况下是这样的，如游戏行业中的暴雪公司就以优质的游戏内容"称霸"，以德服人，但这也只是极端的个例，在多数情况下，渠道在商业利益链条中仍处于金字塔的顶层。

为什么会出现这样的情况？这是不公平也不合理的，做产品和做内容的，辛辛苦苦将自己的创意变为现实，进行设计产品、加工制造、质量把控、后期维护，付出了这么多，到头来大部分收入都贡献给了渠道商，而渠道商凭借其集权"坐享其成"。在付出与收获不成比例的情况下，长此以往谁还愿意研发好的产品、做好的内容呢？

那么，区块链是怎么实现合理的利益分配的呢？产品或内容的生产者可以直接将产品通过区块链推广出去，产品、内容的好坏由用户评判，产品得到用户的认可，在通证的激励下，用户就会自发地进行推广。这样，真正好的内容也能在不依赖渠道流量的情况下传播出去。这与传统商业模式中裂变返佣机制的区别在于，裂变返佣是一种绝对的衡量标准，产品、内容的好坏不会影响返佣的绝对价值。但区块链通证的价值与产品、内容的好坏直接挂钩，而且这个通证能通过区块链实现更大范围的流转，杜绝了高返佣下的劣质产品蔓延所引发的劣币驱逐良币现象。通过这样的方法，可以真正实现生产者和用户的利益绑定。

当然，这里并不是说要消灭渠道，而应该说要削弱渠道的价值。渠道在商业世界中之所以存在，肯定是有它存在的道理及价值的，但是不应该由渠道来主导整个商业世界。通过区块链的商业模式创新，可以实现利益分配的合理化，将协作共赢的理念贯彻到底。

（3）实现资产的广义化，并实现流通。我们目前所理解的资产，比较像财务报表里面的概念，如现金、存货、应收预收账款、固定资产、无形资产和商誉等。通过这些数字我们才能对资产有明确的度量，对企业进行估值。但是互联网出现后，我们发现很多以往学过的财务理论都不成立了，排除 A 股这样因为市场构成及情绪所推动的高估值市场，亚马逊等互联网企业的估值非常高，很多分析师试图以传统的财务分析理论解释这个问题，却无从下手。因为有些互联网企业不仅没利润，甚至连收入都没有，财务报表已经基本无法反映企业估值了，难以解释这些企业高估值的原因。所以，后面陆续出现了 Pipeline 估值法、用户数量估值法等方法来试图对估值做出解释，但这里面又涉及非常多主观的因素。比如，现金就是现金，性质不会有不同，但是用户和用户能等同吗？他们对于企业的贡献度能精确衡量吗？海量数据和用户、优秀的管理团队与员工及企业的软实力等对于一个企业来说都代表着巨大的价值，但是这些价值在财务报表上却难以体现。这时候试图做精确的定量分析往往是很无力的。

这就有点像是物理学中暗物质的概念。暗物质目前是没有办法直接被观测到的，但人类在有关天文学的观测中发现，有大量的现象违反牛顿、万有引力定律，无法对其进行解释，直到有人提出来宇宙中可能存在大量的暗物质，那么这些现象就解释得通了。相应地，在互联网的世界中，同样存在着大量的"暗物质"。

区块链通过通证的方法，可以将这些"暗物质"进行一一映射，将其固化下来，成为用户可以获得通证，成为员工可以获得通证，贡献数据可以获得通证，贡献创意也可以获得通证。通过通证的价值，把这些隐性的资产显性地表达出来，从而实现资产的广义化。这些广义化的资产只有显性地表达出来，才能更有利于我们把这种资产的价值发挥出来，并对价值进行评估及进行可能的价值交换。

除了这些"暗物质"，传统商业世界中的版权、房地产、收益权等固有的权利或资产也能通过通证的形式进行一一映射并且上链。到了区块链世界中，资产的流通将不再受地域与形式的限制，资产的流通性能够实现进一步的提升。比如，以往网络游戏币中的游戏币只能在单一的游戏世界内进行交易使用，但区块链世界里的游戏币则能够实现通证的跨界流转，打破了以往的流通边界。

通过区块链一旦实现了资产的上链流转，不同的企业、不同的商业模式的边界也将模糊化，进一步促进商业模式的迭代与创新。

第六章

区块链与人力资源

不管在什么新兴领域，新产业的竞争归根结底是新职业人才的竞争。人尽其才则百事兴，注重人才培养才能把握未来机遇，人才能力建设是关系到国家事业发展的核心问题。区块链高新科技的发展，最核心的生产力还是要依靠高素质人才。

随着社会的发展、人类科技和智力的进化，以及生产、生活、生产力的迭代，组织内部的人力资源工作也面临着较大的改革压力。2020 年年初席卷世界的新型冠状肺炎病毒疫情（简称新冠疫情）大大加速了这一进程，新经济形势下的人力资源变革迫在眉睫。正如 2003 年的"非典"催生了电子商务，提前排兵布阵电子商务使阿里巴巴、京东、顺丰等巨头企业应运而生。2020 年新冠疫情期间，依托于线上的新生业务看到了巨大商机。信任缺失、信息不透明、协作效率低、办公及生活的诸多不便，使得区块链行业及整个社会更加认清区块链技术拥有的巨大潜力，区块链的重要性呼之欲出。新冠疫情使中心化办公变革为分布式协同办公，远程协同、开源治理、通证激励、自治组织、分布式商业、分布式办公等区块链的商业价值、形式和规则为企业带来了新机遇。

人力资源从模块化管理到"三支柱模式"，始终是人力资源内部结构的变化和调整，人力资源项目制工作将成为趋势。在现有服务基础上，针对业务条线快速增加的部分，进行重点发力输出完成，效果将更好。区块链是技术革新和产业变革的又一个风口，是新一轮国际竞争绕不过的一个门槛。区块链技术会给人力资源在工作程序、工作方式、工作关系、服务模式、实现路径和竞争优势等方面带来"重新定义"。

那么，在新经济形势下，区块链将如何变革人力资源结构？我们针对现有人力资源面临的问题和痛点提出了几点畅想。这些创新赛道的畅想有着科学、缜密的设计规划和闭环。

第一节　招聘将变得更精准、高效

一、招聘质量与招聘渠道备受关注

领英公司于 2020 年 2 月发布的《未来招聘趋势报告》显示，未来的招聘活动将变得更精准、更高效。根据招聘衡量指标的调查结果，招聘不是追求数量，人才的素质水平决定了招聘的成败。以招聘质量为中心的衡量指标，将成为未来最主要的招聘趋势。受访 HR（人力资源，这里指人力资源经理）认为，未来最有影响力的招聘指标一个是总体人才质量；另一个是人才搜索渠道/工具的有效性。其中，招聘质量无疑是 HR 和管理层最看重的，但同时也是难以衡量的。

招聘行业长期以来的乱象也严重影响着招聘方和候选人双方的信任及顺畅的交流与合作。招聘过程中有很多困难和问题为人所诟病，列举如下。

（1）很多候选人在应聘时感到不被尊重、不被照顾，像一件商品一样被推来推去。有的 HR 为满足 KPI 中的关键指标数量要求，而不管候选人是否符合岗位需求，存在拉来凑数的现象。

（2）招聘方对候选人本身需求缺乏兴趣和理解，更多在意的是自己的需求能否被满足。

（3）招聘方对于不满足要求的候选人，很少会给予回复或关注候选人的询问信息。

（4）招聘方和应聘方之间无法建立公正、相互尊重的交流基础。

（5）部分招聘方的招聘目的只是满足自身在某一阶段的需求。比如，当有新项目时，便招聘产品设计、研发方面的人，待项目结束后，就会立刻裁员。

（6）有的候选人希望通过面试的机会见到自己很想见的业务合作方，从而推销自己的产品；或者为了获得更高的薪资，不得不夸大自己的技能和经历背景，以适应要求越来越高的招聘方。一个较大的在线求职网站的调查结果显示，约58% 的招聘方在简历上发现了谎言。

（7）招聘方用上纲上线的学历或目标公司来筛选候选人，忽略了候选人综合技能和岗位的匹配度。

（8）候选人接到录用通知书后，还在寻找其他工作机会，或者入职一周后，又到其他企业上班了等。

面对以上问题和现象,市场没有应用更好的技术和方法帮助招聘行业解决招聘质量问题。

HR普遍采纳的招聘质量参考因素:①员工留任率;②员工入职6～12个月的重要项目参与度;③员工创造价值的绩效评分。但这只是对招聘到的结果进行了形式上的质量验证,并没有解决招聘过程中存在的质量难题。因此,还要结合招聘过程的另一个衡量指标:人才搜索渠道/工具的有效性,主要以用于候选人搜寻和互动的工具、软技能评估工具、用于分析人才市场的工具、视频面试工具、候选人关系管理系统等为参考。

研究显示,超过50%的HR非常看重招聘工具,并且这一比例正在不断上升。受访HR认为,最有用的招聘工具,是能帮HR寻找到候选人,并与之有效互动的工具。越来越多的企业意识到,经济发展飞快,在新经济赛道、创新技能稀缺的环境中,传统人才库的被动匹配和筛选已经无法满足招聘需求。受访者普遍相信,基于区块链、大数据、人工智能的人才市场分析工具在未来五年的利用率将大幅提升。招聘行业面对的这些问题需要尽快找到有效的方法来治理,否则问题会越来越严重, 甚至走向畸形。

招聘行业中还有一个更大的问题就是数据泄露。近年来,随着线上经济的发展,很多网络代理和相关平台提供了新的招聘机会,增设了很多新岗位。也有很多平台将个人信息商业数据出售和换资源,而数据所有者没办法应对,且得不到任何补偿。

根据以上问题,借助区块链的可追溯性、不可篡改性、透明性、智能合约、分布式存储等特性记录个人的职业档案等相关数据,包括学历信息、职业历程、培训记录、职场所受奖惩等,以及过往的工作绩效指标、晋升情况和离职原因,而不是任由求职者单方面在简历上描述他们的工作情况,从而实现应聘方简历信息的真实性、不可篡改性、不可伪造性,从而解决困扰在线招聘多年的招聘信息失真这一问题。在解决企业招聘渠道优先、员工入职流程烦琐的痛点时,让权力下放,在点对点招聘过程中使用智能合约可为招聘方、候选人及中间服务商和节点验证方都带来好处,为各方提供真实有效的信息,过程透明度也会是招聘行业的重大突破。在解决真实信任问题的同时,为企业节省背调时间及成本、缩短招聘流程、提升招聘效率。求职者的简历若能上链被验证,那么企业HR就无须进行大量背调,节约了人力调查、核实求职者背景的成本,同时避免验证过程过于冗长,可以有效缩短招聘周期。企业只需要通过区块链获取所需要的信息即可,大大节省了企业HR的人力成本和时间成本投入。

二、线下招聘向线上转移

随着互联网信息技术的发展，人才招聘从线下搬到了线上。在这个过程中，智联招聘、BOSS 直聘、拉勾、58 同城等招聘平台如雨后春笋般滋长开来，成为新时代人们找工作的主要工具。

无疑，这些平台确确实实给我们带来了好处。比如，它们为我们打开了信息渠道，登录相应的网站或相关的 App，我们就能在很短的时间内掌握和筛选大量的招聘信息，还能进一步了解招聘企业的背景，通过"在线即时聊天"与企业的相关人员进行沟通。相比传统的"跑断腿"的招聘模式，这可谓一大进步。又如，企业可以通过这些招聘平台扩大招聘范围，采用一种更广泛的方式，更容易招到渴求的人才。同时，企业也省去了以往公示性质的麻烦，简化了招聘流程，极大地降低了成本。可以说，线上招聘平台无论是对于求职者还是企业来说，功劳都是巨大的。

但是客观上讲，招聘平台也一直存在着痛点，这些痛点汇集起来，发展到一定阶段也会成为招聘市场的瓶颈和卡点，引起市场极大的重视。对于求职者来说，最怕的就是招聘单位的真实性造假。在招聘平台上，造假成本是非常低的。虽然监管机构已经进行了多次整治，审核也更为严格，但因为注册空壳公司的代价较低，所以仍然有很多的虚假招聘单位在招聘平台上"横生"。

还有一个普遍的现象，有很多求职者吐槽反馈："招聘单位没有招聘需求，但相关的招聘信息依旧存在，投了简历也一直没有回应。"这种现象的存在是出于很多大型企业的品牌运营需要。一方面在这里发布消息做宣传成本较低，另一方面对于企业来说，搜索到这个职位的人多属于企业领域，具有高度垂直用户，不用去找品宣（品牌宣传）渠道。但这对于求职者来说是非常不友善的，而且还浪费了其许多宝贵的时间。

再者，就是信息泄露的问题。相比其他资讯类、网购类平台的注册，招聘平台的注册由于涉及私密的简历信息，所以更具危险性。但现实是，当你提交简历到招聘平台后，这些信息在平台面前一览无余，信息安全无法得到有效保障。举一个简单的例子，当你在某些招聘平台注册成功后，也许会在之后的第二天或第三天会有这样的电话打来，问你理不理财、买不买房、购不购保险。而且他还知道你的姓名和相关信息，甚至知道你的婚姻情况和所在地址。想一想都觉得后怕和愤怒。

另外，从数字经济的角度来讲，价值极为不等。我们将个人简历、信息登记在这些招聘网站上，并点击了一些广告，为平台贡献了活跃度，创造了丰厚的利润。然而，我们并没有得到自己的回报，这显然也是不合理的。凭什么招聘平台可以零成本地用我们的数据盈利,而我们还要无偿贡献?所以,招聘平台要想发展得更为长远,更具竞争力,就得想办法将这份利润有效地分给招聘者和应聘者,甚至每一个在招聘平台注册的人。

面对这么多痛点,招聘平台到底有没有办法来解决呢?或许选择区块链是一条不错的出路。这时肯定会有人质疑,觉得这完全不切实际,什么都用区块链解决,那区块链就是万能的了!我们来看看为什么区块链适合招聘平台,并且可以改善它面临的问题。

首先肯定的是,目前的区块链能够解决的问题有限,但适用于数据上链等一些特定的场景。所以这就对区块链能够应用的领域特点提出了一些要求:①行业的数字信息化程度必须足够高,最好能完全数字化;②没有高频需求,像游戏这样的领域暂时不行;③行业里面一定存在很多中间商,其在整个利益链条中攫取了大量的利润,剥削了那些真正创造价值的人的利益。

再来看看招聘平台,几乎完全满足上述条件。首先招聘平台上面都是数字化信息,主要以用户的个人信息为主;其次用户也不会高频率地登录招聘平台,可能很久才会考虑更换一份工作;最后,平台是招聘者、应聘者、广告商的撮合者和中间人,获取了相关人员所创造的价值。

所以,当招聘平台遇上区块链,将会很契合地完成升级改造,解决众多痛点。

关于招聘单位真实性造假,这个单靠区块链解决恐怕有些难度,可以通过与国家有关部门联网对于企业的真实性予以确认。但是目前还做不到让国家有关部门使用区块链,在推广上有难度。目前的解决办法是,参考网友评论,如果有人面试后给予评论,那么这些评论上链后不用担心被删除和更改。

关于招聘单位没有招聘需求还在招聘,通过将所有招聘信息上链,如果这家企业自始至终都没有邀请应聘者面试,或者这个岗位至今已经存在了很久,那么就可以断定这个岗位是虚假的。通过上链,保证了信息的不可更改性。

关于简历信息泄露,区块链以去中心化而闻名,通过上链添加密钥,没有对应的私钥,谁都别想看到简历里面的信息。

而关于价值不对等,用区块链来解决是非常有效果的。区块链世界里还诞生出了一种叫作通证经济的模式,如果你的简历是有价值的,你将得到通证奖励。通过这种方式,可以使人们拿回自己所创造的价值,也可以将人才本身的积极性释放出来,创造更多的价值,与平台获得双赢。

区块链技术赋能招聘平台,线上全流程招聘无疑比线下具有更高的沟通效率和更广的筛选范围,招聘方和应聘方不受时间、空间的限制,节省交通及跨地区成本。比如,从细分的专业区块链领域切入服务和产品的链入国际,目前正在打造区块链人力资源产品,将视频招聘和线上区块链人才数据库结合,用区块链人力资源联盟链使人才库、岗位库能更好地匹配、更可信，人才信息可得到更多节点的真实验证，为"人类真实行为价值的新经济体系"做了更好的支撑，大力推动人才价值在数字经济中的体现。

2020 年 2 月，人力资源社会保障部、国家卫生健康委员会等五部委出台了《关于做好疫情防控期间有关就业工作的通知》，明确规定：疫情期间，要推广优化线上招聘服务，暂停举办现场招聘和跨地区劳务协作，加大线上推广力度，大力推广视频招聘、远程面试，动态发布岗位信息，加快向中国公共招聘网归集共享，实施"就业服务不打烊、网上招聘不停歇"的线上春风行动。

网络"云招聘"正在如火如荼地展开。

（1）支付宝公布的数据显示，疫情期间，"云求职者"最多的五省分别为广东、河南、江苏、浙江、山东。"90 后"所占比例最大，为 52.04%，其次是"80后"和"70 后"，分别为 27.51%和 19.03%。

（2）2020 年 3 月，由中央广播电视总台"央视频"与国投集团国投人力资源服务有限公司主办的"春暖花开，国聘行动"正式启动。70 余家中央企业和近 50 家民营企业启动网端"云招聘"。

（3）2020 年 3 月，区块链行业人才头部企业链人国际携手巴比特举办首届"区块链云聘会"，征集区块链企业参与线上招聘，不到十天的时间就有近百家区块链企业报名参与，并有头部企业进行了云聘直播，公布职位 700 多个，上千名中高端求职者和顶尖高校毕业生申请职位。

区块链细分领域的专业人才服务品牌兴起，正在打造使用区块链技术的人力资源 SaaS 平台，致力于构建职业信用生态体系，即基于区块链和人工智能、大数据的结合，快速、智能地匹配到有多方节点验证的真实人才信息和用人需求。区块链技术和服务的应用，将会为人力资源市场带来质的改变和飞跃。

三、识别真伪简单易行

在招聘中，HR、求职者常常面临造假问题，主要包括以下内容。

（1）简历造假。简历上描述的情况和实际情况不同，履历造假行为比较严重。具体表现为以下几点。

一是工作经历造假。某些求职者会将一些短的工作经历拼凑成一段工作经历或直接省略掉，或者工作内容与实际情况不符。这种情况在中高层的招聘中尤为普遍，更有甚者将一年的工作经历夸大到四五年，自己在项目中明明扮演的是参与者的角色却描述成项目负责人的角色。

二是薪资造假。求职者把上段工作经历的实际薪资虚报、报高，以在薪资谈判中占有优势。

三是学历造假。求职者将简历上的学历信息做了改动，但在招聘方要求提供证明时希望蒙混过关或拖着不给。

简历伪造易、识别难，招聘方需要付出大量精力进行调查，验证求聘者的简历上学历、工作经验的真伪，不仅成本高昂，并且极大地影响招聘效率和招聘质量。

（2）求职者常常遭遇不良企业的招聘陷阱，轻则浪费时间，重则遭受经济损失，甚至危及人身安全。

一是"给你一个机会"。此套路主要针对职场新人，让你很感动，想要把握机会，真实情况多为企业招人困难，人员流动大。

二是"现在决定录用你"。电话通知时就邀约，让你明天就来上班吧！机会来得太快，甚至你都会怀疑自己有没有听错。真实情况是此类企业多为销售型企业，尤其是理财、保险居多，这个时候要进行清楚的了解，别直接带着各种证件就去了，如果是传销组织，就会比较麻烦和危险。

三是"厉害的人脾气都不好"，为学东西要求你多付出和多忍耐。HR 告诉你这些是让你做好心理准备，面对不好相处的上级领导，不要被领导轻易折腾走。

四是"薪资没问题"。先上岗后谈薪资，大多会被企业骗，企业会找各种理由判定你的能力和要求的薪资不符。没有谈好合同，让你直接入职，后续再看表现决定薪资的岗位。一般真实的情况是企业目前有一个短期任务需要"大牛"突击，活干完后有可能就不再需要你了。

如何解决简历造假和招聘陷阱的问题？

区块链可以让人们做自己的数据的主人，几乎可以提供解决困扰人力资源行业数十年的问题的答案。区块链将为更传统的背景检查形式提供支持。有了公共区块链链接点，存储在区块链时间戳中的数据中任何时候都不能被重写和篡改，这样招聘方就可以完全访问求职者的就业记录、背景核实和教育资格，可以节省时间、提高效果、加快潜在聘用率，并在有效时间内关闭空缺职位。随着区块链和人力资源的进一步融合，或许每个从业者的工作经历、所掌握技能的多维度评价标签记录在链的概率会越来越多。工作经验和技能相互印证，也无法作假。区块链技术将成为人力资源专业人员库中强大的新工具。简历认证系统如图 6.1 所示。

对应地，企业审查系统也将入驻联盟链，并与工商行政管理机关的政务链相通。招聘方需要提供真实、合法的营业执照信息、营业地址及官方联系方式，在接受严格审查后方可上链。上链企业将拥有优先陈列及招聘资格，从而督促招聘方实现信息的真实性、不可篡改性、不可伪造性，以保证求职者的安全。求职者也可以查看自己的简历被哪些企业查看过,检索自身技能与哪些岗位相匹配,还有哪些提升空间。

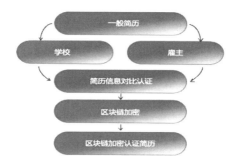

图 6.1　简历认证系统

对于不良招聘企业的虚假、传销岗位,用人单位的信息和求职者的信息一样,皆可全部数字化上链,招聘信息上链、开放、透明、不可篡改。企业和求职者可以互相评价,并且评价会被打包写入区块链中。正负评价可以用于计算企业的曝光度和求职者匹配企业的精确度,只体现正负数字,不体现具体的评价,在保密算法下也可避免评价者信息曝光。这样,不良招聘企业的招聘陷阱很容易曝光,从而警示候选人不要投递简历上当。

第二节　绩效管理更具诚服性

第一阶段的人力资源工作应围绕效率展开,人力规划、组织结构设计、招聘选拔、薪酬福利、人才管理、培训发展、优化裁员等工作,都是为了提高效率、优化流程、节约组织成本。第二阶段的人力资源工作,应围绕经济效益展开,专注于人力资源成果,以经济、高效的方式实现人力资源成果。第三阶段的人力资源工作应围绕业务成功开展,提供为业务增加价值的活动,从而保证人力资源的价值。例如,制定有效的人力资源政策、塑建优秀的企业文化、激发员工创造力、改善创新机制,以及吸引、保留优质人才等。

具体到薪酬绩效领域,目前市场存在的痛点如下。

(1)现有薪酬结构合理吗?薪酬如何才能与绩效强关联,合理体现"多劳多得",激发个人潜力和主动性?

（2）不同岗位、不同能力的新老员工，其薪酬存在的差异，包括工资倒挂现象，如何让员工理解和认可？

（3）企业当前的薪酬水平具有市场竞争力和吸引力吗？如果吸引人才的薪酬档位过高，那么企业成本能覆盖吗？如何让员工薪酬福利和企业业务发展深度绑定，提高员工归属感和创造价值，为企业业务发展充分发挥自驱力？

（4）对战略目标达成起重要作用的关键核心岗位上的优秀人才，被有效激励了吗？薪酬激励机制是否不公平、不合理，反而会在员工中引发震荡，带来负面效果？

（5）每个阶段如何调整薪档、薪级？调薪预算如何才可以实现有效分配？如何最大化地发挥调薪激励的作用？

赫茨伯格的"双因素理论"认为，薪酬是"保健因素"。但其实真实、有效的薪酬激励机制完全可以让薪酬变为"激励因素"，其中的关键就是"动态差异"。通过动态差异实现薪酬的激励效果。从六个动态维度定义企业支付薪水的目的和薪酬激励机制设计的关键点。例如，海底捞的激励机制一直广受好评，其评价机制也和"动态差异"的激励模型很相似。我们从六个维度举例，找到达成激励目标的方法。

（1）战略维度：战略澄清，找到关键岗位及激励需求，确保目标能够支撑战略达成。从海底捞的战略来看，海底捞将员工满意度和顾客满意度作为考核指标，打造优质的服务体验。其摒弃了利润率、营业额、翻台率等考核指标，转而将顾客满意度提升到战略层面，始终贯彻企业战略目标：保证顾客满意度、达到品牌建设的目的。除了将顾客满意度作为企业长期战略目标，对员工满意度的关注也是企业战略中不可或缺的一部分，如人才的培养、员工工作积极性等。

（2）平衡维度：岗位价值评估，人员测评与盘点，薪酬回归分析，宽带薪酬设计等。在平衡维度，海底捞根据员工能力差异合理体现收入差距。其薪酬体系、制度充分体现公平、公正、公开的原则，严格根据不同职位、不同能力的差异给员工发放薪酬。

（3）竞争维度：外部数据收集，薪酬竞争性分析，薪酬水平策略等。在竞争维度上，传统餐饮企业的高层管理人员可以设置分红结构，普通员工只能根据企业的经营状况获得一定的奖金，而海底捞的薪酬体系却能提供给普通员工分红权。尽管奖金和分红都是从企业的利润中拿出一部分来激励员工，但分红给予了员工主人翁的感觉。

（4）激励维度：设计合理的绩效考核和奖金关联机制，如薪酬结构策略、目标奖金制、团队分享制、个人提成制和长期激励等，激励员工提升绩效。在激励维度上，海底捞员工的薪酬收入与绩效表现直接联系，并直接参与企业利润分享。

薪酬结构中的奖金直接与绩效表现绑定在一起,员工通过出色的绩效表现会获得先进员工、标兵员工、劳模员工、功勋员工等荣誉,进而获得相应的奖金,而且这些荣誉会成为员工年终评定和今后职业发展的重要依据。客观记录、真实体现,会为员工的"高光时刻"做好记录,激励员工创作更多的价值。

(5)成长维度:设计合理、有效的动态薪酬调整机制,引导员工在职业路径上实现长期发展。为帮助员工成长,海底捞采用多渠道提升薪酬的方式。其薪酬构成是建立在"员工发展途径"之上的,不想走管理路线的员工也能通过评级提升其在服务员这一岗位的级别,从二级员工一步步晋升为功勋员工,功勋员工的总收入能够超越大堂经理,甚至高出自己的领班,并且功勋员工可以享受更多的福利待遇,给予员工充分的薪酬成长空间。

(6)政策维度:清晰各种薪酬激励体系,让各个环节透明;制定薪酬制度,进行内部培训宣传和个人定薪说明等。海底捞的薪酬体系结构分明、清晰可见,每位员工都能够清楚地知道自己当月的收入情况,什么职级获得什么样的薪酬,规则明确,一目了然,避免了上级领导凭主管臆测决定下属劳动报酬的弊病,实实在在做到了薪酬的清晰与一致。

以上固然有很好的分解方法和政策,但动态的差异性所记录数据和分析要点一定要确保客观公正、真实可信。完善管理制度,用科学技术促进、保障管理制度和业务的结合。

多维度的激励,需要有一个工作系统,工作系统中各个维度都会有记录员工在该维度的账本,账本中也会有相关信息记录。

区块链技术的引进,很有可能使激励系统不断进行升级、改善,使所有参与人员都通过区块链来共同维护这个数据库。并且相应的信息交互过程是透明的,还可以在各个维度的数据库中显示出来,体现出区块链不可篡改的特性,形成客观、真实、可信的价值信息。

区块链技术能为薪酬管理带来的变革如下。

(1)区块链可利用智能合约的方式签订合同、期权、绩效执行单,发挥智能合约在成本效率方面的优势,避免恶意行为对合约正常执行的干扰。

将雇佣双方和提供第三方服务的中间方约定的合作条款和各方利益以数字化的形式写入区块链中,利用区块链的特性保障存储、读取、执行整个过程透明、可跟踪及不可篡改。同时,利用区块链自带的共识算法构建出一套状态机系统,促使智能合约高效运行。在联盟链上促使薪酬发放方式改变,薪酬支付和记录方式更加灵活和真实。使用区块链去中心化后,薪酬将不再由专门的部门主观、人测发放,而是由系统根据员工 KPI 完成情况和工作难度,通过加权算法、共识算法,自动确定每个人的薪酬。

（2）去中间商冗余环节，解决发放延迟问题及交易成本过高问题。本质上来说，区块链提供了一个分散和安全的分类账本，允许参与方验证与交易相关的信息，省去了很多中间商专门验证的冗余环节，也协助中间商提高了效率和生产资料的精准度。

区块链支付解决方案可以帮助企业找到更便宜和更高效的向海外汇款的方式。通过电子方式向海外发送工资单支付的常见问题包括由中间商/第三方专项参与造成的过程漫长及手续费高昂、操作不便等外汇问题。

区块链可以通过降低手续费和员工等待时间来降低跨境工资的成本。通过区块链的安全结构，允许企业在世界任何地方即时且安全地发送和接收资金，无须以银行为中介，且不需要支付手续费，可以实时向员工付款。

（3）避免薪酬支付纠纷问题。通过实施可以自动执行预定条款的智能合约来削减管理合同的大量日常任务。在智能合约的帮助下，可以确保只为已完成的工作付款，合同双方的利益都将得到保证，对自由职业者和外包岗位将非常适用。

（4）保证员工薪酬信息隐私安全。智能合约下的薪酬支付，因为不涉及纸质工资单，以及传统中心化的系统薪酬管理平台，将避免人为干预、复制、查看系统信息等风险，既可以保证企业现场信息和员工薪酬信息的安全性，还可以大大提高整个薪酬支付的效率，极大地降低作业成本及人工作业带来的出错风险。对于人才的薪酬数据，也是真实、可溯源的，大大提升了企业人工背调薪酬和人才因为跳槽主观要求更高的薪资的效率和真实度。

（5）PoW 机制对于保障整个薪酬系统的安全性至关重要的作用。这意味着，没有人可以对已做过的工作进行撤销处理，或者对此进行伪造及重新分配。如果组织人员按规则行事，将获得报酬；反之，将失去报酬。在共识机制下，责任将直接分配，并由整个网络的所有参与者共同承担。由于区块链的透明性，那些喜欢不劳而获的人将无处可去，也无处可避。

（6）解决绩效评估人情因素且不可更改。使用区块链去中心化后，每个人都可以通过查看他人账本对他人进行绩效考核（可署名/可匿名），这些信息一旦被记录便不可篡改，因此，企业管理者对其员工进行绩效评估时便有了精确的360°环评依据，不仅能提升员工的公平感，还能提升企业透明度。

（7）区块链创造了激励机制。用激励机制来鼓励人们在透明、开放的环境中做出良好的表现，能够让参与者诚实地工作，其规则将一视同仁。

（8）区块链可能会使员工的"自主主义身份"概念成为现实。因为这些人将对已经由多方验证的数据拥有更大的输入和控制权。简历信息经过上链验证后，工作越稳定、获得企业嘉奖、表彰的次数越多、工作能力表现越优秀、同事评价越高、提供的信息越准确、无不良工作记录（如迟到、上下级关系恶化、受罚、工作失误造成公司重大损失、有性骚扰记录等），员工的职业信用值就越高，这样有利于员工得到招聘企业的信任、好评，更有可能获得好的工作机会和较高的薪酬。

总之，区块链使薪酬绩效管理更具诚服性和自驱激励性！

第三节　内部培训将会更有效

人力资源培训的设置是基于业务，使用专业技能知识和经验培养，打造业务管理者和执行者的能力的。在人力资源培训领域有"70-20-10 法则"，要求培训从业者在 10% 的可能性中创造显而易见的收益。但很多培训从业者迷失在这"10%"当中，没有抓住本质和主要矛盾。如何激发员工 90% 的可能性，在工作和自我训练中就需要依靠管理者的领导力，用"10%"来撬动"90%"才是帮助业务管理者持续出成果的关键。所以，持续提升业务管理者的领导力，回归管理的基本面——资源配置的艺术，夯实其基础技能和能力，将是未来的人力资源大趋势。

2019 年技能竞争力排行榜如图 6.2 所示。

排序	技能	价值	变化
1	计算机视觉	85.1	12.6
2	机器学习	80.9	14.3
3	深度学习	72.4	11.7
4	图像算法	71.9	16.6
5	自然语言处理	69.2	14.1
6	推荐算法	66.2	14.5
7	战略管理	54.8	4.3
8	图像识别	48.7	6.2
9	VC/PE	47.5	0.6
10	区块链	44.9	-0.1
11	加密算法	42.3	8.0
12	图像处理	42.1	12.2
13	数据架构	39.9	3.1
14	系统架构	39.8	1.5
15	人脸识别	39.6	0.8
16	共识算法	36.5	3.9
17	ADAS	35.7	8.3
18	推荐系统	35.6	2.1
19	OCR	35.2	-1.2
20	云计算	34.6	4.5

图 6.2　2019 年技能竞争力排行榜

（资料来源：BOSS 直聘《2020 人才资本趋势报告》）

BOSS 直聘《2020 人才资本趋势报告》显示，在 2019 年竞争力最强的职业技能中，前 20 名几乎被机器学习、区块链、加密算法、共识算法等与前沿科技有关的技能包揽，区块链位列第十。其他软技能虽未进入榜单前 100 名，但它们在职场中同样发挥着重要作用。其中，表 6.1 所示的三项素质型软技能的竞争力排名靠前。

表 6.1　排名靠前的素质型软技能的竞争力

素质型软技能	具体介绍
时间管理力	通过事先规划并运用一定的技巧、方法，实现对时间的灵活运用，从而实现个人或组织的既定目标，是及时完成任务的关键。BOSS 直聘称，近两年越来越多的高管类职位开始明确地将时间管理能力作为一项基本要求
系统性思考力	把认知对象当作整体，拥有清晰的逻辑思维，了解各要素之间的动态关系，能够站在全局思考局部，通过逐层剥离找到影响事物的本质。不少管理类职位将思考力作为求职者能力评定的关键指标
解决问题能力	针对复杂难题找到解决方案，永远是最有价值的技能。即使无法独立得出最优解，也能够借助他人力量，迂回求解问题是员工能力价值的体现

除上述能力外，在 BOSS 直聘《2020 企业人才需求趋势调查问卷》中，雇主最希望员工和候选人提升的素质型能力排行如图 6.3 所示。

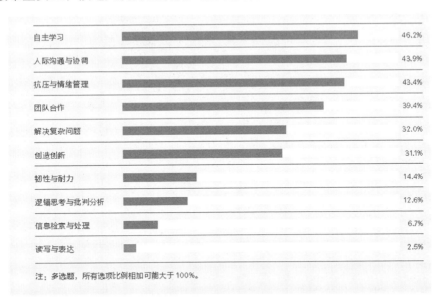

图 6.3　雇主最希望员工和候选人提升的素质型能力排行

（资料来源：BOSS 直聘职业科学实验室）

根据 BOSS 直聘《2020 人才资本趋势报告》，当受访企业被问及"贵公司是否足够重视员工和整个组织的学习能力，并提供了相应的培训项目"时，71.4%的企业做出了肯定回答，14.3%的企业尽管暂时没有培训项目，但表示明年有计划开展。

目前员工教育培训工作中存在很多弊端。

（1）培训内容脱离员工的岗位需求和实际需要。很多培训没有针对性。能带来很好培训效果的培训首先要使培训内容具有针对性，只有培训内容满足员工成长的实际需要，才能具有实效性；针对性越强，往往收到的效果越好。在选择内容上，一定要从员工所从事工作的实际需要出发，他们需要什么就安排什么。要让员工感受到，向他们讲述的内容不是强加于他们的，而是他们所需要的，并且是他们当前必须获得的东西。"不是我要你学，而是你需要学"。

（2）培训讲师为了完成任务而例行公事，干巴巴、没有穿透性的讲解让培训没有吸引力和价值感。很多课程的讲师都是"表演型"的，讲课的老师并没有多少真才实学，内容大多是东拼西凑来的，靠课堂"打鸡血"来忽悠客户。有不少外部培训机构靠电话行销、网络行销大量开发客户，讲的内容都是表面有道理，实际上无法提供系统的、有实效的内容，抄袭严重，原创稀少，劣币驱逐良币。

（3）培训结束后没有考试或考试成绩没有与听课的员工绩效挂钩，无法引起员工的重视。

在培训前，设计培训目标的时候就要知道：为什么要做这个培训、这个培训主要是为了解决什么问题。

基于不同岗位特征的绩效考核结果来设计培训方案，必须先将图 6.4 中的 A、B 点找到，再找到中间差距，这样才能得到最切合实际的培训需求，才能特别"接地气"地做好针对性的定制化培训设计方案。这个培训也自然会和员工的绩效挂钩，从而引起员工的重视。基于绩效考核结果设计的培训方案如图 6.4 所示。

图 6.4　基于绩效考核结果设计的培训方案

（资料来源：徐渤浅谈培训于绩效考核挂钩）

（4）培训结束后，没有继续做好培训效果的巩固工作。有的培训非常生动，但是"深度"不够，培训内容属于"一招鲜吃遍天"，课程只注重效果和形式，学员之间的互动和练习比较少。很多培训结束后，人力资源部门仅完成了培训事件考核的 KPI，但没有做任何的跟进，当部分员工想操作时发现缺少实践的环境，或者培训后方法应用不对但没有得到相应的指导。因为培训者觉得员工后续的发展靠个人，和自己的 KPI 没有太大的关联。要达到好的培训效果，需要对培训者有足够的激励和考核，让培训者可以做到：课前精心设计、课中情景演练、课后营造学习和实操环境。

（5）培训往往是被动性的，缺乏延续性。间断式的培训不能满足员工的动态成长需求，人力资源部门组织的培训往往比较片面，只能满足单点需求，没有形成系统性和连贯性，很难激发员工的积极性和创造性，对增强员工质量意识和提高员工质量能力都是没有帮助的。培训方和受训方，都没有持续性的利益吸引和绑定。

作为保护原创与真实评价的区块链技术，为培训行业带来了希望。培训行业靠区块链技术迎来生产关系变革。在区块链培训联盟生态下，优秀的讲师可以共享，原创课程将受到产权保护。而且学员不再是单纯、被动的学习者。传统培训中的培训机构、培训讲师、课程销售人员、企业、企业学员等市场角色转换成了区块链培训联盟生态中的运营者、服务者、链商、投资者和参与者等五大生态参与体。

在这个生态中，运营者通过积分奖励、鼓励原来培训体系中的培训讲师、课程销售人员、企业、企业学员均参与生态社区，成为链上的利益共享者。仅这一点，就与传统的培训行业有着天壤之别。有了区块链积分奖励机制以后，当积分流动时，每个人手中的积分就具有了不断升值的金融价值。

作为生态中的服务者（原培训讲师），为生态提供的内容越多，就会获得越多的区块链积分奖励，同时其每一次研发都将被区块链所记录。利用区块链的不可篡改性可构建一个可信的供应链溯源体系。

生态体系中最重要的一环是链商，其既是生态裂变的源动力，也是生态体系的最初推广者、共识机制的信奉者与分享者。

投资者在传统的培训中是学习培训的付费方，但在区块链培训联盟生态中，其成为生态中的拥护者，给生态源源不断地注入商业价值，是这个生态体系中的重要一环。

最后一部分是参与者。表面上来看，参与者是参与进来的学习者，但从深层上讲，参与者其实是整个生态中背后最大的"运营者"，他们可以组建自己的学习团队，可以定制课程，让生态围绕着他们运转，他们是使用区块链积分的主力军，他们代表着流通。

另外，区块链对于改善员工培训的意义在于，可精确记录每位员工的工作完成情况、专注度及积极性，从而智能地分析出员工最应接受的培训课程，确保培训的精准性、节省培训成本、提高培训效率；也能客观、真实地记录员工的学习、成长轨迹，对员工的评定和职业规划岗位能力匹配等都有很强的信息参考价值。区块链产业的从业者对于在线知识付费应该不陌生，业内多数讲座、分享活动均以线上形式存在，有效摆脱了时间、地点的制约。

线上培训极大地加速了区块链的普及，反过来，区块链也可以帮助改良在线教育行业。比如，区块链结合互联网信息技术，打造一个专为某行业教育机构服务的平台。互联网使教育机构和用户可以直接进行信息沟通；区块链用于确定并自动执行合作规则。用户和教育机构直接交易，而不再通过某个渠道中介。

在这个解决方案中，区块链应用最核心的部分，就是把利益分配规则事先写在智能合约中。这些规则由各家教育机构共同确定。待智能合约生效、用户付费后，教育机构和讲师之间的收益分配自动执行。教育机构必须进行差异化竞争，专注于某个细分领域，避免同质化竞争。用户为所有教育机构共同所有，每个教育机构因此能够更加有效地触及各自的目标客户。

事实证明，区块链技术确实有能力给各个行业带来颠覆性变革。培训、教育机构一直热衷于采用各类新兴技术，因此在这一波区块链技术的采用、实施乃至研究开发浪潮中自然不会落后。高校人才和社会人才的培训记录信息将来都有可能真实记录在链，区块链将极大地促进人才学习和价值的实现。

第四节　价值创造力评价更加客观、科学

一、区块链与企业组织结构变革

目前，大部分企业，尤其是大型集团企业的组织结构基本上都属于金字塔型结构，普遍存在如下问题。

（1）分工过细、管理幅度较窄，使得管理部门太多、层级复杂、沟通不便、人浮于事。

（2）由于管理部门层级复杂，使信息渠道延长和节点增加，因而企业内部信息传递失真、决策失误，同时决策执行和反馈、共识困难。

（3）组织结构僵化，多点谋划，议而不决，扯皮推诿现象严重，协同困难。

（4）组织结构僵化导致企业对社会、宏观经济、市场需求、技术等环境的变化和发展趋势及竞争态势反应呆滞，因此在运行过程中很难适应变化、力不从心。

（5）企业组织形成超稳态结构，不思进取和变革，一切按部就班，缺乏革新。

在经济迅猛发展的当今时代，企业规模迅速扩大，企业组织结构的问题凸显，严重阻碍企业的进一步发展。如何设计科学合理的组织结构和管理模式呢？

在区块链技术出现后，新的组织结构、协作方式、激励机制成为可能。资本经济模式的激励机制是"多数人贡献，少数人受益"。在过去，公司制对整个社会的进步起到了巨大的推动作用，将整个社会的运转效率大幅度提升。随着计算机、互联网、移动互联网的应用，公司制的成本和效率优势发挥到了极致，同时激励机制的不公平性也达到了极致。比如，消费者也是贡献者，而最大的受益方却是资本方；平台成长为"巨鲸"，参与方与平台地位不对等。区块链使分配机制公平化、规模化。以区块链为基础的社群经济希望达到的目标是，在成本效率保持基本不变的情况下，让激励模型变成"人人贡献、人人受益"。其本质是通过区块链这一技术手段，让更公平、合理的激励机制规模化。当更好的分配机制规模化时，对效率的提高也将是惊人的。

区块链提供激励机制的分布式技术，可在技术层面、组织结构层面、利润层面将一个商业组织社群化。技术层面：将数据、信息等通过加密技术进行分布式存储，杜绝黑客攻击、平台"独占"带来的风险；组织结构层面：改变公司制下股东及其员工封闭式的管理方式，让生态的参与者共同参与项目的运作；利润层面：把中心化组织的净利润分散掉，通过技术手段把利润自动地分配给社群成员。

以区块链为底层技术的组织结构和管理模式，通过分布式记账、Token 激励、智能合约、共识算法等要件，为信息不对称、激励模式不完善等传统企业管理难题找到了新的解决方法，使公众对这项技术的认识得到了长足的发展，比较完美地解决了当代管理学理论着力研究的博弈问题和契约问题。Token 激励将解决"博弈论—机制设计—新制度经济学—激励相容"提出的博弈问题，而智能合约将解决"科斯定理—合约理论—产权理论—交易成本理论"提出的契约问题。区块链提供了一个基础，使基于协商一致原则的社会契约论成为可能，进而从根本上为企业带来组织结构和管理模式的新一轮变革。组织结构和管理模式变革的理论基础如图 6.5 所示。

图 6.5 组织结构和管理模式变革的理论基础

区块链技术的透明度和可靠性可以为企业所有者、管理者及其他利益相关者建立共同的运营标准和合作方式，最大限度地降低信任成本和交易成本，实现零边际成本社会。当信任成为社会的必需品时，企业的组织结构和管理模式必将面临新变革。

具体而言，以区块链为底层技术的企业组织结构和管理模式，可以实现不同节点之间的资源共享、优势相长、相互信任，并通过分布式记账、智能合约等形成一种平等的合作伙伴关系。这既不同于传统组织内部的行政隶属关系，也不同于组织与外部之间的市场交易关系。区块链组织内部人和人、人和组织的协作关系示意图如图 6.6 所示。

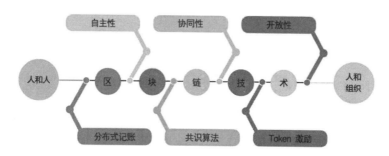

图 6.6 区块链组织内部人和人、人和组织的协作关系示意图

二、利用分布式办公，提高沟通效率

2020 年，我国拉开了分布式办公的序幕，作为分布式的专家，区块链行业势必会表现得更加得心应手。

在新经济形势下，在线工具、协同办公将迎来春天。事实上，百度、阿里巴巴、腾讯、华为、字节跳动、金山等互联网巨头企业均早就在远程办公领域展开了布局。在流量红利逐渐见顶的互联网下半场，远程办公产品已成为各巨头企业涉足 B2B 市场的重要武器，百度云、钉钉、企业微信、华为云 WeLink、飞书、WPS 等正展开激烈竞争。各国远程办公人口渗透率如图 6.7 所示。

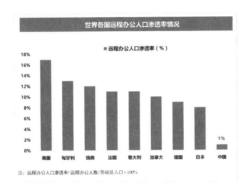

图 6.7　各国远程办公人口渗透率

（资料来源：国盛证券，Mob 研究院）

据咨询机构 Frost&Sullivan 预测，2022 年中国视频会议市场规模将达到 445.7 亿元。艾媒咨询的数据显示，2020 年新春复工期间，中国有 1800 万多家企业采用了线上远程办公模式，共计超过 3 亿名用户使用远程办公应用，按行业细分，主要有互联网、电子商务、传媒、娱乐及金融等行业，而传统的农业、制造业、房地产业则由于线下交易的必要性而无法普及。

腾讯咨询通过过去几年对几百家互联网企业的组织能力调研发现，分布式办公可以解决组织的核心痛点——沟通协作效率。当企业规模达到数百人时，沟通协作效率就会成为员工最大的"槽点"。

这似乎与疫情期间从业人员的体验有很大的出入——疫情期间，远程办公的工作效率受到了很多人的诟病。零点有数公司近期公布的一份调查报告显示，在远程办公的受访者中，有 83.1% 的人表示遇到过问题，其中最大的问题是工作效率变低。如项目的需求评审，以前评审时把大家都集中到会议室，大家可以很方便地把需求聊完、聊透，而现在只能进行多次电话沟通和打磨，人还经常凑不齐，有的人可能同一时间有多个会议，直接降低了沟通效率。在产品测试、写作沟通方面也有类似的问题。

VPN（虚拟专用网）也是一个"硬伤"，做技术的人离不开企业的内网，但远程办公时大家经常连不上 VPN。这主要是因为在被动型远程办公中，用户的习惯尚未养成，短期内无法克服不专注、网络环境不适应，以及流程安排不合理、不顺畅等弊端。不过，远程办公提高了员工的时间投入，在家起床吃完饭就可以投入工作中，节省了通勤时间，降低了时间成本。在线会议更便于记录和回放，需求得以明确传达，也更有助于锻炼员工言简意赅的总结能力和汇报能力。在工作效率方面，业绩必须以任务完成的数量和质量作为评价标准。

远程办公在现阶段只是起到了一个链接的作用，而分布式的精神，显然不止于此。

"区块链不仅是一种技术，更是下一代协作机制和组织形式。"分布式办公应该通过优化组织结构和协作机制来提高沟通效率，促进信息共享，无论是集体办公还是远程办公，都可以以高效的方式进行协作。

目前，分布式办公，或者说分布式商业仍处于萌芽状态，但是我们仍然可以利用区块链的思想和精神，来对目前的远程办公进行优化。比如，在一个区块链系统中，为什么信息能那么透明？因为每笔交易都会向所有节点广播，那么在办公中，尤其是在远程办公中，高频次的信息同步是非常重要的。但是，比特币在进行全网广播时会严重影响其区块链系统的性能和效率，那么我们可以借鉴不同的比特币扩容方案，来增强我们的效率。

（1）链上扩容：每次定时沟通时，需要全面、细致、到位地沟通到每个细节，避免遗漏。一次沟通能够搞清楚的事情，绝不通过两次沟通来解决。

（2）闪电网络：沟通侧重于起点和终点，也就是目标和结果。对这两点要进行非常清晰的沟通，至于中间的过程，不必要的部分可以放在链下处理。

（3）分片：根据不同的工作内容，建立不同的工作小组，各自在小组内沟通必要事项，进行交易处理并行化，防止信息冗余和无效沟通。

进行这样操作，是不是感觉自己的工作更"分布式"了呢？

工欲善其事，必先利其器。分布式办公最基本、最重要的信息同步、远程协同、分布式办公工具，必定建立在区块链共识机制、云计算、5G 数据等新数字技术集群的赋能和创新基础之上。可想而知，拥有分布式办公经验、熟练掌握在线工具，势必成为将来一项非常必要的技能。另外，分布式办公能够催生更多的可量化数据，方便企业记录、量化员工的参与情况，员工所参与的项目数据均上链，"工作量证明""权益证明"也便于管理及评估。

所以，我们要利用区块链从业者的分布式思想，提高分布式办公的效率！

第七章

区块链+市场营销

世界上成功的企业都有惊人的相似之处，那就是始终以顾客为中心，并致力于市场营销。例如，亚马逊、沃尔玛等企业热衷于理解和满足目标顾客的需求，同时激励组织中的每个员工在为顾客创造价值的基础上，建立持久的顾客关系。

区块链作为数字科技的重要组成部分，伴随着密码学技术、分布式网络、共识机制及硬件存储计算能力的飞速发展，通过区块链技术建立跨主体间共识协同机制的条件日趋成熟，既为解决多主体环境下的中介机构信任风险、降低交易成本、提升协同效率提供了全新的、更加有效的解决思路，也为构建去中心化、分布式的商业营销模式，推动新一代可信数字经济生态的构建带来了历史机遇。

目前，区块链技术还处于发展的初级阶段，在市场营销领域的应用和影响还未见深刻。随着时间的推移，区块链技术在市场营销领域的价值将逐渐呈现，必将推进全新的营销新业态。区块链可以让信息更加透明的技术特点，充分尊重了消费者的知情权和选择权，在企业与顾客之间建立起前所未有的信任体系，推动市场营销生态网络变革。这是市场营销顺势而为的又一次创新发展，为生态网络中的各个参与方提供了更具创新价值的营销方式。

第一节　新时代下的市场营销

当下要理解"市场营销"，便不能再从过去的"劝说和推销"的角度出发，而是要站在"满足顾客需求和价值创造"的新视角。广义上，营销是个人和组织通过创造价值并与他人交换价值，以获得其所需、所欲之物的社会和管理过程；狭义上，营销涉及与顾客建立可获利的、价值导向的交换关系。因此，我们将市场营销定义为企业吸引顾客参与、建立牢固的顾客关系、为顾客创造价值，进而从顾客那里获得价值回报的过程。市场营销五步骤模型如图 7.1 所示。

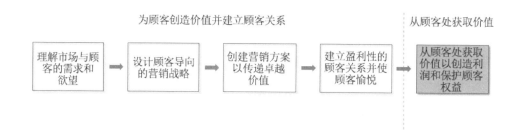

图 7.1　市场营销五步骤模型

如果说 2000—2010 年是中国"互联网时代"的开端，那么在 2010—2020 年，中国从"互联网时代"进入了全新的"数字经济时代"。经过十年的演变，互联网经历了从 PC 端到移动端的转变，互联网媒体形态发生了巨大的变化，互联网内容也逐渐从图文转向长短视频及社交化创造延伸。在新一轮科技革命和产业变革中，我国全面启动创新驱动战略，我国的科技创新步伐正在逐渐加快，人工智能、大数据、区块链、5G 等新技术飞速发展，数字营销环境也产生了全新的变化，移动应用、社交媒体、网络直播、短视频等新思维、新应用、新业态不断涌现，重塑了企业营销格局和媒体舆论生态。人们的信息获取方式、工作方式和生活习惯也随之发生了颠覆性的变化。

通过数字技术，打破空间和地域的限制，实现了人与人的数字连接，传统的市场营销模式不再能够满足现有市场的需要。目标顾客划分越来越细化，边界也越来越模糊，原有熟悉的传播方式逐渐被颠覆，新营销形态正逐渐形成。新时代下的数字营销孕育而生，数字营销、内容营销和智能营销等都将成为现代市场营销的必然趋势。新市场营销模式与传统的市场营销模式如图 7.2 所示。

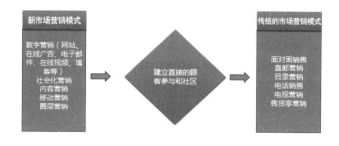

图 7.2　新市场营销模式与传统的市场营销模式

一、数字营销

近年来,以互联网和大数据为核心的商业模式正在颠覆和影响着各个产业生态,众多企业在数据化浪潮中加速整合。数字经济时代下营销产业的发展蕴藏着无限可能,数字营销是一种以数据驱动的新兴市场营销手段。借助数字化信息和网络媒体的交互性,市场中诞生了一批优秀的数字营销企业,如阿里妈妈、蓝色光标、索象中国、数知科技等。据《消费日报》报道,全球数字营销平台 Batmobi 发布了《2020 年度中国数字营销公司排行榜》,该榜单采用主客观数据相结合的评价模式,根据参选数字营销公司的线上营销能力、创新能力、广告技术、广告主口碑、团队能力五个方面的表现,对中国地区超 300 家数字营销公司的竞争力进行了专业测评,如图 7.3 所示。

2020年度中国数字营销公司排行榜
RANKING OF CHINA'S DIGITAL MARKETING COMPANIES IN 2020

排名	名称	线上营销能力	创新能力	广告技术	广告主口碑	团队能力	综合评分
1	蓝色光标	98.31	97.15	95.12	96.02	94.11	96.142
2	索象中国	96.54	95.33	92.69	92.36	90.91	93.566
3	科达股份	95.85	93.12	92.74	93.58	88.21	92.7
4	华扬联众	90.33	90.91	90.85	92.36	87.13	90.316
5	数知科技	88.58	88.21	88.65	88.02	89.68	88.628
6	杰尔鹏泰	90.11	87.92	89.74	89.79	85.03	88.518
7	中昌数据	87.25	87.13	85.25	85.63	84.95	86.042
8	华谊嘉信	90.33	89.68	85.96	82.96	80.66	85.918
9	思美传媒	88.47	85.03	82.66	89.33	83.74	85.906
10	佳云科技	82.14	80.25	78.31	81.96	81.58	80.848
12	OMD(含阿迈)	84.58	79.96	77.22	80.47	79.66	80.378
11	腾信股份	80.35	81.74	80.58	80.36	77.22	80.05
13	深大通	86.45	82.12	80.65	75.22	74.12	79.712
14	麦达数字	81.15	79.93	80.25	75.32	80.51	79.432
15	派瑞威行	80.26	80.36	79.11	77.04	80.11	79.376
16	好耶	79.22	78.25	77.85	79.66	80.58	79.112
17	群邑中国	79.63	82.04	74.85	75.85	75.36	77.546
18	互动通	76.87	73.69	80.96	72.85	70.71	75.016
19	英飞拓	78.96	72.25	70.88	74.12	69.66	73.174
22	奥美	79.15	78.21	71.42	75.25	60.23	72.846
20	麦肯销	75.39	71.93	73.96	71.08	71.32	72.736

图 7.3 《2020 年度中国数字营销公司排行榜》

如何界定数字营销?数字营销以大数据、社群、价值观营销为基础,企业将营销的中心转移到如何与消费者积极互动、尊重消费者作为"主体"的价值观念,让消费者更多地参与营销价值的创造。在数字化链接时代,洞察与满足这些链接点所代表的需求,帮助客户实现自我价值,就是数字营销所需解决的问题。它是以价值观、链接、大数据、社区、新一代分析技术为基础造就的，通过信息洞察寻找客户，通过客户管理培育情感，通过渠道触达连接客户，并在线上交易与转化，最终实现黏住客户的营销手段。

现在的数字营销已经从早期的门户网站的单纯的文字、声音、影像投放，发展为以深挖客户需求为目标的、企业高效推广的重要手段。数据挖掘分析的技术已得到验证和应用，也为互联网营销创造了更多的价值挖掘空间。一方面，5G时代和大数据技术带来的技术升级，为精准的数字营销发展提供了肥沃的土壤，撼动着传统营销市场的霸主地位；另一方面，随着互联网媒体资源的不断集中，利用互联网进行营销，可以收集受众多维的数据，从而获得精准营销所需的资源。凭借着数据挖掘、文本分析、人工智能等技术，数字营销通过根据受众的年龄、性别、浏览习惯等各个方面的数据，建立受众画像，替代以往粗放的营销方式，这些是传统的营销服务商难以比拟的。

利用数字营销深层次挖掘客户需求，需要聚焦在四个维度：①针对对客户信息的洞察，了解客户的需求并识别数字营销服务产品的目标客户；②渠道的可触达，通过合理的渠道去触达目标客户；③通过丰富的内容运营，让触达到的客户产生兴趣；④通过技术化的手段实现线上交易，交易后持续服务和运营，让整个服务形成闭环。

数字营销的时代已经到来，我们需要学会用数据去洞察消费者真正的需求，让营销策略转变为以消费者为中心的策略。同时，企业要学会打开产品流量，利用新媒体平台产生更多优质内容。

二、内容营销

说到内容营销，我们很容易联想的是海报、H5、抖音小视频等。当然，这些都是内容营销的表现形式，其真正的核心在于"内容"本身，而做好内容营销的关键在于做好"有价值的内容信息"。通过内容传递，企业能理解客户需求并愿意与客户建立某种情感联系的意愿，这是消费者感兴趣的内容；而且通过这些内容促进消费者购买的营销才是内容营销。

顾名思义，内容营销就是品牌通过创建和分享有价值的内容来吸引客户，并以图片、文字、动画等介质将有关企业的相关信息传达给客户，从而促成销售的营销活动。伴随着消费的社交化，社交媒体已逐渐成为人们获取消费信息、了解产品好坏并决定最终消费的重要渠道。而在产品选择日益丰富、流量红利逐渐消逝的背景下，品牌和产品的差异化更加需要借助内容来凸显，内容的创造和输出能力已然成为品牌新的核心竞争力。一方面，在这个消费升级的时代，品牌营销以消费者为中心，而消费者购买产品时越来越侧重于产品的体验、情感附加等；另一方面，年轻化的消费主体正渴望接受能与之共鸣的表现方式。我国是拥有世界上最庞大的"Z世代"（指受到互联网、即时通信、短讯、MP3、智能手机和平板电脑等科技产物影响很大的一代人）的国家。研究报告统计显示，"Z世代"占我国总人口比例的25%，已经成为新一代的消费主力，"Z时代"对于新事物的接受能力、尝试愿望会更加强烈，年轻的消费者在接受了网络文化的"亚文化"教育之后，作为新兴消费主力军，他们对于传播过程中的"内容"更加敏感，更容易为自己共鸣的内容"买单"。

近几年，"IP"是一个热词，从"大国工匠"到"舌尖上的中国"，从国家、企业到个人都在积极进行IP营销。IP既可以是人，也可以是物，甚至可以是一种价值观、社会心态和精神内核。多数企业家打造个人IP，类似于格力空调CEO董明珠利用个人IP为企业"打Call"的形象宣传例子比比皆是。企业品牌进行以IP为中心的内容营销，无非就是两种形式，即创造IP和与热门IP合作。在内容营销时代，热门IP的代表"李佳琦""李子柒""papi酱"等KOL（关键意见领袖）的影响力不容小觑，"网红"李子柒自行制作的美食视频在全网播放量超30亿次，微博粉丝数近3000万，被央视等主流媒体所赞誉。李子柒创作的作品是典型的内容营销，并与"文化输出"联系在一起；央视新闻评论李子柒：没有一个字夸中国好，但她讲好了中国文化，讲好了中国故事。当然，好的营销必须以优秀的产品为基础，内容营销最终归属于情感营销，情感即内容，能否与消费者产生情感上的联系，或者激起消费者的情感波动，将会是消费者决定是否买单的重要因素。

在信息大爆炸的时代，单纯依托渠道投放、"硬广"的展现已成过去式，优质内容传播早已成为品牌营销的主流趋势。品牌创造内容的目标也并非定位式的硬性灌输，而是追求与消费者的精神共鸣。这一点全然不同于传统的品牌打造方式。

三、智能营销

Gartner发布的《2018十大战略技术趋势》报告指出，人工智能将在改善商业决策、推动商业模式转型及重塑消费者体验三个方面发挥重要作用。以算法为基础的智能营销已经是广告营销界常用的工具。如何理解智能营销？智能营销就是以电子技术与互联网为平台，企业所有的市场营销活动的系列营销环节，如市场计划、产品设计生产过程、销售管理、顾客服务等，都通过人工智能系统进行控制与管理，从而减少营销过程中的差错，并及时收集、处理营销过程中的信息，形成对市场的快速反应能力的营销方式。

在未来，智能营销不仅会出现在互联网和手机端，也将触达传统的电视、户外等传统广告渠道。现阶段人工智能在营销中多用于基础工作，如人工智能替代传统的文案、设计，制作出个性化的广告营销视频；未来，智能营销将有机会侧重于"超级客服"，可以随时随地挖掘并满足消费者多样化的需求。当市场营销搭上人工智能，不仅能够提升人们的消费体验，更能帮助企业挖掘自身的数据价值，真正赋能企业，使其在数据经济时代掌握数据、分析数据、运用数据的核心竞争力。

智能营销将科技作为营销的"噱头"和工具，可以让消费者在瞬间体验的同时产生"微时刻"的购买冲动，这是所有营销手段最终想要达到的目标。阿里巴巴前几年就开始使用 VR 虚拟购物和 AR 扫描找红包，通过这类营销工具让消费者感受沉浸式的购物体验。例如，宜家使用 ARKit 开发了 AR 应用 IkEA Place，这个营销工具推出后对于现场产品成交有很大的促进作用，对于想购买宜家家具的消费者来说，最惨痛的经历就是看重的家具买回来却发现与家里的风格不搭。宜家开发的这个 AR 工具，可以让消费者通过手机屏幕看到家具摆放在自己客厅里的效果。目前，人们可以在这款应用中选择宜家的近 2000 种产品。同时，腾讯在市场上推出智能营销云，其中人工智能的"戏份"颇重，人工智能在腾讯智能营销云上实现了两个创新能力，一是通过更多的数据和更好的算法来继续提高营销精准度；二是利用图像识别、语音识别和自然语言处理（NLP）技术实现包括视频、图片、语音在内的更丰富的传播媒介，在智能化互动体验上也有很大的创新空间。

营销的本质是了解消费者的心理，从而做到影响消费者的行为。即使营销模式在不断创新，但其本质是不变的，改变的是影响消费者做出购买决策的链路和依据。消费者的决策过程不是单一的直线，而是蜿蜒曲折的动态过程，这个过程没有一成不变的规律。我们需要做的是迎合消费者不断变化的消费需求，改变固有的思维方式和营销手段，真正做到以消费者为中心；洞察消费者的心理，影响消费者的行为，为满足市场和消费者的需要打造千人千面和千时千愿的新营销模式。

四、不可忽视的营销痛点

在移动互联网时代，交易和认知在时间、空间上逐渐一体化。新的营销模式虽然为企业的发展带来了机遇，也改善了传统营销模式下存在的问题，但依然存在着不可忽视的营销痛点。

1. 无法杜绝的作弊利益链条

在现实生活中，人与人之间的社交互动都基于信息传播。信息量越丰富，传播效率越高，正因如此，信息量更高的交流形态也逐渐变得主流，从文字、图片演变到视频、短视频、直播，社交平台承担着聚集资源、间接孵化"网红"的作用，平台的影响力使其处于强势地位。流量成为一个社交平台的核心竞争力，造假事件随之而来，如粉丝数量、评论量、转发量、改销量、处理中差评等服务等。在网络直播市场中，虚假粉丝和销售普遍存在；市场上也有第三方的数据公司，专门为机构或个人提供专业直播间数据包装服务，展示虚假的在线人数和粉红。

2. 个人隐私侵犯问题日益凸显

在如今的大数据时代，似乎每次消费者在社交媒体上发布一些信息或访问一个网址、参加抽奖、申请一张信用卡、通过手机或网址预定产品，他们的名字就可能进入某家企业的数据库中。利用系统的大数据分析技术，企业能够通过数据挖掘使其营销活动更加精准，但可能侵犯消费者的隐私是目前营销行业面临的最棘手的问题。消费者通常会从数据库营销中获得便利——他们会接触到更多与其兴趣相匹配的产品。在某些情况下，数据库的过度使用容易侵犯消费者的隐私，尽管消费者通过数字和社交媒体分享个人信息与偏好的意愿正在增强，但他们仍然存在这些担忧，从内心深处抵触个人隐私被商业挖掘。

3. 流量受限于第三方平台

无论是阿里巴巴、京东这类传统互联网商业巨头还是拼多多、云集等社交电商平台的崛起，或者是抖音、快手、直播带货等新的消费场景的出现，零售行业的运营模式都表现出明显的"圈层"属性，这些"圈层"属性的流量很大程度上都受限于第三方平台机构。对于零售商来说，平台化发展实现了场景迁移与效率的提升，流量始终是商业生态中的最大短板。如何将原本集成化、中心化的产品及服务精准地渗透到多元化的消费场景中成为市场营销的关键所在。

新经济下的市场营销展现出多维的形态，数字营销是数字时代媒体传播的产物，内容营销是精准化的口碑营销。无论是数字营销、内容营销还是智能营销，营销方式各有特色，彼此交叉并行。当前经济背景下有着与传统经济不同的经济形势和特征，企业的营销战略要在新思维的指导下制定与执行，这也要求企业的营销活动形态要区别于传统的市场营销行为。

第二节　区块链技术创新流量革命

　　市场营销过程最初的四个步骤集中于为顾客创造价值。先通过调查顾客的需求和管理市场营销信息获得对市场的全面理解；再以基本问题回答为基础，设计顾客导向的市场营销战略。这个基本问题就是"我们为谁提供服务"，即获取顾客信息，并在研究和管理市场营销信息及顾客数据的基础上，进行市场细分和目标市场的选择。

一、互联网时代下的流量困局

　　20 世纪 90 年代，流量来自线下门店，位置好人流量才会大，商家的竞争主要在于占领商圈、旺铺和好地段。互联网出现后，尤其是移动电商出现后，线上流量开始大量冲击传统线下零售渠道。我国网络购物交易规模逐年扩大，且趋势明显。截至 2018 年 12 月，我国网络购物用户规模达 6.10 亿人，较 2017 年年底增长了 14.4%，占整体网民比例达 73.6%。2018 年，我国网络零售市场规模持续扩大，全国网上零售额突破 9 万亿元，其中实物商品网上零售额为 7 万亿元。2019 年，我国网络零售市场规模突破 11 万亿元，网络流量已经成为企业或商家获客的主流渠道。

　　对于互联网流量，我们一般用 PV（页面浏览量）和 UV（独立访客量）来界定。不同于线下人流，线上流量来源大致分为三种：企业自有流量（官网、App、微信、CRM 等）、媒体内容流量（媒体、自媒体）和广告采购流量（各类型广告，如搜索竞价、信息流、视频贴片等）。面对流量，现阶段的企业普遍面临着诸多不可避免的问题。

1. 流量假

　　当今社会流量造假早已成为"皇帝的新衣"，2019 年下半年，国内营销界发生了一件受人关注的事件：甲方委托微博某流量头部机构做推广，结果产品获得了 353 万次的观看量、上千条评论、上千个点赞，但实际交易量为零，被引进甲方店铺的流量也近乎为零。2017 年，某产品的一则"神"广告在一周内阅读量超过 3000 万次，形成现象级效应；但其"3000 万+"的阅读量转化率不足 0.0008，这引发了营销人士的思考：在如今纷繁复杂的传播形式下，广告带不来销量，是该质疑流量的真伪还是新媒体的效果？企业方不再满足于品牌的刷屏和简单的

"10 万+"的阅读量，而是希望做到"叫好又叫座"，在移动互联网上实现闭环购买，借助广告带来流量的真实提升和销售的快速增长。研究表明，只有不到 60% 的网络流量是由真实人类贡献的，甚至有些时候存在虚假流量比真实流量还要多的情况。流量理应是互联网上最真实的存在，是可计数、可跟踪、可验证的，是社交平台广告业务的基础。

2. 流量少

在传统的市场营销中，企业信奉"渠道为王"，渠道即连通生产商和最终消费者的媒介，有了销售渠道，产品才会被用户看到，并售卖到最终消费者手中。在互联网上，流量实质上扮演了渠道这一角色。在互联网上销售产品，没有流量甚至没有人知道你在卖东西，更不知道你卖的是什么。流量本质上代表着消费者的注意力，代表着用户关注度。尤其是在这个"信息过剩"所导致的"注意力缺失"的时代，高关注度就意味着高知名度；知名度越大，在商业运作过程中，消费者买单的概率就越大。

互联网时代刚开始，流量犹如散落在地上的秋日落叶，企业随时弯下腰就能够捡起来。现如今的流量已经不是那么容易获取的了，自然流量已被收割干净，企业在网上获取自然流量犹如在冬天去摘一颗"秃顶"的树上的叶子。即使企业开通微信账号、头条号等，不加以运营也很难获得"粉丝"的关注，很难提高转化率；即使花钱购买优质流量，优质流量也会越来越少；争夺流量的红利期早已过去，头部的移动互联网巨头已经形成，进而形成对剩余流量的进一步控制和吞噬。如果说在流量红利时代，流量就是用户，那么当下争夺流量就是争夺用户的有限时间。目前，以微信、抖音、钉钉为代表的众多 App，实际已经抢夺了用户的大部分时间，留给其他 App 的机会并不多，它们只能在垂直人群或应用场景里寻找发展机会。

3. 流量贵

这几年，多数互联网平台的思路是"砸钱先把流量吸过来，再考虑变现的问题"，直接导致互联网流量的争夺以"烧钱"为前提，最后不得不向互联网巨头平台请求资本支持与站队，加剧了流量汇聚到巨头平台的速度，流量获取成本只增不减。同时，这几年流量增速放缓也是导致流量贵的一个直接原因，增速放缓后的流量成为稀缺资源。各平台流量源的垄断，导致流量费用及获客成本的持续攀高，这已是创业品牌和互联网营销的第一大痛点。以新闻、电商、搜索类网站为例，如新浪、搜狐、淘宝、百度等，几乎垄断了 PC 端 80% 的流量，转化成本不断增加，其他企业只能在巨头企业制定的流量规则下被迫合作。

根据网络公布的数据，2016 年，拼多多新增用户的获取成本为 10 元/人；2017 年，其为 17 元/人。2016 年，微信入口支持的京东平台的获客成本为 142 元/人；2017 年，其为 226 元/人。2016 年，唯品会的获客成本为 185 元/人；2017 年，其为 516 元/人。拼多多的获客成本比同样获得微信支持的京东和唯品会的获客成本低了一个量级，这成为拼多多迅速增长的引擎，而现在微信流量红利结束，拼多多的获客成本猛增。数据表明，2018 年，拼多多的获客成本急剧攀升到 102 元/人。其中，第四季度的营销费用为 60 亿元，新增买家为 4200 万人，获客成本高达 143 元/人。自媒体的成本同样昂贵，一篇"大 V"（获得个人认证、拥有众多"粉丝"的微博用户）写的"软文"，普遍以 5 万～10 万元起价（部分超 V 账号，合作价格已超 100 万元）。但更多时候，可能一篇"10 万+"的文章，带来的最终成交不会超过 100 单。对于企业来说，流量从必需品变成了奢侈品。由于线上流量的减少和价格的疯涨，企业不得不加大成本投入来寻找流量上的突破。无论是社群营销、CRM 营销、线下门店（包括新零售）、传统广告（如分众电梯、广播、院线贴片等），还是古老的"人肉"地推，都成为挖掘流量的手段。

4. 流量困局

随着流量红利的消耗殆尽，线上低成本流量已不复存在，流量欺诈问题屡见不鲜，越来越多的互联网企业深陷流量困局。然而，企业和品牌对于实际效果的要求越来越高，甚至到了苛刻的程度。在流量变贵之后，企业如何保持增长是广大 CMO（首席营销官）面临的重大课题。

基于流量成本的剧增和市场增长的切实需要，企业内部数据和用户标签的 Mar-Tech（营销技术）正在挑战外部广告企业的 Ad-Tech（广告技术），广告技术化和甲方去乙方化都成为趋势，营销技术不再是问题，技术与营销快速结合实现移动终端的交互系统和数据收集，在有限的、越来越珍贵的流量中，利用技术对流量进行精细化挖掘与转化。

二、区块链技术带来一场全新的流量革命

1. 高度开放共享，流量数据安全便捷

在市场营销中，企业首先要了解消费者的行为习惯和挖掘消费者的潜在需求。现阶段的消费者行为研究数据收集，基本上依赖于权威监管部门和高流量的第三方平台。但在区块链技术下，一切都将可能不同。

区块链由于使用分布式核算和存储，不存在中心化的硬件或管理机构，任意节点的权利和义务都是均等的。通过公钥和私钥的设置，区块链网络将整个金融网络中的所有交易账本实时广播。任何人都可以通过公开接口查询区块链数据和开发相关应用，整个系统信息高度透明。当然，账户身份信息是高度加密的，只有在数据拥有者授权的情况下才能访问到，数据安全和个人隐私具有很强的保障。这使得消费者数据的提取和研究变得更加便捷和高效。

2. 突破平台限制，流量获取无国界化

尽管互联网已经实现了全球的信息联通，但它构建的只是信息网络，而区块链技术因其高度的安全性和可信任性，在价值网络上模糊了本地和全球的界限，促成不同个体和空间之间的信息传输与交易执行。跨时空支持几乎实时推动着市场推广和产品定价的调整。区块链技术可以改变商业交易模型，从曾经绝对的中心化或平台的锚定化模式，转换为点对点、双向互动的交易模式，空间、地域、交易平台就变成相对次要的选择，流量数据获取也将变得更加无国界、无时限、无差异化。

3. 实现流量确权，打通数据共享共建

数据是企业宝贵的资产，企业往往因特别在乎经营数据保密性而不敢轻易和别人共享自己的数据，担心由此出现商业机密泄露和客户资源流失，但又希望能够共享他人的数据，这成为企业发展中的矛盾点。由此可见，数据孤岛是数字营销的一大痛点，不管是企业的 CRM 数据，还是广告平台、代理、媒体的投放数据、用户数据，抑或是第三方的消费、搜索等行为数据，在数据交换的法律法规不完善、开放数据时权益无法保障的情况下，数据开放很难推进。现在，一些供应商尝试使用区块链记录交易数据，结合其可溯源、可确权的特性，数据所有者能够确切了解其合作伙伴获得了哪些可用数据资产，以及何时获得的、怎么使用的，并从中获取数字激励，创造数字价值。

由于产业链各方都担心数据泄露，DMP（数据管理平台）自己做 DSP（需求方平台），DSP 自己做 DMP，整个行业迫切需要更好的协作，而区块链技术有助于解决这一难题。行业的数据围墙通过区块链技术，能为各个商家提供一个去中心化的、安全透明的数据交换平台。例如，小米公司研发了基于区块链技术的营销解决方案，为了更好地保证企业数据的安全和用户隐私，还提出了 Data Onboarding（数据打通）解决方案，并与多家国际/国内品牌进行了内测。

4．多渠道创新获客能力

随着区块链技术的日益发展，不少传统企业投入大量资源研究区块链与传统产业在业务层面的合作创新，即让区块链在产品业务场景化拓展过程中扮演新的角色，推动产品服务创新，争取更大的获客机会与空间。

例如，保险公司不仅销售保险，还深耕汽车后市场新业务，按照行驶里程数向驾驶习惯良好的车主赠送一定额度的积分，这些积分不但可以兑换养车服务，还能抵扣车险保费等。在客户得到更多实惠的同时，保险公司拓宽了获客渠道，提升了客户体验，市场竞争力和市场份额优势进一步凸显。此类产品的诞生，恰恰得益于区块链拥有一个高安全系数的公开数据库，让保险公司能更好地结合积分奖励进行风险定价。再如，某互助保障平台应用区块链技术，推出产品"××抗癌互助医疗计划"，该计划涵盖 111 种大病的互助保障，每位参与者预存 10 元即可加入，每次互助事件每个用户账户扣取费用不超过 3 元，患病用户最高能获得 30 万元的互助金。参与用户越多，单个账户均摊扣费就越少。传统互联网技术主要提供信息传输，参与者无法识别用户的真实患病状况、是否满足互助要求，对互助资金流向也缺乏了解。引入区块链技术后，如果有参与者患病需要互助保障，那么每个参与者通过区块链都能看到自己与其他人各自分担了多少费用，了解患者是何时加入互助医疗计划的，而且这个出资数据是不会被篡改的，有效地解决了记账、数据传输、认证、合同执行过程的信任问题，在很大程度上规避了各种信用风险，推动互助保障的整个操作流程更加透明与合规。

5．确保个人的数据隐私防护

除了数据交换，对于数据本身，由于密码学和区块链的信任特性，变得可由个人掌控，确保个人数据的隐私防护，也促使个人更愿意和更容易进行数据交换。借助区块链，去中介化直接营销可以越过"巨无霸"营销网络而变成一个超级平台。通过区块链技术实现对用户自身隐私的保护；同时，用户不用再忍受无处不在的广告，也不用再为了屏蔽广告而额外花钱。假设用户使用区块链架构的浏览器，就可以只公开其愿意公布的数据，可以主动维护自己的身份档案。在登录匿名的交换网站时用户可以自动登录，"互联网 ID"会像一个"身份钱包"一样存储在浏览器里并被区块链认证。交易的信息只有用户自己能看到，除非用户授权，否则网站的发布者无权知晓用户的身份信息。这意味着用户能完全掌握自己的身份信息。既为数据交换提供了安全保障机制，还能保护用户自身的隐私，这对于用户及数字营销行业来说无疑是双重利好。

第三节　区块链技术驱动广告生态变革

一、互联网广告存在的问题

目前，互联网技术早已席卷全球，渗透到各个领域中，与此同时，互联网广告也取得了飞速的发展。互联网广告虽然可以带来大量的流量，但也不可避免地存在着诸多问题。互联网广告主要借助于搜索引擎、门户网站、电子商务平台等媒介，随着移动客户端的发展，广告主开始利用微信公众号、视频直播及各种新闻资讯 App 等进行广告宣传，互联网广告形式和内容形态日趋多样。而互联网广告涉及面广、种类繁多、覆盖面大、内容不断创新等特点，增加了行业治理和辨识难度，消费者对广告的认可度日趋降低。

1. 虚假广告泛滥成灾

虚假广告不仅会对消费者的生命健康产生危害，也会对社会产生不良影响。互联网虚假广告是全国广告治理的重点，也是广告监督管理的重要领域。相比传统广告，互联网广告具有互动性、针对性、目标性、多样化等优势，部分经营者却利用这些优势捏造事实、传播虚假信息，使广告内容或服务缺乏真实性，甚至诋毁竞争对手，损害其产品声誉和商业信誉，违背了商业诚信与公平竞争的原则。

2. 广告业竞争乱象，缺乏有序治理

部分企业利用超链接技术，让消费者跳过竞争对手主页直接访问本企业网站的内容，减少竞争对手网站主页的浏览量；直接模仿、抄袭他人的内容，甚至直接将竞争对手的网页内容作为自己网页内容的一部分，据为己用，达到以假乱真的效果。对于广告业存在的这类恶意竞争的乱象，目前除了阶段性净网整顿，还缺乏持续性的有效治理手段。

3. 营销广告成本居高不下

在传统的互联网广告生态网络中，广告主、媒体和用户之间由于互不信任，增加了许多不必要的中间环节，包括广告验证、数据监测、数据管理、广告拦截、采购交易等，这些都是为了达成多方信任而加入的环节，导致传统互联网广告的

信任成本剧增；广告安全验证公司 Adloox 的数据显示，2016 年由机器点击广告产生的虚假流量为广告主带来高达 125 亿美元的损失，在广告投放过程中，每天的虚假流量占比最高可达 31.7%，而这些虚假流量的营销广告成本居高不下，最终会转嫁给买单的消费者。

二、基于区块链技术的广告场景应用

针对互联网广告存在的弊端，应用区块链技术能给互联网广告行业带来效率的大幅提升，打造一个透明的互联网广告生态环境。

1. 实现广告费用的最佳价值创造

在互联网广告领域，中间商是促使买卖行为发生和实现的重要组织或个人，广告主需要为中间商的服务支付高额的中介费。广告主或广告发行商为了节省成本、获取最大利润常常试图切断中间商，以减少广告成本，获取最大价值。另外，广告发行高通常采取的是利润驱动型的操纵方式，在机器人或雇员的统计数量不断激增的情况下，广告主很难获得广告流量统计数据的准确性。

由于区块链具有透明、不可篡改的特性，广告主可以清楚地了解观看产品广告的目标受众，以及获得精确的广告流量统计数据，而不必通过多层中间商呈现广告信息，节省了大量的广告投放成本。区块链技术进入互联网广告领域，不需要对广告中间商做特别要求，它可以使广告主和广告发行商直接进行交易，没有广告交易平台的组织或个人也可以从中获利，广告主或广告发行商能够根据用户在观看广告时所花费的时间和"精力"来计算付费，这就意味着广告主或广告发行商可以获得广告费用带来的最佳价值。

2. 智能合约实现精准营销

在群雄逐鹿的互联网广告生态网络中，尽管可以采取广告联盟的方式，但一些流量不足、实力不够雄厚的媒体平台难以分得一杯羹；另外，一些广告主的实力强大，却没有按时交纳广告代理服务费用，使得广告代理商的权益得不到有效保障。区块链智能合约是一种使用预先设定的代码规则促使商品或服务进行交易的自动执行的合约。通过智能合约，建立固定的结算规则，增加交易透明度，降低手续费用，消除由于违背合约而产生矛盾和冲突的可能，以实时结算的方式解决纠纷，使各方的合法权益得到保障。

区块链技术的智能合约可以实现精准营销，高效捕捉目标用户，当用户选择"向我传播或展示广告信息"时，才能看到广告内容。用户看到广告信息后，意味着合约生效,广告主就会把费用直接交给流量主,即广告信息获得了精准传播,降低了企业运营成本。由于智能合约是即刻生效的,广告主的钱自动减少,"流量主"的钱会相应增加,这就避免了刷单和恶意点击的现象,既能保证广告主的权益,也能保证用户不被广告骚扰。

3. 建立可信任的广告生态网络

在互联网广告生态网络中,广告主每年都会由于虚假流量而支付高额的广告费用,流量作弊通常隐藏在不透明的广告供应链当中,相关部门和广告行业一直致力于监管和打击虚假作弊流量,但没有取得明显的效果。区块链技术从本质上来说是一个可信且可共享的公共账本,由参与者们共同维护,所以它被称为"信任机器"。对其进行监测和管控,可提高信息内容的可信度。

使用区块链技术会让广告生态网络中各方的作弊成本高于信任成本,若用户点击欺诈则会被系统判定为恶意用户,会被广告主筛除过滤,区块链上的透明数据也可以帮助广告主判断用户点击广告后的转化率,直接避免机器刷量产生的广告欺诈问题。广告主如果发布虚假广告,则用户可以通过投票的方式没收其在智能合约内抵押的资金,违约成本非常之高;媒体平台也可以借助区块链技术聚合用户身份认证、支付信息、过往交易记录,建立一个抗干扰的评价生态系统。

区块链技术并不是通过消除一切广告欺诈行为来解决问题的,而是通过低成本的方式解决多方信任的问题的。依据公开、透明的区块链技术,降低传播链路中的信息不对称,从而构建一个可信任的广告生态网络,使消费者对企业产生信任,有利于企业树立良好的品牌形象。

4. 保护用户隐私,实现数据价值最大化

在传统的互联网广告生态网络中,观看或转发广告并没有给用户带来任何收益,多数用户选择使用屏蔽软件屏蔽广告,用户对广告产生正面排斥,广告投放效果变得越来越差;同时,用户的行为数据被各类媒体平台控制,隐私权无法由用户自己掌控。区块链技术允许用户掌控自己的数据,通过为每个注册用户设定唯一区块链账号保护个人隐私,用户可以有选择地授权隐私使用范围,只接收与自己相关的广告推送,实现数据价值的最大化。个人绑定的社交数据越多,记录在区块链上的数据信息就越丰富,可信度就越高;区块链系统会依据数据贡献度给每个用户评级,计算相应的贡献分。每个用户在社交网络上关联他人,每一次观看广告、转发广告及进行内容创作都会被区块链记录,并给予相应的奖励;广

告主依此更容易对用户进行画像及贡献排名，并将其和品牌进行匹配，获得更为可信的投放效果。

同时，区块链技术还可以将相同的数据块分别保存到所有节点，实现可信数据源的协作。区块链广告平台中产生的大量用户行为数据和广告效果数据都是可以进行跨媒体比较的，方便广告主追踪媒体质量。广告主在投放广告过程中通过发放数字货币，可以收集用户活跃度等实时数据，从而获得真实可信的、方便横向比较的广告投放效果数据。区块链可以通过智能合约设定用户及媒体获取数字货币的规则，并且贯穿注册、观看、点击等一系列流程。由于区块链技术具有公开、透明、不可篡改等特性，直接规避了流量作弊行为，提升了媒体广告的价值及投放效果。

应用区块链技术之前，用户最反感的互联网内容就是各种各样的广告，通常会采取一些方式屏蔽广告，这既影响广告的投放效果，也可能导致用户的信息被泄露。应用区块链技术之后，既保障了用户的隐私权，还可以对用户的行为数据和广告效果数据进行跨媒体比较，广告主可以主动掌握各媒体广告最真实的投放效果。

三、区块链技术驱动广告生态网络的变革

区块链技术为广告生态网络中的广告主、代理公司、媒体及用户等多方参与主体提供了一种新的合作方式，每个参与主体的所有贡献都会通过分布式账本记录下来，通过智能合约达成共识，实现公平透明的分配。区块链共识机制将促成许多自治组织的形成，并由那些产业链中能够满足共同需求的多方主体共同掌控。

1. 个性化服务，提高用户主体的生态地位

在传统的互联网广告生态网络中，广告主、媒体、广告代理商都是生态网络中的传播主体，用户虽然是生态网络中的重要组成部分，但是用户在整个广告传播过程中并未以真正的主体身份参与其中，用户被动接受广告信息并对广告信息产生排斥，即便用户主动观看并转发广告也是没有收益的。使用区块链技术则可以增加用户观看广告的主动性，广告主在全网发布，全网所有人达成共识，当用户点击广告的时候，就会触发智能合约，用户点击和观看广告后就会得到奖励，媒体也可以获得一部分收益，这对于用户、媒体和广告主而言，无疑都是一件好事。区块链技术的智能合约使得用户在观看广告时可以根据自己的喜好进行选择，努力获得通证奖励。用户再用这些通证奖励去支付其感兴

趣的媒体资源的费用，从而产生继续观看与转发等行为。用户的每一次行为都会产生很大的商业价值，使广告主和媒体得到收益。区块链技术让广告生态网络中所有参与主体的劳动都变得可以计量，这将改变现有广告生态网络中的传播与分配方式，给广告生产者和传播者都带来实实在在的收益，用户的主体地位会变得越发明显。

2. 去中心化，企业与消费者建立紧密关系

区块链技术帮助企业可以直接向那些观看广告的用户支付费用，这意味着企业将走向更加智能的广告支付模式，区块链技术将多余环节剔除，使企业与潜在客户直接建立起联系。例如，区块链广告平台 BitTeaser 去除了一切中间环节，省去媒体、广告投放企业的大量佣金和广告平台的抽成费用，让企业直接与媒体、平台、用户产生合作，提高运行效率，降低中介环节所产生的多余成本。同时，可以让消费者自己控制、管理数据隐私和数据交换。这种价值交互范式是基于"弱中心化"的。在未来的区块链广告生态网络中，企业可以直接和消费者建立联系，弱化广告代理企业及控制用户数据的媒体平台角色。

3. 分享与协作，建设开放的自组织生态网络

区块链是基于分布式系统形成的，没有强制的中心控制，各节点之间平等协作，具有自组织的性质，点对点之间形成非线性因果关系，实现参与方共同协作，减少强制统一管理的操作模式。基于区块链技术的应用，未来的广告生态网络将会是各参与主体共治的协作关系，以自组织的架构取代传统广告生态网络中的层级规划，每个用户都可以将自己视为企业的紧密协作者。这种转变会帮助企业释放创新动力，广告生态网络中的企业及媒体有机会对价值创造问题进行重新审视。它们可以在开放的区块链平台上商议及执行协议，并与用户、企业员工、技术服务商、合作伙伴等生态参与者进行无缝衔接，形成一种更为开放的自组织生态网络。

目前，区块链技术尚处于发展初期阶段，技术应用还不太成熟，市场进入者虽然具有较强的创新动力，但其对广告业的深入影响还有赖于区块链技术的大规模应用。伴随着区块链技术的发展成熟，未来广告生态网络对于用户的技术素养及广告内容质量都将提出更高的要求，企业在践行区块链技术升级战略的同时，也需要履行更多的经济责任和社会责任，区块链在广告业的认知培育和应用还需要很长一段时间。

四、案例分析：运用价值通证实现广告营销激励

区块链和通证经济的发展一直伴随着争议。比特币开启了区块链时代，即使人们对区块链的认知不够，但自从以太坊开启的通证时代来临，众多投机者认识到了"通证经济"的机会。通证是以数字形式存在的权益凭证，它代表的是一种权利，一种固有和内在的价值。通证代表着一切可以数字化的权益证明，从身份证到学历文凭，从货币到票据，从门票到积分卡券，从股票到债券。账目、所有权、资格、证明等人类社会的权益证明，都可用通证来代表。

通证是一个独立于区块链的概念，但对于区块链从业者而言，通证和区块链几乎并存，通证思想在区块链中颇为重要，通证经济是区块链经济的核心。通证的内涵包括三个维度：一是"通"，意为可流通；二是"证"，意为能够成为证明；三是"值"，意为其所证明的东西是有价值的。因此，通证是指基于区块链技术的、可流通的加密数字权益证明。有了通证，区块链生态中的权、责、利就有被量化的可能。未来社会中，极大可能会出现大量以区块链技术为基础、以构建通证经济为核心的商业生态系统，通证经济的发展很可能像互联网生态系统一样，渗透到生活中的每一个角落。

2019 年，在通证经济领域有一个颇为成功的广告营销激励案例，即基于 AI物联网的新型设备"包你火"移动广告背包。

项目团队自主设计开发了一种新型的物联网设备——移动广告背包。这种背包采用一体化缝纫技术将一面显示屏镶嵌在背包正面，包内装有电池和 4G 通信设备，并配有摄像头，与手机 App 整合，如图 7.4 所示。

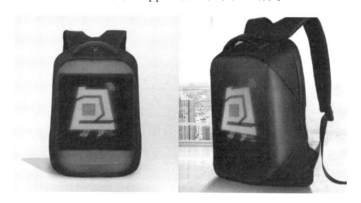

图 7.4 "包你火"移动广告背包

通过 App，客户可申请发布广告。广告内容可以是各种图案、文字、动画和

视频。经过运营团队审批，广告内容就可以发布到一个或多个背包上；使用背包的人（在生态中统称"背包侠"）可以用 App 选择在自己的背包上播放的广告内容。"背包侠"走到人群中播放广告，并且积极与人互动，起到很好的广告传播效果。背包上内置的摄像头及 AI 系统能够识别人脸，并对观看广告的人数进行统计。十几年前，人们在写字楼和高档住宅楼电梯里安装平板显示器并播放广告；现在，移动广告背包成为一个新的线下线上融合的广告展示渠道，而且比其他的形式更机动、灵活，更令人印象深刻。

　　广告的目标是在合适的时间、地点将最对的广告内容展现在最对的目标客户眼前，并且能立刻产生良好的信息交互。移动广告背包就试图接近这样的目标，大大提升广告效率，帮助广告客户用较小的投入换来较大的传播效果。与传统线下广告相比，它有更强的机动性；与互联网广告相比，它有更强的主动性。而达成机动性与主动性的关键，其实并不在于背包，而是在于背着背包走街串巷播放广告的"背包侠"。这个项目要想成功，单单依靠技术已经很成熟且容易被仿制出来的背包是很难形成商业"防火墙"的，必须能够迅速动员和管理一大批"背包侠"，在合适的时间把背包背到合适的地点去，展示给合适的人，不断提高和优化广告效果。换句话说，这个项目必须能够以尽可能低的成本组织和管理大规模的个体协作。

　　项目团队设计了一套"积分"激励规则，让个体出于提高各自的积分的目的，自主做出选择，通过竞争或合作，实现资源的最优配置。通证经济就是组织大规模个体协作的有效工具。项目团队创造了一种用于体现"背包侠"个人贡献的区块链通证积分，其分配规则借鉴了区块链数字货币的"挖矿"设计，部署透明的"挖矿"激励机制。另外，企业本身及城市和地区节点具有调整"算力配置"、主动进行补贴和奖励的权力，通过"二次分配"动态调整通证配置。持有通证的用户可以用通证购买背包或支付广告费，也可以在社区内用通证相互激励、分配任务，或者帮助广告客户获取价格优惠。

　　"包你火"移动广告背包若没有通证经济，则需要很长时间才能建立一个大规模的"背包侠"队伍，并且需要招募和培养一支庞大的、阶层化的管理团队。然而，通证经济帮助这个项目在短时间内同时在多个地域建立大规模的地面移动广告团队。可能只需要上百个城市节点，就可以通过通证经济这只"看不见的手"来管理数万甚至几十万人的"背包侠"团队，使团队内部实现共同协作。

　　为了激励这种行为，这个项目发行了一种区块链通证——BBB。这种区块链通证，充当整个协作网络的贡献积分。BBB 的发行总量封顶，在一个较长的时间周期内递减"挖矿"发行，直至发行完毕，进入自然循环阶段。当前的"挖矿"分配规则简称为"一脸一步一贡献"，即以一个"背包侠"走路的步数和背包内置摄像头记录的观看者人脸的数量作为贡献计算依据。每天全网所有"背包侠"基于当天贡献，按比例分配当天定额发放的BBB。比如，在系统运行的第一阶段，每天"挖矿"产生40万个BBB，如果全网所有"背包侠"的总贡献达到400万个，则平均每份贡献得到0.1个BBB。如果某个"背包侠"今天获得了1000个贡献，那么他就可以在当晚获得100个BBB奖励。同时，企业通过三种方式给BBB赋值。一是接受"背包侠"用BBB采购背包；二是接受广告客户用BBB支付广告费用；三是在必要的时候用部分盈利在市场上回购BBB，向生态回馈价值。

移动广告背包项目既是一个启发性的通证经济项目，也是一个典型的营销广告激励项目。这个项目建立在一个创新产品和可盈利的核心业务之上，利用通证经济扩张协作规模，放大网络效应，通过销售实物产品和经营广告业务，充分发挥通证经济的优势。从中长期来看，区块链有可能对广告市场的格局产生重大影响，想象空间无限。

第四节　协作型客户伙伴关系管理

市场是企业生存之道，客户与渠道伙伴作为市场的两个主要元素，是企业宝贵的稀缺资源。在竞争激烈的现代市场中，"以产品为中心"的传统视角已被"以客户为中心"的营销理念所替代，满足客户需求成为企业运营的主要目标之一。然而，企业自身的营销能力十分有限，必须依靠企业外部渠道才能构建起强大的营销网络，即伙伴关系管理。客户关系管理（CRM）与伙伴关系管理（PRM）无论是在战略思想、应用领域还是在数据支持等方面都存在相似性与相关性，具有良好的协同基础。在基于区块链技术的营销系统中，每个客户都可以是企业的合作伙伴，客户即伙伴。未来市场上或将诞生更加强大的客户伙伴关系管理（PCRM）系统。

一、什么是客户伙伴关系管理

客户关系管理在现代市场营销占有举足轻重的地位，可以理解为通过传递卓越的客户价值，赢得客户满意度，建立和维系有价值的客户关系的整个过程。客户关系管理有成熟的体系和维度，如客户忠诚度、客户生命期、客户再购意向、关系市场推销、数据库市场推销、数据仓储及服务的定制化等。

伙伴关系是企业必须面对的一种复杂的合作关系，伙伴关系的好坏对企业销售收入的潜在影响不容忽视，管理渠道伙伴成为企业营销过程中不可缺少的重要环节。多数企业与渠道伙伴的接触较多停留在产品信息、销售合同追踪与市场商业决策交流环节。伙伴关系管理可以提高企业的利润，往往企业为其投入的成本只是扩大内部销售队伍的一小部分，远远低于客户关系管理的成本，这显然是企业对其重视程度不够所致。伙伴关系管理可以通过现代信息技术和销售策略，增加渠道伙伴的忠诚度，使之更好地销售企业的产品和服务，从而增强企业的竞争力，建立牢固的伙伴关系。

这两者最大的区别在于，客户关系管理面对的是企业的客户，而伙伴关系管理面对的是企业的销售渠道伙伴。现实中，企业在关注其客户忠诚度的同时，往往忽视了渠道伙伴关系的建立与管理。尽管很多企业依赖渠道合作伙伴获取部分收入，但还是忽略了渠道伙伴在企业经营战略中的重要作用，未能做到真正意义上的重视渠道伙伴。

客户伙伴关系管理基于区块链技术的企业治理和市场营销模式，可以将客户和伙伴融为一体，客户即伙伴，既是用户也是企业的核心市场伙伴，这种全新的协同关系管理称为"客户伙伴关系管理"（PCRM）。客户伙伴关系管理指的是为客户制订个性化的营销策略，提高客户满意度，提升客户忠诚度；建立富有激励相容机制的奖惩措施，鼓励客户将产品或服务的美好体验和感受转化为市场力量，并参与企业市场渠道建设，这样企业与客户基于渠道营销的伙伴关系就建立起来了，这将协助企业更好地管控营销网络和终端用户。

客户伙伴关系不是单一的客户服务关系，也不是简单的制造商与分销商的关系，是更加紧密的协作关系。这是区块链技术在市场营销中的重要商业机会。应用区块链技术，去中间商，建立扁平化关系；在企业链接市场时，每个客户伙伴都是节点，借助区块链激励机制、共识机制和智能合约等，让客户伙伴关系更加紧密和牢固，从而使企业在市场上占据主导优势。

二、客户伙伴关系管理的数字化转型

1. 结合区块链技术，创造最大化的价值和满意度

CRM系统是一套有助于企业有组织地管理客户关系的系统，企业通过CRM系统协调企业与客户在销售、营销和服务上的交互，从而向客户提供创新、个性化的交互和服务过程。实施CRM系统的最终目标是吸引新客户、保留老客户、提高客户满意度、将已有客户转为忠实客户、降低客户流失率，进而增加销售成功率、提升市场份额。因此，CRM系统的主要核心功能包含客户信息管理、市

场营销管理、销售管理、服务管理与客户关怀。CRM 系统的运用将使企业获得更好的品牌传播效果及更强的客户关系。然而，在现实中，企业在推行 CRM 系统时往往存在预算限制、数据失真、数据分散、难操作性等难题。我们需要找到一种新型基础架构，用以实现数据与服务的交互与连接；借助区块链技术，可以克服传统 CRM 系统中基础架构层面的缺陷。

（1）确保数据内容的真实性。区块链是一个由区块组成的链条，其中每个区块都包含交易记录，每个区块都以加密方式连接到相邻区块上，以参与用户使用密钥来限制未授权访问的方式进行保护。此外，大多数 CRM 数据库都托管在云服务器上。虽然云安全协议已经走过了漫长的道路，但大家对云安全性的担忧并非完全没有根据，因为这些集中式系统具有固有的单点故障。相比之下，区块链是去中心化的，并且分布在规则同步的对等网络中，可以确保数据内容真实且不可篡改。

（2）提升数据准确性与完整性。无论是数据导入工具不合理还是人为疏忽，用户都必须在一定程度上面对不准确或重复的数据。通过区块链，客户可以拥有自己的个人密钥，为企业提供统一、准确的个人信息、过往交易信息、订阅信息等。因此，区块链可以帮助企业规避数据记录不准确或重复的问题，更好地洞察、分析客户，帮助企业更有效地服务客户。

（3）提高客户活跃度和忠诚度。在过去的 CRM 主张中，客户数据是由客户产生的，但数据的所有权、使用权不属于客户，数据的过度挖掘很难保护个人隐私。品牌可以利用区块链技术重塑客户忠诚度，客户可以拥有一个与所有品牌兼容的去中心化钱包；客户产生的数据是属于自己的，不受某个品牌的规则和限制的约束；客户对品牌个体验有更大的话语权，品牌将通过提供更好的交易来"争夺"客户的钱包，确保客户活跃度和忠诚度。

2. 运用区块链技术，激励客户参与数字营销

传统营销只是把客户当作营销目标对象，而新营销更加注重让客户伙伴成为营销的主角，在形成品牌对话、品牌体验和品牌社群的过程中让客户直接或持续地参与。如今的客户比以往更加消息灵通，他们可以在大量的数字信息平台上便携地发布或与其他客户分享自己对品牌的看法。客户控制能力的提高意味着企业在建立客户关系时不能再依赖灌输式的市场营销方式，必须加强社交媒体营销组合。客户在微信、微博、视频分享网站等社交媒体和其他数字论坛中自发地交换信息和看法。企业定期邀请客户参与其形成产品和品牌信息的过程，并承担更加积极的角色，通过客户进行数字营销。移动电子设备的发达让原先只有靠专业设

备和团队才能制作的内容现在普通人也能制作；抖音与快手短视频，以及微信微博、朋友圈等的火爆让制作方案下沉至每一个普通用户；数字营销日趋活跃，客户对于数字内容创作能力的提升，让整个市场呈现空前繁荣。

尽管在当今的数字和社交媒体中，客户愿意参与并亲自生成营销，甚至一些优秀的内容创造者们为众多社交网络创造了流量与利润的神话，但是内容创造者们对于他们所创造的内容既不拥有完整的控制权，也未享受充分的收益权，他们付出的劳动缺乏变现的途径。这一切，都使得原创优质内容生产者难以保持足够的创作动力。

要激励客户创作内容、参与数字营销，则必须赋予客户足够高的安全感和价值感。区块链令人兴奋的一点是它可以将数据的价值归还给客户，并通过通证激励让客户主动分享以获得收益。区块链技术正在改变数字营销，其中最重大的改变在于它限制了企业从客户那里获取数据的能力，同时也解决了企业不愿向客户补偿其数据价值的问题。区块链技术正在加强客户个人隐私保护，提升数据使用价值，激励客户参与数字营销上发挥积极作用。

三、发展社群经济，构建分布式商业生态

"企业"的出现是人类伟大的组织变革，然而在移动互联网时代下，随着社会组织结构的变化与区块链技术的高速发展，出现了许多自组织特性的"社群"。传统的社群是基于物理区域的社会连接，现代社群是基于网络形成的新的社会组织，并随之出现了新的经济业态——社群经济，即管理、开发、利用社群的资源的经济活动。维系社群的方式发生了改变，社群靠的是共识、协议、规则及价值判断。

在社群经济活动中，社群成员的关系和利益分配方式也发生了改变。传统企的中拥有者是股东，股东通过企业利润来获得投资回报。现代社群没有所有者，社群成员通过对社群的贡献（工作量）来获得回报。成员获得利益的方式和传统的企业利润分配具有很大的差异。这种新的分配模式将改变传统的经济形态。在社群经济活动中，引入通证管理模式，依托通证实现经济活动的管理。通证在社群范围内具有交换、转移支付等功能，能与现代金融服务挂钩并产生新的金融衍生服务（如促销消费、代金券消费、物品兑换等）。所有的社群参与者都可以通过自己的贡献获得回报，这种回报以通证形式体现，形成新的社群经济。

移动社群电商作为移动电商和社群的综合体，其关键是社群内部互动机制，核心要素是信任感。在社群里面建立信任感、能影响大家行为的人，慢慢会成为这个社群的 KOL，他（她）能把社群的需求由弱关系变成强关系。移动社群电商的典型代表是拼多多，其用户数量迅速增长的原因除了微信、QQ 的引流，更

重要的原因在于其通过拼单团购等形式实现流量的裂变,从而能够低成本获取用户。移动社群电商依靠流量裂变获取新用户,在各个社交平台运用营销手段实现存量找增量,通过商品信息链接分享实现货物主动搜寻用户,在买家适当让利的同时实现营销者的即时有效激励。

以区块链技术为底层基础设施的移动社群电商平台天然具有分布式社群化的基因,将对中心化的电商平台形成强烈冲击。因为,中心化的电商平台首先需要解决商业信用的问题。比如,现在去淘宝购物,消费者之所以敢于先付款,是因为淘宝做了信任背书;而在区块链时代,智能合约可以确权交易、分布式记账、不能篡改、自动执行等特点,为交易省去许多中间环节,做到价值的可溯源和直接分配。区块链的智能合约机制可以量化人与人之间的信任,通过严密的算法和程序保证合约的自动执行,不存在变卦、不守约的情况。这就意味着人与人之间可以做到真正的信任,不需要第三方的信任背书。区块链技术一旦成熟运用,品牌、平台、用户这三方的利益生态将会被打通,三方会共同参与整个利益链条,并作为平等的关系存在,共同构建去中心化分布式的商业生态。

四、案例分享:京东"哈希庄园"平台

京东平台基于对新零售的理解和区块链技术积累,推出"哈希庄园"平台。该平台基于区块链技术,核心目标是帮助用户发现自身的行为价值,并把价值传递到现实社会中。整个产品在设计上基于区块链可追溯性、不可篡改性,结合京东强大的生态体系,帮助用户和企业共同建立一个合理的价值回报平台,使用户长期受益。

"哈希庄园"平台用于链接用户和企业的行为价值,它以用户的"行为价值"链接京东生态,利用经济模型和技术手段,激励用户在购物、浏览、娱乐、生活服务等场景下的正向行为,实现用户与京东生态的共创共建、互信共赢。"哈希庄园"区块链可以确认用户在平台活动中的行为价值,根据行为价值的大小,通过合理的算法换算成可量化的数字价值,这个衡量单位即"京心"。平台方可以将相应的"京心"作为运营活动资源来奖励用户。用户可以通过被奖励的"京心",感知自己在京东生态内的行为价值。

每位用户都是"哈希庄园"的庄园主,而支撑这个庄园构建存储、转换、分配这一价值体系的技术就是区块链技术。使用区块链技术,京东生态各体系间搭建起了一套去中心化、可信任的行为价值转化机制,确保价值承载体在京东生态各体系内互通,成为超越 KPI、目标等复杂任务的通行衡量共识,降低了管理和运营难度,使用户不仅可以使自身价值得以增值和确权,还可以参与监督。

第八章

"区块链+"的法律风险及对策研究

随着我国将区块链作为核心技术自主创新的突破口，"区块链+"的集成创新和融合应用已在经济、金融、政务、民生等领域得以全面展开。区块链在集成应用中将面临的法律风险已引起了学界的密切关注。可是，现有的研究成果主要立足于宏观层面，集中探讨了如何加强对区块链技术及其应用的引导和规范，具有鲜明的"监管者"或"立法者"的视角；还有部分成果是立足于中观层面，以行业视角进行研究的。诚然，"区块链+"与实体经济的融合发展离不开法律制度的创新与政府监管的完善，也需要尽快建立起行业的自主发展和自律监管。然而，区块链在技术攻关、功能拓展、融合应用和专业细分等方面的突破仍主要依靠作为市场主体的企业来实现。目前，从微观层面和市场主体的视角对区块链应用中的法律风险及其应对策略的研究比较薄弱。因此，本章选择从"区块链+"的运用主体的立场出发，基于企业的视角来分析区块链应用中的法律风险，以及更为市场化的对策与方案。

第一节　"区块链+"法律风险的类型

一、区块链消极应用中的违法风险

区块链，也称分布式数据库（账本）技术，是一种去中心化、分布记账、各节点共同维护的数据记录系统。区块链在按序列链接的模块中使用非对称加密技术记录交易数据，借助共识算法（共识机制）将记录数据的模块分布存储到对等网络节点内并加上时间戳，形成难以篡改、防止抵赖、永久保存且不可逆的记录数据的模块链条，使交易在不依赖任何中心化（或中介）组织的情况下仍可以获得可信的验证。近年来，一些打着区块链名义的违法犯罪现象不断涌现，如勒索病毒的传播、以区块链为噱头的虚拟货币集资及采用虚拟货币跨境交易的方式逃避外汇监管等，人民群众深受其害。常见的违法犯罪情况大致可以分为以下三类。

1. 以区块链之名义实施的欺诈行为

（1）以区块链的名义骗取他人财物或投资的行为。行为人往往打着区块链研发公司或推介公司的名义，进行虚假宣传，骗取特定人或不特定人的财物；行为人通过各种平台宣传、推介、包装自己的研发团队，变相发行股票或公司、企业债券，或者通过承诺高息直接非法吸收不特定多数人的存款，从而严重扰乱金融管理秩序。

（2）利用虚拟货币开展网络传销的行为。针对实践中虚拟货币广受追捧的情况，行为人在互联网平台以兜售虚拟货币的方式发展会员，自行控制虚拟货币的升值幅度吸引下线，根据会员发展下线的人数作为计酬或返利的依据，从而骗取他人财物（涉及组织、领导传销活动罪）。

（3）发行虚拟货币，进行非法集资的行为。近年来，非法集资活动的场域由现实世界逐渐向网络世界转移。例如，行为人利用他人投资虚拟货币的冲动，编造虚假的虚拟货币种类，或者利用没有发展潜力的虚拟货币种类，通过编造、发行白皮书和承诺高额投资回报收益的方式，吸引他人投资，然后携款潜逃等。

2. 以区块链为工具实施的犯罪行为

（1）利用比特币跨境逃汇或逃税的犯罪行为。逃汇犯罪的主要行为表现：一是将境内的外汇非法转移到境外，二是将境内的外汇擅自存放在境外。比特币具有无主权、超国家性的特点，是全球网络发展的产物，不属于某个国家，可以在全世界范围跨境流通。比特币这一特征，为某些人利用比特币进行逃汇或逃税提供了条件。例如，直接使用比特币进行交易，减少账面上法定货币的营业额、销售额；设立账外账，利用比特币进行交易，造成经营状况不佳的假象，以逃避缴纳税款。

（2）利用比特币实施洗钱的犯罪行为。由于比特币属于全球发行和使用的一类虚拟货币，因此，部分公司、企业或其他单位利用比特币点对点交易的优势，先将人民币在国内兑换为比特币，再将比特币支付到国外账户兑付外币，采用这一手段逃避国家外汇监管（涉及逃汇罪，洗钱罪，掩饰、隐瞒犯罪所得罪）。

（3）利用比特币实施商业贿赂等其他犯罪行为。由于比特币具有去中心化、高安全性和账户匿名的特点，部分行贿人不再使用传统贿赂所用的现金、实物礼品、不动产等容易被发现的行贿物，而是将比特币等难以被察觉的虚拟货币作为行贿物。而且，受贿人也开始将比特币作为不法所得的隐藏工具。受贿人将收受的不法所得迅速转购成比特币，实现了不法所得的转移和隐藏。

3. 区块链应用中的潜在的犯罪行为

（1）中立帮助行为。中立帮助行为也称日常性行为，是指外观上的无害行为，如生活行为、业务行为等，但在客观上对正犯行为、结果起到了促进作用。应当指出，中立帮助行为在性质上属于犯罪的帮助行为，只不过与一般的帮助行为相比，其具有中立性。中立帮助行为理论正是着眼于中立帮助行为客观上对法益侵害结果的促进作用及具有无害行为外观的特征，从而提出限制中立帮助行为入罪，以维护人们的行为自由、平衡安全与自由价值的关系。

（2）应用区块链技术实施的不当行为。例如，"挖矿"行为是区块链金融衍生品出现之后新出现的行为，类似于数字竞猜游戏中的"竞猜游戏"机制，如果猜中将会获得区块链金融衍生品——比特币（或其他加密币）作为奖励。然而挖矿的效率与计算机运算能力等硬件设施相关，这就催生了劫持他人计算机进行恶意"挖矿"的行为。现有"挖矿"行为大致可以分为两种：第一，利用他人计算机的闲置资源进行"挖矿"，即"挖矿"程序智能化，在他人使用计算机时自动停止"挖矿"，当他人闲置计算机时自动开启"挖矿"程序，具有秘密性，不易被发现；第二，强制"挖矿"，通过病毒控制他人的计算机，挤占他人的使用权进行饱和状态强制"挖矿"，具有强制性，容易被发现。对于这些行为是否构成犯罪、构成何种犯罪，刑法理论和实务界仍存在较大分歧。

（3）可能危及投资人或用户信息、财产安全的行为。例如，在2016年 The DAO 所编写的智能合约中，split DAO 函数曾遭到黑客所编程序的攻击，造成其项目资产池不断被分离，仅数小时，价值5900多万元的加密币——以太币被洗劫一空，给持有人造成了重大财产损失。在攻击成功以后，攻击者还对外发表声明称"自己是合法、正当利用 The DAO 的漏洞来获取以太币的"，态度十分嚣张。自区块链金融衍生品诞生以来，至少发生过16起严重的加密币被盗案件，总涉案数额超过6亿美元。一时间，加密币成为最容易被黑客侵犯的对象。

二、区块链积极应用中的合规风险

"区块链+"的合法合规发展既契合国家的战略需要，又是我国核心技术自主创新所带来的财富增长点。打造健康、有序的区块链产业体系，离不开作为基本构成单位的企业在区块链技术与实体经济相结合的具体场景中合法合规的集成应用。然而，由于区块链尚处于技术开发和融合应用的初期，不仅存在数据存储、数据删除等技术问题，还面临着众多法律上的壁垒与风险。在诸多的障碍中，合规风险的解决将是区块链应用落地的关键。

（一）区块链应用于金融领域的合规风险

1. 区块链股权登记的合规风险

财产权利的确定性不仅是公平交易的前提，也是市场经济的基础，股权登记就是在提供这种确定性。区块链股权登记充分利用区块链分布式账本的安全、透明、不可篡改、易于追踪交易历史的特点，不仅数字化的管理方式使公司股权登记更加高效，而且比中心化的系统的成本更低。依据《中华人民共和国公司法》（简称《公司法》）的规定，非上市公司在股权登记确权的形式上有很大的自主性，以股票为权利凭证，并配以股东名册来记载持股人，并不必须在监管机构或公正机构进行登记，而是完全依靠公司自身发行股票、维护股东名册来确认权利。但是，在相关机构的登记可以起到对外公示的作用。区块链股权登记仍属于特殊的登记方式，不具备法律上的股权公示的法律效力，因而无法对抗善意第三人。也就是说，如果工商登记和区块链股权、股东名册登记的内容不同，此时善意第三人依据工商登记进行股权交易，通过合理对价受让标的股权且完成工商登记，则可适用善意取得制度。

2. 区块链证券交易的合规问题

区块链证券交易的商业化应用需要建立一个符合我国法律规范要求和有利于高效监管的法律基础设施，只有这样，才能保障交易双方愿意接纳并使用区块链进行证券交易。目前，区块链证券交易至少需要克服政府监管与法律规范两方面的障碍。

（1）区块链证券交易的监管合规问题。我国金融市场并未经历一个自发衍生的过程，而是一直在政府的主导下建立和运行的。从金融交易主体的设立，到市场准入、交易规则的制定都由政府一手完成，这就导致了我国证券交易市场既缺乏强有力的自治组织来发现、研究和反思金融证券交易主体的客观需求，从而确立公平、合理的交易规则，以及通过自律的方式维护市场运行的基本秩序，也缺乏强有力的司法机构来及时解决市场上的法律纠纷、执行、维护、修正问题，直至确立证券交易市场的基本游戏规则，由此引导市场主体调整经营行为。我国目前的金融监管模式以严格的规则监管模式为主，即金融监管机构通过各种具体的规则为监管对象设定明确的权利义务，在规则的框架之内，金融机构必须严格遵行规定，在规则的框架之外必须谨慎为之乃至禁止从事。在此模式之下，虽然监管对象确立了可预期的行为准则，却牺牲了监管效率，无法应对快速变化的金融市场所积累或突然引发的风险，存在着过于僵化、前瞻性不足、重形式而轻结果，以及束缚金融机构创新发展的缺陷。于是，区块链介入证券交易将面临要么与当前的监管模式相冲突；要么遵循现有的监管模式，却无法改变"一放就乱、一管就死"的局面。

另外，由于区块链交易具有匿名性的特征，虽然交易账目公开，但是交易当事人的身份信息会被隐匿。实践中，缺少发行人、持有人身份信息的交易通常会被认为属于法律上的无效合同。在一定意义上，区块链的匿名性特征也成了该技术在金融领域广泛应用的障碍。

（2）区块链证券交易的法律合规问题。区块链应用于证券交易领域的合规问题存在于多个方面。一方面，公开发行证券相较于私募而言，在信息披露、发行条件、监管方式等方面都有更为严格的要求。在区块链上发行证券存在着发行限度难以把握的问题。另一方面，股权转让登记的法律效力也是区块链需要解决的问题。一则，《公司法》与《中华人民共和国公司登记管理条例》（简称《公司登记管理条例》）对于有限责任公司和股份有限公司股权转让的最终凭证有不同的要求。二则，区块链上登记的股份、债权、版权等存在本体与权利相分离的问题。也就是说，区块链上登记的只是实体世界财产权利的映射，而在实体世界实施权利时，仍需要企业、政府等中介方的参与或配合。在这种情况下，是否采用区块链技术并无太大的区别，因而无法使金融机构产生采用区块链技术的动力。

3. "区块链+保险"的合规问题

保险是人们运用科学原理，由大多数人分担个别人的损失的一种方法。区块链技术与保险领域的结合可以减少保险欺诈的出现概率。区块链能够存储大量的信息，这些信息准确、不可篡改。区块链上记载了每一个人的历史交易信息，而且随着区块链数字化的推进，实物资产的状态也能以数字化的方式体现，其资产的状态便可轻松获得，人们也可以从同类资产的交易情况了解资产的价值。当某种资产成为保险标的时，对于投保人来说，其能更清楚地知道自己的财产的价值；对于保险人来说，其也能知道财产的情况，如使用程度、损坏程度等。由于区块链能够分享更多的信息，所以不法分子利用信息优势制造保险欺诈事件的概率降低了。尽管区块链具有现实的优势，但它作为一项新型技术，在企业对其进行推进、落地的过程中仍存在很多法律上的不确定性，如目前较具有争议的智能合约的效力问题。保险智能合约实为一组能够自动执行的计算机程序，内容为保险人与投保人签订的保险合同。保险智能合约与保险传统合同共存，两种形式的合同的共存会导致某些问题的发生。其一，保险消费者相较于保险人处于弱势地位，不仅对保险产品的知识较为欠缺，对于区块链这种技术化和专业化的知识更加欠缺，其无法充分预测和认识自身所要承担的风险。其二，写入区块链的内容与原本签订的合同不一致的情况有可能出现，并通过自动执行而损害保险消费者的利益。

（二）区块链应用于金融基础设施的合规风险

1. 区块链数字票据应用的主要障碍

多年来，我国票据监管部门对票据市场的监管力度不断加大、监管规则不断完善，但是"一票多卖"、空壳公司签发虚假商业汇票等风险事件仍有发生。票据的操作风险和道德风险仍然难以有效管控与防范，引发市场风险和信用风险的隐患始终存在。票据监管的实践经验表明，上述票据问题的解决需要通过制度创新和技术创新，从根本上改变票据市场的运行方式。区块链的兴起，使得我国推出数字票据成为可能，也为解决长期以来我国票据市场存在的风险多发、监管效能不高等问题提供了新的路径。不过，目前区块链在票据市场大规模应用的现实条件尚未完备。区块链作为数字票据的重要技术基础，其应用是有相应的硬件条件要求的，这为数字票据的推出带来了较大的挑战。一是海量数据存储需要巨大的空间；二是数据同步需要高速的网络；三是各个节点的容纳能力需要达标和均衡。一旦每秒产生的交易量超过系统的设计容纳能力，或者超过最弱节点的容纳能力，交易就会自动进入排队状态，给使用者带来不良体验。应用区块链技术的数字票据建设还要解决数字票据系统与其他平台系统（如电子商业汇票系统）的对接问题，以及数字票据与实物货币在资金清算中的实时对接问题。

2. 区块链数字资产应用的主要风险

区块链技术的出现为互联网的信用基础提供了可能，实现了价值的传递，解决了资产数字化技术上的难题。可以说，区块链从技术层面上为资产数字化提供了条件，也决定了数字资产的特有性质。第一，数字资产是一种虚拟资产，是一段计算机程序，而不是具有原子结构的实物资产；第二，数字资产应用区块链技术，通过智能合约编程，能进行去非中心化的点对点交易，并能在区块链账本上记账，而不用到资产登记机构进行登记；第三，数字资产直接跨过了资产证券化达到了资产货币化，并在金融、知识产权等领域快速膨胀。资产数字化时代的到来将使社会中资产的概念重新被定义。同时，不仅资产数字化以区块链为技术条件，数字资产的应用也离不开区块链，因为区块链是一种具有去中心化、不可篡改和开放性等特点的技术，能够降低资产交易的成本。另外，区块链能够通过加速清算结算、实现标准化和条款同一化的资产交易、免除冗余账本等方法，大大提高金融资产的交易效率。

区块链数字资产应用的主要风险包括以下几方面。其一，区块链数字资产的权属问题。建立在区块链上的数字资产可分为原生数字资产和金融数字资产，而区块链上的金融数字资产是本体与实体世界的权利相分离的。其二，区块链数字资产不仅存在映射资产的权属问题，而且还面临着匿名性的障碍。一个匿名区块链上的映射资产由于缺少资产发行人或持有人的身份信息，通常会被认为属于法律上的无效合同。其三，区块链数字资产还不可避免地面临交易中的合规风险。因为在区块链上进行金融资产交易的法律效力是不确定的。例如，《期货交易管理条例》规定，期货交易必须在期货交易所内进行。这意味着，在区块链上进行的期货交易是没有法律效力的。此外，区块链数字资产还存在系统性风险。不过，这种系统性风险并不是微观意义上的企业可以规避的，而需要监管者和立法者的参与。为了聚焦于企业视角，本文将不对监管风险等问题展开论述。

（三）区块链应用于非金融领域的合规风险

1."区块链+物联网"的应用边界问题

互联网是人与人进行沟通的网络，而物联网是借助于传感设备实现物与物之间的交互，即智能化的、联网互动的网络。受制于相关立法和监管的阙如，物联网的发展一度受阻。而区块链的出现为物联网带来的变革可以让监管发挥重要作用，有效地降低物联网的成本，并确保监管信息反馈的真实性、有效性和及时性。在物联网上建立区块链信息系统，实际上是构建一个监管部门、财产所有人及使用人等各方共同参与的系统，打通对物联网进行立法和监管的关键环节——制度成本和监管有效性，解决资产流动和使用中的信息不对称问题。因此，"区块链+物联网"是对物联网的一次重要革命和创新。

然而，随着区块链的赋能，物联网应用也将面临新的风险。一方面，用户数据面临着被滥用的风险。"区块链+物联网"将形成大量的数据，并同步发送到各个节点上。然而，这样的数据的所有权究竟如何判定？数据所有者又如何控制自身的数据？这些都是我们在区块链与物联网结合过程中需要考虑的问题。此外，数据、信息被滥用的风险也波及了知识产权领域。随着数据挖掘技术、数据分析技术和人工智能机器学习能力的提升，"区块链+物联网"的生产方式在逐步进步，但物联网产生的知识产权权属问题也会更加复杂，知识产权交易和转移将面临很大的风险。另一方面，个体的隐私空间被进一步侵蚀。物联网让人们更了解自己的同时，如开车的时速、每周食材的用量和种类、休息的时间等，也给人们带来了"被侵入感"。随着加入物联网产品数量的增加、区块链辐射范围的变广，这种"被侵入感"会随之上升，各种传感设备也将异化为"监听、监视"的工具。"区块链+物联网"与大数据的结合将使得精准营销进一步发展，但也进一步侵蚀了每个个体的隐私空间。物联网隐私和信息权利的复杂性加剧了"区块链+物联网"商业滥用的风险。

2."区块链+电子商务"的新型风险

区块链技术应用于电子商务领域的优势在于，它可以将中心化的单一监管转变为社会共治、共同监督，这样不仅可以减轻政府监管的压力、降低监管成本、提高监管实效，还有利于解决商品交易环节不透明、仓储物流信息不准确等问题。不过，随着区块链技术的应用，电子商务领域也将出现新的风险。一方面，数据有泄露的风险。区块链为实现全网共识，需要把所有的交易公开、透明地发送到全网进行验证，交易数据可以被任一节点获取，相较于互联网时代，区块链上数据泄露的风险更大。另一方面，"区块链+电子商务"的支付方式存在不确定性的风险。由于"区块链+电子商务"具有去中心化的特征，没有第三方机构，一旦密钥丢失将可能无法找回；区块链上的支付依赖于算法和程序，一旦出现漏洞或错误，不但将传导至所有节点，而且智能合约会将错误自动执行。

（四）智能合约与现行合同制度不适应的风险

根据工业和信息化部发布的《中国区块链技术和应用发展白皮书（2016）》，智能合约是区块链技术发展到 2.0 阶段的一项关键技术，是一种运用计算机语言取代法律语言记录各项条款的合约。智能合约作为以数字形式定义的承诺，控制着包含了合同参与者约定的权利和义务的数字资产，由计算机系统自动执行。虽然智能合约与传统合同有相似之处，如均需要明确参与者的权利和义务、均约定违约方会受到惩罚等，但是智能合约与传统合同也存在一系列区别。一是从合同订立的语言文字角度而言，智能合约是采用计算机代码的形式记录合同内容的，而传统合同是采用通俗易懂的语言文字订立的。二是智能合约通过计算机程序来判断合同的履行条件、自动执行，而传统合同需要人工判断合同的履行条件，依靠合同当事人的诚信履约来达到合同订立的目的。三是智能合约通过具有数字化属性的抵押资产来惩罚违约行为，而传统合同通过法律手段来维权。四是智能合约可以在全球使用、适用于全球范围，而传统合同的适用范围受到具体辖区的法律、人文等因素的影响。综上所述，智能合约与传统合同存在诸多差异，再加上计算机程序的复杂性，使得智能合约的出现和应用存在与现行合同制度不相适应的合规风险。

虽然智能合约被视为一种运用计算机语言取代法律语言记录各项条款的合约，它也的确采用计算机程序代码的形式来记录合同双方当事人的权利和义务，并且合同内容保存在不可篡改的区块链之中，但智能合约确实不同于法律合同，因而不可避免地存在智能合约的内容和适用与现行合同制度的规定不一致的地方，从而造成合法合规方面的风险。首先，智能合约改变了现行合同制度中的合同履行方式，智能合约控制下的合同履行仍然有可能不符合合同订立的目的。其次，智能合约导致现行合同制度中的合同变更、合同解除难以实现。因为根据智能合约的原理，撤销原来的合同或直接修改代码的内容不具可行性，智能合约不能像传统合同那样可以直接变更合同内容。最后，智能合约导致现行合同制度中的合同违约责任难以受到追究，如何正确、合理地运用计算机程序对当事人采取违约惩罚措施存在技术难点。

三、区块链创新应用中的法律落后风险

随着区块链技术的落地和广泛应用，经济和社会发生了深刻的变化。区块链不只是一项能够带来新服务或新产品的技术，因为"区块链+"的对象是机构或组织，所以区块链还意味着新的运行模式和新的组织架构。更重要的是，区块链还代表了一种价值理念，随着"区块链+"的广泛运用，它还会给经济与社会带来更深层次的变革。为了与前面章节的区块链应用相区别，本章将区块链技术层面之外的应用称为"创新应用"。企业在区块链的技术应用领域面临的法律风险包括易触碰违法犯罪的红线，或者不符合法律规范的要求。而企业在区块链创新应用领域面临的挑战是法律落后的风险。

法律落后与法律滞后不同，前者是马克思主义法学中的概念，后者与分析法学有关；前者指的是法律上层建筑落后于科技的创新和生产力的进步，后者指的是刚性的法律规范与多变的社会生活之间的不适应。马克思主义法学认为法律上层建筑对经济发展的反作用有三种形式：它可以沿着同一方向起作用，在这种情况下（经济）就会发展得比较快；它可以沿着相反的方向起作用，在这种情况下，它经过一定的时期便会崩溃；或者它可以阻止经济发展沿着某些方向走，但这种情况可以归结为前两种情况中的一种。也就是说，法律上层建筑，包括法律规范和国家监管，对经济与科技的发展所起的作用，既可能是推动，也可能是阻碍，还有第三种情况——促进或延缓。中国特色社会主义法律体系与中国特色社会主

义市场经济具有高度的统一性，我国的法治建设始终立足于推动经济社会的进步，而不会阻碍经济社会的发展。对于区块链与实体经济的融合发展而言，我国的法律和监管制度在不断完善，这必然会对前者起到积极的促进作用。不过，从区块链的内在逻辑来看，我们现行的法律规范基本上立足于"中心化"的立场而不具备"去中心化"的视角，区块链的"分布式记账"对于数百年来建立在"复式记账"基础上的商业形态和法律制度而言无疑是一个全新的概念。因此，本章所说的法律落后的风险主要是指现行的法律规范还没有与区块链的创新应用相适应的内容，制度和监管也还难以有效地促进区块链的创新应用。

首先，区块链的一项标志性特征也是其倡导的价值，即去中心化。去中心化并不意味着要否定所有的中心，而是主张"弱化中心系统的强大的管理权"，取而代之的应当是"开放式、扁平化、平等性的系统现象或结构"。然而，一旦去中心化在实践中无限弱化了中心化的管理，针对中心化结构制定的现行法律规范又无法应对无数个"弱中心"结构，则必然会耗费大量的监管成本且效果难以预测。在区块链上，以往民、商事活动中中心化主体之间的信任被算法信任所取代，交易双方在去中心化的结构里发生的遗失、遗忘、盗窃、侵权及继承等问题，既无法向一个强有力的中心管理者求助，也没有明确的法律依据来保障受害者的正当权益。法律的落后很可能使区块链的用户对于去中心化产生十分糟糕的使用体验。

其次，区块链采用的是分布式记账技术。分布式记账技术对于证据的保全有极大的促进作用。其一，分布式记账技术可以最大限度地避免电子信息数据遭到篡改、增减、修改等情形，对提高证据的可靠性起到了巨大的推动作用。其二，分布式记账技术为网络版权保护提供了新机遇。它可以为每一个网络作品提供作品形成时间、所有权归属等证明，维护互联网和谐环境。然而，分布式记账技术也有不可忽视的潜在风险。比如，若出现操作风险，即错误、延迟处理、系统中断、泄露等，我们该如何处理？法律又该怎样保护受害者的权益？缺乏相关确定与管辖的法律，会导致在支付、结算、清算过程中发生各种各样的法律风险，如分布式账本中的资产所有权、主客体的权利义务关系等，这些在法律上均无规定，若发生法律纠纷，我们缺乏解决纠纷的法律依据。若分布式账本中的密钥或访问证书被窃取、损毁，导致整个账本遗失，我们也很难追回和补救。

再次，区块链还使用了智能合约技术。智能合约是一套以数字形式定义的承诺，包括合约参与方可以在区块链上执行这些承诺的协议。智能合约具有执行的自动性、强制性、自主性等优势。但实际上，智能合约并不"智能"，由于智能合约全部依靠数字代码，存在客观性与主观性的分离，而代码与人、现实情况分离，难免会有大量的欺诈、暗流、误解等情况存在。智能合约在方便我们的生活的同时，也会成为犯罪分子的"安全屋"。因为智能合约是以代码的形式表现的，对其监管存在比较大的技术难度，且各国的法律及对待区块链的态度不一，很难达成共识。在没有法律制度予以规范，又缺乏行之有效的监管的情况下，一旦发生违约或智能合约出现漏洞，而当事人无法采用法律手段维权，则将更难保护交易中弱势一方的利益。这无疑会让用户对区块链和智能合约的合法性与公平性产生疑虑。

当然，从发展的角度来看问题，通过制度的创新和监管的完善，法律落后于区块链应用的情况在未来可能会被扭转。不过，本章所关注的问题是，面对法律落后的风险企业在当下可以有哪些作为。

第二节　"区块链+"违法风险的应对方案

一、放弃投机心理，防止堕入区块链骗局

近年来，区块链骗局开始"推陈出新"。据互链脉搏统计，2019 年的 28 个区块链骗局项目中较为集中的形式为商城模式、挖矿模式、金融理财，以及游戏博彩。全部项目中已有 14 个项目被警方立案、破获，并被法院宣判；剩余的项目中有 7 个"跑路"，7 个多次被媒体曝光，处于"预警状态"。从区块链骗局的形式来看，其基本上就是传销币或空气币的各种花样翻新。只要企业的投资决策者放弃投机心理，注意以下几个方面，辨别区块链项目的真假其实并不困难。首先，要看这个区块链项目的关键所在：它能解决什么问题？方案优于现有项目的程度，是否符合摩尔定律？其次，要看投资目标，包括团队背景是否真实、靠谱，以及技术创新、业务模型、退出安排、协同性等在实际操作中是否行得通，尤其是技术是否有颠覆性、是不是符合这个时代的要求。再次，要看基金组成，包括资金来源、基金存续期、基金管理人等都要搞清楚。很多参与者根本不懂项目，也没有技术能力，把所有的事情都交给代投机构，导致自己对投了什么项目、换了多少币、在哪个交易所交易等内容一无所知。而无良的代投机构骗的就是这些没有操作能力的参与者。

二、了解法律红线，杜绝铤而走险

一方面，学习国家有关区块链和虚拟货币的法律、法规及政策的规定，企业可以清楚地了解到国家支持区块链技术的研发和应用，对于虚拟货币却是严格管控的。另一方面，通过学习刑事法律与行政法规，企业也可以了解到打击区块链违法犯罪的力度会更强，科技执法的能力也会不断升级，区块链犯罪不仅是险途也是末路。

首先，法律规则不断绵密。2017 年 8 月，中国互联网金融协会针对 ICO 问题率先发文——《关于防范各类以 ICO 名义吸收投资相关风险的提示》，提醒投资者国内外 ICO 活动中存在涉嫌诈骗、非法证券、非法集资等行为。2017 年 9 月，中国人民银行等七部委发布《关于防范代币发行融资风险的公告》，要求即日停止各类代币发行融资活动。2018 年 1 月，中国互联网金融协会发布《关于防范境外 ICO 与"虚拟货币"交易风险的提示》，提醒投资者要防范境外发币存在的系统安全、市场操纵和洗钱等风险。2018 年 1 月，中国人民银行营业管理部（支付结算处）下发《关于开展为非法虚拟货币交易提供支付服务自查整改工作的通知》，要求各单位严禁为虚拟货币交易提供服务。2018 年 8 月，中国人民银行等五部委发布《关于防范以"虚拟货币""区块链"名义进行非法集资的风险提示》，指出这些"炒作"打着区块链概念之名，行非法集资、传销和诈骗之实。2019 年 1 月，国家互联网信息办公室发布《区块链信息服务管理规定》，强调区块链信息服务提供者和使用者不得利用区块链信息服务从事法律、行政法规禁止的活动。2020 年 1 月 1 日生效的《中华人民共和国密码法》是对"区块链"领域进行调整的规范性法律文件，它对利用区块链技术将收集的信息进行加密保护或安全认证的行为赋予了更严格的责任。

其次，法律适用更为严格。这里以几个典型的区块链犯罪的认定为例，表明我国当前对于区块链犯罪的打击更为严厉。对于传播勒索病毒索取比特币的行为，一般认为这是行为人以非法获取比特币为目的，在互联网上非法传播文件加密程序，对连接互联网的各种计算机信息系统所存储的数据进行肆意加密，并要求被害人支付赎金以解密存储数据的行为。事实上，这类行为包括非法传播病毒和非法获取财物两种行为。一般情况下，两者具有目的与手段的牵连关系，可以按照牵连犯从一重罪处断的原则处理。对于利用比特币跨境逃汇的行为，如果有单位将比特币存放在境外，由于比特币仅属于资产，并不成立逃汇罪，但如果有单位在境内利用人民币或外币购买比特币，又将比特币通过网络转移到境外，然后在境外汇兑成外币或人民币，且满足数额要求，那么就可能成立逃汇罪（在"外币—比特币—外币或人民币"的模式下成立"将境内外汇非法转移到境外"的逃汇罪，在"人民币—比特币—外币"的模式下成立"擅自将外币存放境外"的逃汇罪）。对于利用虚拟货币开展网络传销行为的认定，通常会考虑以下三点。一是对于利用虚拟币开展网络传销的行为，如果涉案的虚拟货币属于虚假的虚拟货币（并非基于区块链技术的虚拟货币），就可能成立诈骗罪。二是即使销售的虚拟货币属于真实的虚拟货币，但如果以非法占有为目的行集资之实（销售虚拟货币的价格远远高于虚拟货币本身的价值），就可能成立集资诈骗罪。三是在组织领导传销活动罪与诈骗罪、集资诈骗罪同时成立的情况下，对组织者和领导者应当从一重罪处断，对其他行为人满足集资诈骗罪条件的，应当以集资诈骗罪认定。

最后，强监管与重教育齐头并进。其一，国家对于虚拟货币的投资风险高度关注，及时发现，及时治理。早在 2013 年，中国人民银行等五部委就曾发文，要求各金融机构和支付机构不得开展比特币与人民币及外币的兑换服务等。2017年年初，中国人民银行对火币网、比特币中国等国内主要的虚拟货币交易平台进行巡查时发现部分大型交易平台存在违规开展配资业务等问题，甚至还有交易平台打着虚拟货币的幌子，进行传销、非法融资等活动。而这些交易平台的交易系统多部署在海外，很难彻底监管。于是，2017 年 9 月，中国人民银行等七部委发布公告，叫停了各类代币发行融资，10 月底国内所有比特币交易平台全部关停。其二，针对虚拟货币转入"地下"不易监管的情况，我国开始构建货币投资者保护教育机制。

三、自觉接受区块链监管，防患违法于未然

研究企业应用区块链过程中的违法犯罪问题，目的在于降低组织或组织成员开展业务涉嫌犯罪的风险。企业应当在刑事法律的要求之下，立足于自身的组织结构、规章章程、发展规划，建立起一系列刑事犯罪的发现、报告及预防体制机制。具体而言，企业应当借助区块链技术，使用智能合约，主动接受监管部门监管，链接监管的数据端口，使监管部门可以通过区块链实现实时的、自动化的监管。比如，通过区块链访问企业相关数据，监管部门不仅可以审计财务数据，还可以将法律法规代写入智能合约程序中，进行代码审计，帮助企业自动合规。

毕竟，不管是"看得见的手"还是"看不见的手"，都可能存在失灵的一刻；不论是事前的合规干预，还是事后的调整效果，游离于技术层面之外的法律监管往往难以深入企业内部。而区块链技术，可以让技术"合规"这一抓手真正实现——将法律要求的义务内置于区块链技术的产品中，或者将行政法规规定的义务类型内化入网络服务提供者提供的服务中，利用智能合约"自动执行"的特性，强制性地要求网络服务提供者所提供的每一项服务都履行写入智能合约的手续，完成法定义务的履行。

当然，这里涉及一个关键的问题：企业主动接受区块链监管的动力何在？事实上，在区块链网络环境中，企业主动接受区块链监管就相当于发布了"安全声明"，不仅不会增加企业的成本，还将帮助企业获得其在行业内的竞争优势。企业主动接受区块链监管，通过区块链与监管部门的数据端口对接，意味着企业通过技术手段向外界表明该企业不会作恶。一个企业可以将其部分业务、部分数据上链，通过区块链这一信任机器，让所有相关利益主体监督并共享关键信息，真正赋予用户一定的知情权、选择权、决策权、话语权。发表安全声明将提升企业的公信力，顺应用户和监管部门的需求。在市场竞争中，企业发展得越快、规模越大，越容易受到用户和政府的关注和审视，此时权力的集中化和信息的不透明将对政企、消企关系造成负面影响。对于一个企业来说，率先采用区块链技术，主动接受技术监管，将有利于其破除信任壁垒。在市场同质化问题越来越严重的情况下，率先重塑用户信任、重塑市场业态的企业必然会凭借监管部门背书的优质信誉在竞争中脱颖而出。另外，主动接受技术监管，不仅可以为企业赢得信誉，企业相关方的利益也将更加安全和有保障。这里以 A 股上市公司*ST 赫美为例。2019 年 5 月 7 日，该公司发布了 2018 年年报，而在年报的开头却写着董事长兼总经理、副总经理和财务总监的声明：无法保证年报真实、准确、完整。2019 年 5 月 12 日，上市公司康得新（*ST 康得）的实际控制人钟某因涉嫌犯罪被警方采取刑事强制措施。经查，*ST 康得账面 153.16 亿元资金中的 122.10 亿元资金竟被大股东随意划走。试想，如果该公司采用了区块链监管，公司实际控制人的权力再大，每一项操作也将留痕可查，从而避免因权力集于一人之错而祸及该公司全体员工和众多投资者。企业主动接受区块链监管，不仅将以较低的成本给利益相关方带来信任感，而且口碑和信心的提升也将为企业探索增量市场、拓展新型业务提供不竭的动力。

第三节 "区块链+"合规风险的应对方案

一、金融领域合规风险的应对方案

1. 区块链股权登记合规风险的应对方案

将区块链技术运用于股权登记的过程实质上是将以前以政府监管部门提供公信力的第三方公证转变为去中心化的过程。区块链技术方便快捷、去中心化、安全性高,将其运用于股权登记或投票不仅可以有效地降低成本,并且不可更改,也便于查询。美国纳斯达克目前已经将区块链技术用于处理私人证券市场的股票交易、投票系统中;高盛集团、花旗银行、美国银行都提交了基于区块链技术金融交易应用的专利申请;伦敦证券交易所、伦敦清算所、法国兴业银行等20多家大型金融机构也开始使用区块链技术以应对未来的潜在竞争。

目前,我国大多数公司仍然使用纸质的股东名册,一是这种记录方式最为成熟,二是在缺乏权威公信力的前提下,纸质记录的可信度更高。但是,随着市场化程度的提高、股权交易需求的增加,纸质记录的局限性已经暴露出来,它已不再是未来的最佳选择。从以往其他领域的发展历程来看,几乎所有类型的信息数据账本,最终只要技术条件允许,都会逐步脱离纸质登记和人工记录,而朝向数字化、电子化的方向发展。我国的证券交易目前已经可以以电子化的方式进行,在显著效率和成本优势的引导下,这是大势所趋。传统的股票登记方式过度依赖于工商行政管理机关,然而自改革开放以来,由于公司设立、股权交易的增多,工商行政管理机关能分配给每一个公司的精力已经大大削减,但所要负责的任务却越来越重。鉴于股权登记等工作日趋繁重,在近几年的市场化改革中,工商行政管理机关已经弱化了对公司登记事项和股权确权登记的管理,而更注重管理公司的经营过程。通过推广区块链股权登记,将股权权属的确认通过去中心化的区块链系统交由公司和股东来完成,呼应了《公司法》和简政放权的改革精神,让工商行政管理机关可以将有限的行政资源分配到更需要的地方。

公司在选择区块链股权登记的时候首先要考虑自身是否适合从使用纸质的股东名册转变至通过区块链进行相应的操作,是否达到进行区块链股权登记的门槛。例如,股东成员较多,经常存在股权交易、变更的情形,才能比使用纸质股东名册更具成本、效率上的优势。

为了解决区块链股权登记中的法律风险，公司需要注意以下几方面。首先，由于上市公司的股份已经由中国股权登记计算公司负责登记，对于上市公司采用区块链技术进行登记尚属非常规的登记方式，有必要在公司章程中有所说明，以尽到公示或告知的义务。其次，为了能够对抗善意第三人，公司在将纸质的股东名册升级为区块链股权登记时，应及时和当地的工商行政管理机关联系，完善区块链系统和工商行政管理机关相关系统的对接，减少股权变更时在区块链系统和工商管理系统间信息同步的延迟，及时维护当事人的合法权益。当然，随着"区块链+"的广泛落地，区块链股权登记系统与工商行政管理机关或中国股权登记计算公司的端口对接将很容易实现。而且，当区块链的公示价值得到了社会认可，在公链上发布的公开、透明、不可篡改的股权登记信息具有公示的合法性可能得到相关部门的认可，从而直接具有对抗第三人的法律效力。最后，公司对于区块链登记系统，应有专业的技术团队提供支持并进行维护，防止出现软/硬件漏洞给公司正常的运营造成干扰。另外，随着区块链技术专利的不断申请、注册，未来该领域出现专利技术壁垒的可能性逐渐增加，公司若想进入区块链股权登记领域则应提早布局，收购专利或结成同盟，避免在区块链登记时面临专利壁垒的阻滞或产生专利授权方面的争议。

2. 区块链证券交易合规问题的应对方案

针对区块链证券交易的合规问题，我们可以结合区块链自身的技术优势和融合应用的特点建立证券交易的社区共治机制和李嘉图合同机制。

（1）证券交易的社区共治机制是充分发挥区块链自身技术优势而建立起来的一种全节点参与监督、各主体共同治理的区块链证券交易机制。首先，技术层面的优势意味着区块链技术应用于证券交易的合理性。目前，无论是《公司法》还是《公司登记管理条例》都没有明确规定股东名册的载体形式，公司可以根据自身需要，选取任何成文的记录方式来创立股东名册或交易记录。相较于传统的纸质股东名册，区块链上的股权登记信息更不易被损毁、伪造、变造，同时也更易于查询。区块链技术使得金融交易市场的参与者享有平等的数据来源，让交易流程更加公开透明和高效。其次，该机制的内容是众多采用区块链证券交易的企业共同在区块链上建立一个数据共享、公开透明并具有一定共治能力的社区。链上社区内的企业共同开发一套基于金融监管规则的证券交易智能合约模板，通常情况下任何两方的证券交易都执行智能合约模板的代码。当交易主体具有特定需求或由于金融市场存在突发风险的时候，双方可以针对此次证券交易的特殊情况使用自然语言，以文件的形式说明为何及如何修改金融监管机构的规则，并将此说明文件与修改后的智能合约代码一并提交给金融监管部门备案。文件与代码也在社区内公开发布，交易的结果也将保存在区块链上供其他主体查询。再次，区块链证券交易的社区共治机制具有以下优势。其一，交易主体有权利修改证券交易的智能合约模板，使交易主体的特殊需求能得到充分的尊重，从而避免刚性的金融监管规则所造成的僵化。其二，监管效果显著。原有的监管方式是一个监管部门监督每一笔证券交易，而在社区共治机制中，则是所有社区内的主体共同监督每一笔证券交易。尤其是修改了模板的智能合约将开源其代码，交易的过程和结果也都可在区块链上查询。其三，监管效率提升。监管部门的工作量将大幅减少，其只需要审查特殊交易的相关说明文件及其法律合同，以及审计修改后的智能合约代码，并在必要时查看记载于区块链上的该笔交易的过程和结果。在审查、审计时，一旦发现有关的修改内容存在瑕疵便可以要求交易双方停止交易；或者在交易结果出现问题时，区块链上保存的大量的该交易的留痕、记录都将成为对交易双方追责的证据。其四，由于社区对证券交易进行共同治理、共同监督，违规、违法交易在进行前和过程中被发现的概率将大幅提升；不当交易的结果被发现的周期也将缩短，以便监管部门及时进行线下监督和惩治，从而对企图违规、违反的证券交易主体起到必要的震慑作用。其五，由于每一笔修改了智能合约模板的交易合同及其代码都公开可查，对于一些特殊交易的处理经验能够不断积累，从而形成最佳交易方案。如果一类修改方案被多次使用，那么以相关的数据为依据，可以对原有的智能合约模板进行修改。

（2）李嘉图合同机制是综合运用法律合同、智能合约及仲裁协议的机制。李嘉图合同包含三个组成部分：法律条款（合约的可读文本）、计算机代码（智能合约的可执行步骤）和参数（影响计算机代码执行方式的变量）。李嘉图合同机制理论优势在于它把法律、技术和社会规范以一种复杂的方式组合起来，将区块链上的资产权利和实际生活中的资产本体合二为一，如果智能合约出现问题，则可以通过法律合同解决该问题。李嘉图合同机制可以有效地解决证券交易过程中的纠纷及区块链上的映射资产问题。通过使用自然语言的法律合同将法律权利分别交由两个外部系统：其一是通过区块链上的智能合约来调整数字资产的交易和管理；其二是对双方可能出现的任何分歧达成解决纠纷的合意，如仲裁协议。详言之，股份、债券、房产、版权等实体世界的资产权利可登记在区块链上并通过智能合约予以管理或完成交易，再通过法律合同确认智能合约在区块链上完成的管理和交易所具有的法律效力。于是，智能合约不再仅调整映射资产，而可以在实质意义上影响和决定实体世界的资产。另外，交易双方就智能合约管理或交易的实体资产权利发生争议时，还可以依据纠纷解决协议的约定来处理纠纷。因为纠纷解决协议得到了法律合同的确认，所以依据国际或国内的仲裁规则，法律合同约定的仲裁协议或条款具有充分的法律效力，从而将智能合约调整的案件纳入具有法律效力的纠纷解决机制中。

3. 应对"区块链+保险"合规问题应注意的问题

一方面，区块链技术尚处于发展初期，在对其可能暴露的技术风险还未充分了解的情况下，保险消费者有必要充分了解此项技术对自己投保的影响。保险人应当就此项内容尽到充分的说明义务和告知义务。详言之，保险合同本身是为了转嫁当事人的风险而出现的一种射幸合同，但其所能够转嫁的风险的程度高低、深浅，则根据保险人的风险承受能力的不同而不同。另外，在可承受的范围之内，随着风险的提升，相应的费率也有所不同。对于投保人来说，其有权选择适合自己、符合自己要求的保险种类与保险人。因此，投保人对被保险人、保险标的等的如实告知义务会直接影响双方合意是否能达成一致，以及在此基础上的费用的高低。同时，保险人对投保人是否尽到了详尽的说明义务，也会影响投保人的有关判断。这是合同订立的重要一环，也是保证日后保险合同顺利执行的基础，更是保障广大保险消费者正当权益的必备条款。

另一方面，写入区块链的内容与原本签订的合同不一致的情况有可能出现，并损害保险消费者的利益。这种不一致的风险既可能来自保险机构的故意行为或操作过失等，也可能来自网络供给。因此，即使区块链能够实现自动执行，在后续履行合同的过程中也必须有相关的主体参与。例如，在缴纳保费、理赔等阶段，必须在有数方的合法签名的情况下才能触发代码并执行下去。尤其是在执行阶段更应强调诚实守信的义务。这里的诚实守信义务主要是指，在发生保险事故后的如实告知义务和及时通知义务，或发生了影响双方礼仪和影响合同订立的事项时的如实告知义务，或不谎报保险事故、不故意制造保险事故、不提供虚假证明材料等义务。信息不对称是在任何一种交易行为中都存在的现象，保险领域中信息不对称导致的风险问题非常严重，主要的保险纠纷因此而起，而解决保险纠纷，离不开双方遵守、履行诚实守信义务。

二、金融基础设施合规风险的应对方案

1. 由区块链技术创新驱动数字票据市场的形成

以区块链技术为支撑的数字票据相较于电子票据的优势是十分明显的。其一，系统的搭建和数据存储不需要中心服务器，节省了中心应用和接入系统的开

发成本，也减少了系统中心化带来的风险，不会出现集中模式下服务器崩溃或被黑客攻击的问题。其二，数据的完整性、透明性和通过时间戳的可验证性，使任何价值交换都可以被追踪和查询，这些信息不仅可以被保存在某一个服务器或某一个参与者的机器中，而且可以通过相应的技术屏蔽相关的商业秘密（如出票人、承兑行等）。其三，智能合约的形式使得数字票据在整个生命周期中具备了可编程性，即具备了限制性和可控性。

由于上述优势，主管部门对数字票据市场提出了"先试点后推广、由点及面、逐步实施"的指导原则。这意味着，具备技术和条件的金融机构和企业应率先开展数字票据产品和服务创新的内部试验，探索开展数字票据交易平台的建设。一旦数字票据应用技术与条件成熟，就可以向全国推广，促使我国票据市场实现跨越式发展。对于有条件的企业而言，尽早展开试点并形成成熟的技术优势将会在未来的区块链数字票据市场占据先机。就我国目前票据市场的发展状况而言，从纸质票据转化为数字票据的环节是一个合适的切入点。由于纸质票据在市场中占比较大，且在未来很长一段时间内将一直存在，所以关联企业势必存在将纸质票据转化为数字票据后，数字票据能与原始纸质票据具有相同功能的需求。这可以参照当前纸质票据办理贴现业务时进行查询、查复的业务场景：贴现行根据贴现企业提供的票据向承兑行发起查询，承兑行在确认、核实后回复"此票据为我行所承兑，无公示催告，无挂失止付，真伪自辨"的报文。类比此模式，在区块链构建的数字票据系统中，托管方作为交易节点之一，发送一条信息（包含票据的所有要素）至委托方所在的交易节点，并声明委托方拥有该票据资产、票面真实，且目前保管在托管方。此时，票据承兑行作为记录该信息的第三方节点，在完成记账并生成数据区块后，就为委托方所在的网络节点增加该票据资产，并以数字票据的形式流转和使用。其主要特点如下：①当信息的发起方为托管方节点时，就表明其已完成票据的审验和保管，所以托管方要对票据审验的真伪性负责，这样就解决了票据的真实性问题；②由承兑行验证和记账，可有效防止托管方和委托方节点联合作弊（如托管方发布委托方并不拥有的票据资产信息），解决票据的存在性问题；③由承兑行验证和记账，解决承兑行、托管方和委托方三方联合作弊的问题，起到对承兑的限制作用。因此，可以说，植入区块链基因的数字票据，是利用区块链技术，并结合当前银行票据的属性、法规和市场研发出的一种全新的票据展现形式。与现有的电子票据相比，它既具备了电子票据的所有功能和优点，又融合了区块链技术的优势，是一种更安全、更智能、更便捷、更具前景的票据形态。

2. 区块链数字资产应用风险的应对方案

首先，就数字化金融资产的权属问题而言，应区分原生数字资产与金融数字资产。数字货币就是典型的原生数字资产。在区块链上，原生数字资产的财产本体和权利是合二为一的，拥有对应的私钥，因此也就拥有了对应账户下数字货币的绝对支配权，不需要任何第三方的确认或协助。可是，当金融资产在区块链上进行数字化之后，区块链上登记的内容将发生重大变化。用区块链登记的股份、债权等不再是本体和权利的二合一形式。股份、债权等财产的本体存在于实体世界，区块链上登记的只是实体世界财产权利的一种"映射"，有学者称其为映射资产。拥有相应的私钥，只能保证映射资产在区块链上的支配权，而在实体世界里当真正享有权利时，往往还需要政府、企业或机构等中介/中心组织的配合，相应的也需要法律予以规范。对于数字资产的权属问题，尤其是映射资产的本体与权利分离困境，前文提出的李嘉图合同机制是很有针对性的一种应对方式。

其次，就区块链上交易主体匿名化的问题，实际上，《中华人民共和国电子签名法》（简称《电子签名法》）已经为区块链的实名化提供了完整的法律框架，实践中 CA（数字证书认证）机构也可以提供实名化的措施。《电子签名法》确认了可靠的电子签名与手写签名或盖章具有同等的法律效力。而区块链上用户通过私钥完成的签名是符合有关电子签名的法律规定的。在区块链上，只要某个私钥持有者的身份得到了证明，链上所有经过这个私钥的签名的交易就都是实名化的。目前，最有效的证明方法就是向 CA 机构申请一份认证其身份的数字证书。这些 CA 机构一般采用和区块链类似的密码学方案。CA 机构用自己的证书为个人或企业颁发一份认证其身份的数字证书，证书内容包含个人或企业的真实身份信息，以及证书持有者与颁发机构的电子签名。这样就可以证明，未来使用该证书所签署的电子签名是其本人的真实意愿，且在必要的时候可以公开证书持有人的真实身份。至此，在区块链上进行要求实名的交易时，双方互相提供 CA 机构颁发的数字证书即可，并且保证了身份信息只向对方披露。不参与交易的第三方不会获得这些数字证书，也无法得知双方的身份信息。不想进行实名认证的用户也可以继续使用匿名的账户，但是无法参与对方要求实名的交易。

最后，就数字资产面临的交易风险而言，有必要先行区分数字资产交易的不同场景。因为，现行法律对于金融资产交易有所谓的"场内"与"场外"之分。比如，《中华人民共和国民法典》规定的债权转让就属于场外交易，也就是说，法律对于交易的场所没有特别的要求。因此，对于场外交易，交易在区块链上完成，如债权转让，即宣告债权转让的实现。但如果法律对场内交易有特别的规定，如《期货交易管理条例》要求期货交易必须在期货交易所内完成，那么仅在区块链上进行的期货交易就不具备满足法律效力产生所要求的必要条件。

不过，我们也应当意识到，随着我国区块链应用的全面落地，在数字资产的应用和监管方面，我国应力争取得先发优势。尽管目前资产数字化尚在起步阶段，但是考虑到未来数字资产交易市场必然会走向协调统一，场内、场外的分别也将会被更先进的统一化系统所取代。因此，目前已经从事区块链金融资产交易的企业，虽然大多数是初创企业和中小型企业，但大家都应当集中力量进行区块链交易相关技术的突破和标准的确立。毕竟，实践中最成熟的技术和最合理的方案往往会成为国家方案建设的蓝本。

三、非金融领域合规风险的应对方案

1. "区块链+物联网"应用边界的划定原则

新技术的发展应当与社会文化趋势相统一，应当让文化来"重新设计技术"。坚持以人为本的原则可以缓解包括区块链、物联网在内的高科技风险和社会价值观的冲突，最理想的状态是技术服务于人文。"区块链+物联网"企业应当意识到，在技术变革的大趋势下，以信息技术为主的时代将被以数据技术为主的时代所取代，后者的特征是通过服务大众来刺激生产力的发展。以为掌握了技术优势便滥用数据、侵犯隐私的企业，必然会引起用户的反感，其结果是用户出走和流量断崖，以及监管者出于溢出效应的考虑而倾向于进行严厉的制裁。基于此，"区块链+物联网"应用边界的划定应遵循以下三项原则。

（1）保护私域原则。"区块链+物联网"的强大技术虽然让观察者能够获得更多的数据并进行精准的分析，但是，技术服务于人文的理念并不只是一种口号，而是数据技术时代对企业行为选择的一种导向。用户希望保持个体的独立性和隐私，希望摆脱暴露于传感器之下的状态，确保安全。用户的体验在数据时代将是企业制胜的法宝，因而"区块链+物联网"企业应当重视信息领域中私域的界限，核心的私域应当禁止物联网的侵入。尤其是在确认私域被侵害时，个体应有足够的能力和技术基础设施的保障以便切断物联网的控制，方便随时退出。因而，企业有必要专门针对"区块链+物联网"的退出技术进行研究。

（2）权力谦抑原则。"区块链+物联网"的强大技术无疑赋予了数据收集者以强大的技术"权力"，但他们必须明确，企业不是数据的所有者。为了解决效率与安全的矛盾、保持权力的平衡，企业应当有意识地让数据所有者对自己的数据有一定的控制权。"区块链+物联网"的适用原则和使用方法的设计应当考虑数据所有者的立场，对数据所有权、数据的使用进行再平衡。企业自身的技术权力应当遵循谦抑原则，如放弃互联网 EULA（终端用户许可协议）中的隐蔽陷阱和极不友好的复杂条款（因为人们往往只能同意），让用户参与数据治理，在"区块链+物联网"的数据基本规则的基础上，实现社会共治。

（3）"用户体验为王"原则。在技术服务人文原则的指导下，科技企业应当努力建设"区块链+物联网"的弹性，从技术层面坚持多元化、模块化发展的思路，通过局部到整体多层次的建设，以"区块链+物联网"的灵活性让用户获得更好的使用体验。模块化的"区块链+物联网"设计，尤其应重视对于随意拆分、进入、退出便捷方式的设置。比如，家庭的物联网，既可以根据需要接入政府机构的网络，也可以随时加入公共网络或商业网络。通过多层次、模块化的架构设计，可以方便用户控制"区块链+物联网"的风险。

2. "区块链+电子商务"新型风险的应对策略

针对关键数据泄露的问题，"区块链+电子商务"设计中应坚持私密信息与一般信息相分离的原则。参与"区块链+电子商务"的企业和个人都应强化自我保护，采用技术手段隔离保护自己的业务数据和个人信息。目前，有三种技术手段可以使得风险可控：一是双层数据结构，部分关键信息隔离在内部数据层，一般的或需要流动的数据则接入区块链数据层；二是对申请接入的区块节点进行授权管理，依照协议进行赋权和约束；三是采用零知识证明、环签名、混合器和同态加密四种加密算法进行隐私保护。

针对区块链中不可避免的漏洞，从智能合约的编程入手，采用深度防卫式防范、多添加安全保护层以减少漏洞的影响。借鉴中心化电子商务平台的经验，使用电子商务平台开发的争议解决机制来解决"区块链+电子商务"中出现的争端。鉴于区块链上分叉和回滚的纠错成本极高，因此"区块链+电子商务"企业应当做好特殊情况下业务回撤的准备，尤其应在智能合约中加入回撤协议，从而避免由于技术漏洞或操作风险所带来的损失。

四、智能合约合规风险的应对方案

智能合约虽然不属于法律合同，但由于涉及交易方的权利义务变动，且其中存在一定的风险，因而其属于具有法律意义的合约。目前，人们对于智能合约的风险防范主要采取非法律方式，这种方式依然在代码之治的范畴之内。

1. 交易方的自救机制

自救机制的核心是在进行代码设计时加入人为因素，让第三方对智能合约进行判断,以预防交易风险的发生。这种机制主要针对代码瑕疵和悔约权丧失问题。

(1)混合协议。代码中多设定付款条件,条件满足时自动付款。但如果买方坚持要求代码中包括缺陷产品损害赔偿条款,则难以实现,且代码无法载入。将智能合约制作成混合协议,即智能合约主要用传统法律语言撰写,同时将其纳入代码,这种同时要求区块链和法院执行的智能法律合约就是数字和自然语言混合的合约。这种合约也称智能法律合约。

(2)多重签名。智能合约代码需要密钥签名,如果代码由2/3密钥确认,就属于多重签名。这其实是在交易方之外引入第三方,由其充当仲裁员,三方建立一个联合账户。如果交易双方同意,他们的密钥就足以完成交易,如果一方不同意,第三把密钥的持有人就可以通过自己的判断来打破僵局。比如,买方因产品质量不合格而不同意完成交易,第三方经过认定可以退还买方一定的金额。

(3)预言机。预言机与智能合约绑定在一起,其功能有两个:一是调整智能合约的义务履行;二是传达人类的见解或支持私人争议解决和私人仲裁系统。如果发挥预言机的第二个功能,则可以在智能合约中引入裁判机制,即设定信息提供的第三方为司法机构、仲裁机构,或者从互联网上召集陪审团、第三方,其可通过签名的方式介入,阻止有风险的智能合约执行。

2. 智能合约社区的自治措施

(1)民主决议:"矿工"的作用。"矿工"通过集体行动维护区块链的底层协议。即使代码出现普通瑕疵,"矿工"依然会维护"代码即法律"这一原则。但是,如果出现类似"The DAO 事件"那样严重的代码漏洞,为了应对黑客攻击,则可以在社区内发起投票机制,修改区块链底层协议,以阻止代码的运行。

(2)软件更新:平台作为法庭。在"The DAO 事件"中,以太坊基金会分别采取了冻结账户和软件更新措施,以阻止黑客利用代码漏洞盗窃以太币的行为。其中,软件更新与"矿工"表决的功能相同,均旨在修改区块链底层协议与阻止代码运行。

第四节 "区块链+"法律落后风险的应对方案

法律落后问题的解决当然离不开立法的进步,以及监管制度与方式的改革。但是,企业不能坐等法律改革而贻误区块链创新应用的时机。前文已经用很大的篇幅论述了区块链技术应用的问题。在区块链创新应用部分,将集中讨论区块链所倡导的价值理念的实现问题。

从区块链技术脱离比特币进入独立发展的阶段,它便被人们寄予了缔造信任社会的厚望。因为,区块链不仅有分布式账本、非对称加密、智能合约、时间戳和对等网络等一套关键技术,而且它还具有包括共识、共治、共享在内的思想理念与价值主张。这些价值理念虽然赢得了广泛的认可,但是从它们被立法者接受到体现在法律制度之中,需要经过一段并不短暂的历程。对于企业而言,区块链的价值理念不仅可以在其应用技术所创造的服务与产品中体现,还可以通过对自身的组织架构与运行方式的改革来予以践行。

一、借助智能合约改变企业的治理结构

区块链技术能够通过智能合约来管理和协调组织的某些活动,实现日常运营的自动化,减少人为的干预。有了区块链,企业或其他法律实体可以借助代码来执行企业治理的部分规则和程序。例如,使用智能合约来管理分红、分配利润或分担经济损失;经济权益的分配也将自动进行,无须会计师或其他后台人员来管理。如果股份能在区块链上注册,投资者和发行方就能够更直接地互动。产权和股票被记录在防篡改的数据库中,企业的成员在任何时候都可以清楚了解企业的股东。

区块链还可以简化及自动化企业的行为,如股东投票。诸如董事会选举之类的企业业务,也可以由区块链来管理。区块链的透明和防篡改特性,意味着这一技术有助于避免或减少欺诈和计票错误。选票被记录到区块链上后,人们可以随时查看区块链上的交易记录,验证谁参加了投票。因此,股东决定将是公开的,并且组织的所有成员都可以审查企业的决策是否遵循了必需的程序。区块链代理投票系统的精确和透明,可以降低选票被计算错误的风险。我们以 2008 年雅虎董事会控制权争夺战为例,经过紧张的投票后,雅虎宣布其两名董事获得了约80%股东的支持,这引起了某位持有雅虎 16%的股份的投资者的不满。在他的要求下,第三方投票监管机构重新检查了投票总数,发现部分票数被错误计算了。有了区块链技术,此类错误就会大幅减少。事实上,纽卡斯尔大学的研究人员已经证明,私营部门可以用以太坊智能合约来组织自动投票计票系统,无须再通过任何中央机构进行管理。

随着区块链投票系统的成熟,征求股东意见的成本将会大幅降低,这将使股东在企业管理中发挥更重要的作用,其中活跃股东的意见将引导企业发展的方向。区块链可以使决策过程更加透明、安全和自治,这有助于创建应变能力更高的法律实体。

除了有助于创建应变能力更高的法律实体，智能合约也为改善组织内部控制提供了新路径。许多组织仍在努力实施适当的保障措施，以防止其资产被挪用或滥用。为降低这类风险，企业和其他大型实体通常会分割组织内不同单元的职权，以确保任何人都无法单方转移资产或支出资金。借助智能合约，可以减少企业或其他法律实体内部的假公济私和机会主义行为。传统组织通常借助基于自然语言的书面协议来运营和管理，区块链组织则不同，它可以通过智能合约代码来执行组织的部分治理功能，由代码来详细规范成员之间达成合作的方式。这样，企业就可以创建运作方式更为确定的组织。

同样，借助基于区块链的智能合约，组织可以划分内部职责，规定任何组织业务都必须经过多方明确批准才能开展。这意味着，区块链的智能合约充当了额外的问责机制，它所创建的组织规则既不受限于其对组织的控制权，也不能被任何内部人篡改、规避，或以其他方式破坏。因此，借助区块链技术，可以降低各方在达成共识后图谋私利的概率，从而减少法律实体内部股东或成员之间关系的不确定性。这可以增进组织内部的信任，从而提高组织的竞争优势，创造更多的财富。

二、取代传统的公司制的去中心化组织模式

区块链上部署的智能合约，可以组合起来创建一个互联系统，其运行规则由组织共同定义，并通过技术强制执行。同时，整个网络以分布式方式执行，而非运行在任何中央服务器上。利用区块链技术创建的去中心化组织，其组成人员或单位可以在点对点的基础上开展合作协调，或者按需交换价值，从而降低对中心化管理架构的需求。受开源协作模型的启发，借助区块链协议和代码系统，去中心化组织可以将人们连接在一起，专注于达成共同的社会或经济使命。在某种意义上，这些区块链组织可以看作传统的开源组织的延伸。它们的组织架构是去中心化、协作及非专有的，主要依赖于广泛分布且松散联系的个体之间的合作，并共享资源及产出，而不是依赖于市场信号或管理命令。

由于去中心化组织的运作主要依赖于区块链代币和智能合约，人们可以借此直接或间接地控制组织的资产。这些代币既可以自行购买，也可以由组织分配，并用于换取资本或资源，如数字货币或个人劳务。每个代币都会被赋予特定的权利，如组织的损益分担，以及访问、管理、转移组织所控制的资源或服务的权利，或者参与组织决策的机会。

去中心化组织的治理层级较少，通常依赖群体共识。个人只要购买或持有去中心化组织的代币，就会自动成为它们的成员。这些组织的成员规则或部分成员

规则,由底层的智能合约代码定义。这些新组织不依赖董事会或首席执行官,而主要通过分布式共识机制来进行管理,如使用智能合约来汇总代币持有者的投票权或优先权。

借助智能合约,可以根据组织内成员持有的代币类型的不同,冻结分配成员的权利。例如,某一种代币的持有者享有组织提供的产品和服务的访问权,另一种代币的持有者有权收取组织分配的利润,还有一种代币的持有者有权参与具体决策,如雇用新员工、批准预算或启动新项目。

如果支撑这类组织的智能合约以开源库的模式运作,那么随着时间推移,创建这些新组织的成本和复杂程度将会逐渐降低。随着越来越多的人开始尝试组建这类新的组织形式,就会出现各种各样的专业化(和经审查的)智能合约,会培养出越来越多的去中心化组织,它们可以协调的市场及非市场活动的范围也会越来越大。

区块链技术可以降低管理群体活动的交易成本,因此,理论上去中心化组织可以协调的群体的人数会越来越多。目前,支配我们经济格局的中心化组织,将最终会与这些去中心化组织展开竞争,且后者的规模可能会更大。去中心化组织的成员虽然联系松散,但因共同目的而协同工作,并借助智能合约、密码法及可自由交易的代币来协调运作。

有学者以共享出行服务平台优步为例。他们指出,未来去中心化组织不需要优步这类中央平台就可以协调相同的活动。新组织建立在类似以太坊这样的区块链上,借助智能合约来发布和管理出行请求,并使用代币向司机支付费用。智能合约所构建的去中心化应用可以为出行设定市场价格,匹配司机和乘客,处理支付和评价,并定义透明的组织管理规则。这类新组织可以被设计成自给自足、跨越国境、对全球司机开放的模式。

与优步不同的是,这类去中心化组织完全由司机直接拥有和控制,每个司机都有投票权,对底层软件的任何修改都需要进行投票。这样,组织就会以更有利于司机的方式运行,不会出现不可预见的收费、新费用或其他对司机不利的政策。

如果去中心化组织能为司机和用户提供更好的服务,必将吸引全球的司机。实际上,这些去中心化系统不再需要位于中央的中介机构,其代码设计立足于参与网络的司机的利益,可以以透明和包容的方式协调司机的活动。因此,像优步这样的中央平台,可能会被基于区块链的去中心化应用所取代。

三、重构公司制的网络社群化法人

在传统的公司制架构中,股东、员工、用户的三方博弈是找不到解决方案的,从而阻碍公司的发展进程。但是，在以区块链为基础的新型网络社群化组织形式下，三方的界限将被打破，股东可以与优秀员工分享股权，员工可以通过销售获得不错的提成；股东对用户的激励回报有着独特的回馈方式。这些既拉近了三方的交互关系，又能减少不必要的成本。

首先，解决多方信任的分布式账本。传统公司制采用的中心化记账方式，只能记录商业的结果而无法记录运营的过程，因而无法解决公司的所有者与经营者之间的信任问题，公司投资回报率的记录也存在"黑箱"效应和测度粗颗粒度的问题。而区块链的分布式记账方式，给公司的所有者和经营者，以及公司的内部与外部，都提供了一本难以篡改的账本，让各方共同记账，账本的同步性和真实性使彼此之间更容易相互信任。同理，区块链的分布式账本不仅能够实现信息记录和移转的真实可靠，也能让价值的记录和移转变得值得信赖。区块链可以在没有第三方信用背书的情况下，使每一个参与者都拥有一份完全相同的账本，一旦某一个账本被修改，全部账本将在数秒钟内同步修改完毕。这防止了重复支付的产生，即"双花"问题，从而实现了在网络中的价值转移。另外，由于分布式账本可以实现过程留痕，因而每一条行为数据都可以被追踪，每个员工都可以看到自己的行为及结果。也就是说，员工和用户在这个网络化社群组织中的每一个行为都可以精确计量、实时计算，行为跟结果实现了直接的关联，那么也就实现了对内部和外部回报率的精确计算，解决了前述"黑箱"效应和测度粗颗粒度的问题。

其次，重构三方关系的通证激励模式。公司在项目开发之初首先用通证向认可自己产品理念的用户筹集早期的启动资金，甚至在平台上开放项目以便用户可以参与产品的开发。这个时候，潜在的用户将成为股东或员工。项目上线后，早期众筹的"股东"转正为真正的用户。产品上线后，用户在使用过程中会因使用产品而获得通证奖励，随即正式成为股东。用户为了让自己的通证变得更有价值，会主动传播产品，就像该公司的员工要做的工作一样。于是，在这个区块链项目中，股东、员工、用户的三方角色被重构，由三方博弈发展成三位一体。这种网络化社群组织，能让员工、用户与公司（股东）的利益在最大限度上保持一致，员工对公司（股东）建立起一种新型的忠诚关系，用户使用产品成了一种对公司的投资，他们像股东一样帮助公司发展壮大并从中获得期望的回报。

最后，实行共治、利益共享的网络社群化经济体。区块链技术将大大扩张公司的边界，清晰的共识机制、激励机制、数学逻辑和程序代码保证了规则的有序运行，解决了传统公司制度下无法克服的信息不对称、回报率黑箱等问题。在"用户为王"的新阶段，用户作为对企业销售行为的买单者，要求拥有更多的权益；同时，用户作为传播和推广公司的"员工"也清楚地了解了公司的运营，并作为掌握通证的股东与公司享有更为一致的收益期待。无形中，当前互联网企业极难处理的数据收集与隐私保护之间的矛盾，也将获得较为圆满的解决方案。这种基于共识、实行共治且利益共享的网络社群组织形式将可能取代传统的公司制，通过通证将各种生产要素（货币、人力、资源等）纳入财富记账体系，继而在区块链网络中对资产进行确权、流转和权益保护（智能合约）。而激励规则的设计将实现对企业家、员工、资本等多要素的配置，联通货币资本、人力资源、创业者精神，实现新的经济均衡。

网络社群化法人与前述可编程的去中心化组织模式不同，网络社群化法人仍然以一个形式上的公司法人存在，其主要功能是应对现实世界的工商管理、税务等，也避免了后者在"合伙"还是"公司"定位上的尴尬。然而，网络社群化法人的公司所有权形态、管理模式，以及各方之间的关系都已经被重塑。这将是一种以区块链技术为支撑的、信息对称的、以通证为媒介的、交易成本极低的，以及和股东、员工、用户共同协作的先进生产关系形态。

第九章

区块链+企业国际化

从世界大势来看，近几年的世界贸易已经呈现出新一轮变革的趋势。随着劳动力市场的转移，世界工厂已由我国逐渐转移至东南亚各国。从历史上看，起于地理大发现的全球化，早在区域帝国时期就已经凸显出贸易比较优势。当年活跃在亚欧大陆的"丝绸之路"就是一个例证。在两次工业革命的助推下，19世纪末，作为全球化标志的商品贸易、劳动力流动和资本投资已经发展到了登峰造极的地步。

目前的全球化与19世纪末相比，不言而喻，是规模极大的发展、结构极大的提升，但就其本质来讲还是相同的。一些大国的单边主义及霸凌行为和19世纪末非常相似。

近几年，我国的外部环境并不轻松，某些国家把我国作为战略对手的意图十分明显，利用贸易、经济的摩擦，以及技术的制裁甚至脱钩的威胁对我国轮番进攻，会时高时低、时紧时松，但不会停止。其他国家会权衡内外部压力和自身利益之间的关系，从而做出不同的反应，有时会对我们利好，有时则相反。

第一节　我国企业国际化现状

改革开放以来，我国企业的国际化成长始终伴随着强制性制度变迁和诱致性制度变迁的交互作用。我国企业的国际化符合传统的渐进演化规律，在推进速度上又表现出超常规、非线性的特征。我国企业国际化的特殊历程根源于我国改革开放和庞大的市场内需的特殊制度环境。如今，唯有通过进一步深化我国企业改革，在混合所有制基础上与国际企业进行合作，进一步规范我国企业的海外投资行为，才能使我国企业在国际市场以更加合法合规的姿态，更好地实现国家使命和企业战略目标。

1. 改革开放前的外资引进奠定我国企业国际化的基础

1950—1978 年，我国曾三次大规模引进外资。第一次大规模引进外资的是 20 世纪 50 年代的"156"项目，即引进苏联的 156 项重点工程。彼时我国百废待兴，此次的项目引进对我国重振经济有着至关重要的影响；第二次大规模引进外资发生于 20 世纪 70 年代初期，当时西方国家正身陷经济危机，我国在此时期完成了引进 43 亿美元成套技术设备的方案；第三次大规模引进外资的是发生于改革开放前夕的"78"项目，通过 1978 年签订的外资引进协议，在一定程度上奠定了我国重工业发展的基础，如直接加速了长春第一汽车制造厂的发展，使该厂快速建成并投产。

然而，在三次大规模引进外资进程中，前两次引进外资主要是大规模引进成套设备，极少引进单项技术与设备，对我国产业变革及技术升级的作用有限。第三次大规模引进外资则开始引进外资企业及增加技术人员交流，这种技术引进模式在 1979 年后得到延续，促进了我国企业对引进技术的消化、吸收、改进和再创新。

2. 我国企业保守性国际化阶段

在改革开放初期，我国引进外资，同时鼓励企业出口创汇，但对企业对外投资持保守或不支持的态度。

1978—1991 年，我国企业开始对外直接投资，因为缺乏对海外投资的经验，本身也不具备自主的跨国经营动机，所以其投资行为表现出跃进性、非连续性及非系统性。

1979—1984 年，我国企业为对外投资兴办非贸易性企业 113 家，总投资额超 2 亿美元。此时我国企业对外投资领域主要集中在贸易、餐饮、建筑工程承包等服务业领域，投资区位主要集中在周边发展中国家。我国企业通过不断向外寻求资源并向外拓展市场，在更大的范围内融入国际产业分工。我国对外开放态度从"引进外资"到"走出国门"，国内企业对国际化的渴望日益加深。

3. 混合所有制市场经济改革驱动制造业跨国经营阶段

1985 年之后，一些资源加工类的大型国有企业尝试对外投资，此时的对外投资承载了国家主体对外主动探索并融入世界市场的使命，我国企业在这个时期的对外投资主要是为日后更大体量的国有资本对外投资积累跨国经营经验。

1987—1989 年，外商开始大量涌入我国市场，外商独资比重迅速提升。1987 年，松下电器在北京创办了第一家合资企业——北京松下彩色显像管有限公司，美国摩托罗拉也在同期进入我国市场。我国在这个时期正式开始走向"全球工厂"。而这个时期外资企业在我国市场的活跃也促进了我国企业的技术变革及管理模式的创新。

20 世纪 90 年代，我国能源矿产类企业占据大部分对外投资份额。1992 年，首钢集团有限公司（简称首钢）收购了秘鲁铁矿股份有限公司（简称秘鲁铁矿），成立了首钢秘鲁铁矿股份有限公司（简称首钢秘铁），掀起中国企业并购外国企业的风潮。1993 年，中国石油天然气集团有限公司（简称中石油）在泰国获得石油开发作业权。1995 年，中石油苏丹项目正式启动，成为中石油第一次真正战略意义上的对外投资。

在此阶段，不仅能源企业增加了对外投资，我国生产制造业企业也步入了对外投资阶段。此时，我国生产制造业企业具备了一定的市场竞争意识，在国内市场出现饱和趋势的情况下，部分企业开始了对国外市场的布局。在此期间，小天鹅公司、海信集团、金城集团等行业内的知名企业都开启了海外投资项目。1995—2000 年部分对外投资企业如图 9.1 所示。

公司	年份	地点	内容
小天鹅公司	1995	马来西亚	建家电厂
海信集团	1996	南非	建家电厂
金城集团	1996	哥伦比亚	建摩托车厂
TCL 集团	1996	越南	收购港资彩电生产企业 DONACO
华源集团	1997	尼日尔	收购纺织厂
康佳集团	1998	印度尼西亚	合资建家电厂
春兰集团	1999	西班牙、伊朗	建摩托车厂
格力集团	1999	巴西	建电器厂
长虹集团	2000	印度尼西亚	建家电装配厂

图 9.1　1995—2000 年部分对外投资企业

4．鼓励性对外投资阶段

2001 年年底，我国正式加入 WTO，我国企业的经商环境发生了巨大改变，国内企业面临大量国外企业的竞争。此时，我国正式提出"走出去"战略，形成鼓励性对外投资政策。

在成功"入世"及"走出去"战略提出后，我国企业的对外投资开始飞速增长。2002—2007 年，我国非金融类对外直接投资的年均增长速度高达 47%；2007 年，我国非金属类对外投资流量达到 187.2 亿美元。2004 年 7 月 1 日，我国企业外贸经营权完全放开，这对我国企业进行跨国价值链布局起到了促进作用。

在这个阶段，我国企业的大规模并购仍集中在能源领域。例如，中国石油化工集团有限公司（简称中石化）收购了俄罗斯乌德穆尔特石油公司96.86%的股份，总交易额为35亿美元；中石油以41.8亿美元成功收购哈萨克斯坦PK石油公司；中国有机硅行业的排头兵中国蓝星（集团）股份有限公司全资收购法国罗地亚公司有机硅及硫化物业务项目。

2006年之后，我国国有企业对外投资已从过去以贸易领域为主，逐步拓展到工业制造、建筑工程、能源开采、基础设施建设、通信工程、商业服务、农业等行业领域。我国国有企业通过对外投资，在境外形成了多个原油和矿产资源原料来源和生产基地，与30多个国家建立了能源资源长期合作关系，初步建立了国际化的能源资源安全保障体系。

5. 跨国投资进入机遇阶段

2008年，次贷危机引发的国际金融危机对各国经济造成不同程度的冲击，全球大量企业陷入资金困境。我国国有企业背靠政府，利用政府庞大的外汇储备，大举抄底投资海外企业。

根据普华永道的统计数据，2011年我国企业共披露了16宗交易金额大于10亿美元的海外并购交易，其中包含了14宗资源和能源领域交易。2011年，中石化以35.4亿美元收购葡萄牙能源公司30%的股权，中国中化集团有限公司（简称中化集团）通过香港子公司以30.7亿美元收购挪威国家石油公司巴西佩雷格里诺油田40%的股权，海航集团有限公司（简称海航集团）以3.29亿欧元获得西班牙NH酒店连锁集团20%的股权，以及中国蓝星（集团）股份有限公司以20亿美元并购挪威埃肯公司等交易都是年度海外并购的"大手笔"。2012年，我国对外投资的重头仍是国有资金大幅注入能源和原材料领域，中国国家主权基金和国有企业在能源领域投资额达362亿美元，对原材料领域的投资额达16亿美元。2013年，中国海洋石油集团有限公司（简称中海油）以148亿美元收购加拿大尼克森公司100%的股权。2014年，中粮集团有限公司（简称中粮集团）与总部位于荷兰的全球农产品及大宗商品贸易集团尼德拉签署协议，收购其51%的股权，成为这家年销售额超过170亿美元的国际农产品主要贸易商的控股股东。

2014年，我国企业在铁路领域的海外累计签订合同额为247亿美元，其中中国铁建股份有限公司（简称中国铁建）同尼日利亚签署的铁路建设合同金额高达119.7亿美元。重组合并前的中国南车集团公司（简称中国南车）和中国北车集团公司（简称中国北车）的海外总合同金额达 60 亿美元，其中中国北车获得波士顿 284 辆地铁车辆装备的订单，金额为 5.67 亿美元，这是中国轨道交通设备首次进入美国市场。合并后成立的中国中车集团有限公司（简称中国中车）积极投标美国的轨道交通项目。此外，中国铁路工程集团有限公司（简称中国中铁）参与俄罗斯的高铁建设，合同金额高达 24 亿元，这意味着中国高铁技术真正地走出了国门。同时，中国核工业集团有限公司（简称中国核工业集团）自主三代核电技术再出海，与阿根廷核电公司合作建设压水堆核电站。2016 年以来，中老（中国—老挝）铁路、中泰（中国—泰国）铁路相继开工建设，"一带一路"沿线的投资将持续发力。

截至 2015 年，我国企业在"一带一路"沿线的投资规模集中在 1 亿～10 亿美元的投资案例数高达 407 起，10 亿～100 亿美元的大规模投资案例数达到 121 起。我国企业在"一带一路"沿线的投资领域集中在采矿业、交通运输及制造业。

6. 规范性对外投资阶段

2017 年以来，我国企业的海外投资跨入了新的发展阶段，从追求投资规模转向追求投资质量和经营效益。2017 年，我国对外直接投资金额为 1200.8 亿美元，同比减少 29.4%；我国对"一带一路"沿线的 59 个国家的新增投资合计 143.6 亿美元，投资金额占总额的 12%，比同比增加 3.5%。

我国企业对"一带一路"沿线国家实施并购 62 起，投资金额为 88 亿美元。在我国企业海外并购项目锐减 5 成、交易总额整体下降 10.26% 的情况下，对"一带一路"沿线国家实施并购的投资额同比增长 32.5%。其中，中石油和中国华信能源有限公司（简称中国华信）投资 28 亿美元联合收购阿联酋阿布扎比石油公司 12% 的股权为其中最大的项目。

第二节　我国企业在国际化过程中存在的问题

一、海外并购前期准备不足

1992 年，秘鲁政府决定把长期亏损的国有企业秘鲁铁矿私有化。在秘鲁铁矿的国际招标中，首钢以 1.2 亿美元投得该标，收购了秘鲁铁矿 98.4% 的股份，获得马科纳矿区 670.7 平方千米内所有矿产资源的无限期开发和利用权。

老牌国有企业出海以后，需要有一个熟悉水性的过程。第一个"吃螃蟹"的首钢在秘鲁"呛的第一口水"，就是投标时出价过高带来的债务负担。由于前期调研不足，首钢对秘鲁政府的意愿并不清楚，对参与投标的其他几个竞争对手也不了解，在投标中开出了 1.2 亿美元的高价。事后他们才知道，这个价格远远高出秘鲁政府的标底，也大大高出其他对手的出价。这笔投资的本息，要用秘鲁铁矿每年卖铁矿石的收入来偿还。在此后很多年中，首钢秘铁长期存在贷款规模过大、偿付能力偏低、每年支付银行的财务费用过高等问题。尽管首钢秘铁大部分年份都有盈余，但扣除需付银行债务的本息后，始终难以摆脱亏损困境。为此，首钢秘铁采取了许多办法清还债务，直到 2002 年，其银行贷款余额才压缩到 1000 万美元以下。

首钢秘铁自成立以来，便被各种名目的罢工示威所困扰，频繁的劳资纠纷曾一度令首钢秘铁处于半死不活的状态。每年三四月份，首钢秘铁都要集中精力应对矿业工会的"强势"。但每次费尽心力解决完问题后，又面临下一波威胁。而每次矿工罢工的目的几乎都是涨工资、加福利。据不完全统计，矿工罢工给首钢秘铁带来的日平均损失为 100 万～200 万美元。仅 2004 年的罢工事件，便给首钢秘铁造成直接经济损失达 500 多万美元。

此外，首钢秘铁的人事管理问题也曾困扰首钢多年。在首钢秘铁成立之初，首钢试图向首钢秘铁引入国内的管理体系，利用中方人员进行企业管理。首钢最多时曾向首钢秘铁派驻的中方管理人员超过 180 人，其中一些人把国内的矛盾也带到国外，不但没有帮助解决海外公司的经营困难，反而带去了很多内部问题。之后，首钢开始采用"本土化经营"的策略，更多雇佣当地管理人员，经过努力，首钢秘铁的中方管理人员已经精简为 20 多人。

分析：在本次收购案中，首钢在发起收购前，对秘鲁政府的意愿及竞争对手的出价调研不足，由此导致投资金额过高，难以回本。首钢对当地民情并未做充分调查，当地频繁的罢工示威及劳资纠纷对首钢秘铁的经营造成了极大困扰。在这次投资收购中，首钢对秘鲁铁矿的收益回报过于理想也在一定程度上导致了后期的经营困境。

在这次收购案例中，首钢如若采用了区块链技术结合大数据系统，便可通过区块链综合系统在国际招标前对秘鲁铁矿的矿产平均价格有一定了解，减少投资成本。在进入矿产后，也可通过区块链技术中的智能合约技术为每一个矿工量身定制不可篡改的智能合约，减少当地矿工的怠工现象。

二、我国企业跨国并购过程存在的问题

中国铝业集团有限公司（简称中铝集团）与力拓集团于 2009 年 2 月 12 日签署了战略合作协议，中铝集团以总计 195 亿美元的资金入股力拓集团。中铝集团就此次交易完成了 210 亿美元的融资安排，并获得了澳大利亚竞争和消费者委员会、德国联邦企业联合管理局、美国外国投资委员会等权威部门的认可。

收购前期：2009 年 2 月 2 日之前。

2008 年 2 月，中铝集团携手美铝公司在市场高峰期斥资 140.5 亿美元（美铝公司 12 亿美元，中铝集团 128.5 亿美元）合作收购力拓集团 12%的普通股股份，这样中铝集团持有了力拓集团 9.3%的股份，成为其单一最大股东。2009 年 2 月，在金融海啸肆虐之际，力拓集团迫于 387 亿美元的债务压力，向中铝集团寻求资金支持。

收购进行时：2009 年 2 月 2 日~5 月 15 日。

经过谈判，中铝集团将向力拓集团注资 195 亿美元，其中 123 亿美元用于参股力拓集团的铁矿石、铜、铝资产，72 亿美元用于认购力拓集团发行的可转换债权。如果交易完成，中铝集团将持有力拓集团 18%股份，并将向力拓集团董事会派出两名董事。

2009 年 4 月，澳大利亚民意调查结果显示，受调查者中反对中铝集团增持力拓集团股份至 18%的比例竟高达 59%，理由是担心中国通过央企最终控制澳大利亚的资源，从而危害澳大利亚国家安全。中铝集团属于央企，在澳大利亚民众的眼中，相比民企，这就是一种非商业行为的发生。

中铝集团并购案示意图如图 9.2 所示。

图 9.2　中铝集团并购案示意图

随着市场形势的好转，力拓集团的财政状况逐渐好转。2009年6月4日，收购案被力拓集团董事会否决，预示着中国当时数额最大的海外投资宣告失败。力拓集团向中铝集团支付了1.95亿美元的"分手费"，并与必和必拓公司就合资经营铁矿石业务达成协议。

分析：在本次跨国收购案例中，中铝集团在收购过程中存在准备不足的问题，导致本次收购的失败。

首先，在签署战略合作协议时，中铝集团调查不足，没有对国际市场环境做到很好的预估，错过了收购的良好时机，没有在力拓集团资金最紧缺的时候一举拿下它，从而给了力拓集团做出其他选择的机会。

其次，中铝集团设定的违约金较低，仅为交易金额的1%，使得力拓集团违约成本显著降低，对其没有足够的约束力，当其找到更好的解决困境的途径时，就将毫不犹豫地选择违约来对付中铝集团。

在本次收购案中，中铝集团暴露出对违背合约的惩罚力度不足，同时对当地民情了解不充分的问题。区块链技术在这次收购案中，完全可以发挥智能合约的能力，对合约的双方构成极大的约束力。同时，依靠区块链中的联盟链技术，可以减少当地群众对国外企业的抵制情绪。

三、国情不同导致企业文化差异

TCL集团股份有限公司（简称TCL集团）创立于1981年，主要从事录音磁带的生产制造，后来拓展到电话、电视、手机、冰箱、洗衣机、空调、小家电、液晶面板等领域。截至2019年年底，TCL集团拥有5万余名员工、26个研发中心、10余家联合实验室、22个制造加工基地，在80多个国家和地区设有销售机构，业务遍及全球160多个国家和地区，全球累计服务用户超过9.6亿人。

作为中国企业全球化的先行者，早在1999年TCL集团就率先布局越南市场，至今已经走过早期探索、跨国并购、稳步成长三个阶段。面对新兴市场迅速增长趋势，以及国家"一带一路"倡议的历史机遇，TCL集团制定了全球化再出发的路线图。未来几年，TCL集团将继续巩固和提高海外市场份额，扎根当地市场，进一步完善全球产业和供应链布局，提升全价值链竞争力。

汤姆逊集团为全球四大消费电子类生产商之一，有四个主要业务方向：网络、消费类电子产品、零部件、专利许可。汤姆逊集团的许多产品在中国市场上都占有相当大的份额。

2003年，汤姆逊集团在中国的运营收入达到了4.5亿欧元，但其旗下的彩电及DVD业务处于严重亏损状态。

当时国内家电市场处于饱和状态，为提升企业国际化水平，追求协同效应，TCL 集团决意引入更新、更先进的技术和管理。此时，汤姆逊集团在高端领域里具有一定优势，TCL 集团可通过收购汤姆逊集团绕开贸易壁垒实现本土化。

收购汤姆逊集团最明显的优势是，TCL 集团可将产品逐步转由国内生产基地生产，利用国内较低的劳动力成本来降低制造成本、提高产品竞争力。TCL 集团在电视领域的研发和核心技术上的欠缺，可以通过汤姆逊集团在研发和技术上的领先实现优势互补，从而节省交易费用，减少不确定性，产生 1+1>2 的锦上添花效应。

2003 年 7 月，TCL 集团和汤姆逊集团就组建合资公司进行了接触，按照双方达成的协议，双方所有的品牌仍归母公司，但是成立的合资公司可以免费使用；合资公司不拥有汤姆逊集团电视机业务已申请的专利技术，需要就使用这些专利与汤姆逊集团签订专利许可协定并按照协定交纳费用。谈判进行了三个多月，达成合同文本 40 多份，2003 年 10 月，双方合资的前期最为艰苦的谈判终于画上了句号。

2003 年 11 月 4 日，TCL 集团和汤姆逊集团正式签订协议，重组双方的彩电和 DVD 业务，组建全球最大的彩电供应企业——TCL 汤姆逊电子公司，即 TTE。2004 年 7 月 29 日，在 TTE 中，TCL 集团与汤姆逊集团共同出资 4.7 亿欧元，其中汤姆逊集团出资 1.551 亿欧元持有 33%的股份；TCL 集团出资 3.149 亿欧元持有 67%的股份，绝对控股。这是我国企业第一次兼并世界 500 强企业。TCL 集团董事长李东生认为，汤姆逊集团有品牌、技术和欧美渠道，TCL 集团可借之拓展欧美市场，规避反倾销和专利费的困扰。

2003 年 11 月 24 日，美国商务部初步裁定中国一些电视机生产商向美国市场倾销其产品，已圈定的长虹、TCL 集团、康佳、厦华 4 家强制调查对象都被认定为存在倾销，倾销价差为 27.94%～45.87%。在此之后的 2004 年 4 月 13 日，美国商务部正式公布了中国彩电反倾销案的终裁结果。TCL 集团处于被征收反倾销税第二的位置。TCL 集团通过对汤姆逊集团并购，采取本土化的策略，就可以绕开贸易壁垒，获得欧美市场更大的市场份额。

但这次并购后，TCL 集团不仅没能趁机提升经营能力，还为此背上了沉重的"包袱"。2005 年年底，TCL 集团的欧洲彩电业务不断亏损，最终亏损达 8000 多万美元，创下历史最高纪录。

在这次跨国并购中，TCL 集团并购汤姆逊集团彩电业务花费的成本相比并购后的整合成本要低得多。从收购起至 2006 年 9 月底，TCL 集团在欧洲业务累计亏损 20 亿元人民币，成为母公司两年连续亏损的主要原因。

2006 年 11 月，TCL 集团经商议后，决定采取解雇 450 名合并公司的员工，并预计拿出 4500 万欧元给予补偿。然而裁员程序极其烦琐，需与当地劳工组织、政府部门协商谈判，最终 TCL 集团不得不选择放弃欧洲市场。

分析：在本次收购案中，其失败原因主要在于 TCL 集团在公司战略、营销、人员配置上都存在判断失误。问题的出现根源于中法两国文化的不同。不同的文化决定了人们对公司人力资源管理行为的看法不同，由此产生文化冲突从而带来负面影响。汤姆逊集团作为典型的法国企业，崇尚产品细节，追求艺术的浪漫，而 TCL 集团作为中国企业，追求产品的更迭速度，追求"拿来主义"，双方的文化冲突导致对公司的管理产生巨大的分歧。在 TCL 集团的管理层中，具有企业家精神、敢于冒险的人更受欢迎，而在汤姆逊集团中，管理层更偏向于运用理论学识和科学的管理方法。在合并后的企业管理活动中，双方管理层无法达成共识，导致大量的法国员工选择离职，TCL 集团的管理人员难以开展工作，进而导致了离职率的不断上升。

TCL 集团对欧洲市场的认知不足及文化冲突是本次投资失败的主要原因。在类似的案例中，收购企业完全可以在区块链技术中的智能合约基础上实现收购方与被收购方在管理上的协同，并建立与被收购企业的信任基础，实现管理上的自由。另外，收购企业仅参与被收购企业的利益分红而不插手当地企业的管理，并且通过建立产品大数据区块链，及时了解用户需求及市场情况，可极大概率地避免类似投资失败。

四、中国平安投资失败案例

中国平安保险（集团）股份有限公司（简称中国平安）于 1988 年成立于深圳蛇口，是中国第一家股份制保险公司，现已发展成为集保险、银行、投资等金融业务于一体的综合性、封闭性、多元化的金融服务集团。中国平安已在香港证券交易所和上海证券交易所主板上市。从保费收入衡量，平安寿险是中国第二大人寿保险公司，平安财产保险是中国第二大财产保险公司。

2011 年，中国平安在《福布斯》世界 2000 强上市公司中排名第一百四十七位，在《金融时报》世界 500 强企业中排名第一百零七位，在《财富》世界 500 强龙头企业中排名第三百二十八位，并蝉联中国内地非国有企业第一名。

中国平安是中国金融保险业第一家引入外资的企业，治理结构健全，拥有国际化、专业化的管理团队。

富通（Fortis）集团最初将总部设在荷兰，主要从事保险业务。在收购比利时总银行和其他银行后，富通集团成为比利时、荷兰、卢森堡最大的金融机构之一，并将业务扩展到全世界，经营范围包括保险、银行、投资等领域。

2004 年，在《财富》世界 500 强企业中，富通集团的资产排名第二十四位；在《福布斯》世界 500 强企业中，富通集团在销售、利润、资产和市值综合排名中，位列全球金融服务提供商第三十八位。

2008 年，富通集团在《财富》世界 500 强企业中排名第十四位，在商业银行和储蓄银行类别中排名第二位。

2009 年，政府主导富通集团进行重组和剥离，富通银行并入法国巴黎银行，富通集团只剩下保险业务。2010 年 4 月 29 日，布鲁塞尔和乌得勒支的股东大会分别以 97% 和 99% 的压倒性支持通过了更名，富通集团更名为 ageas。

根据摩根大通的数据，富通集团自成立以来，平均股息率超过 6.5%。如果这一表现能够长期保持下去，那么投资富集团通无疑会带来可观的回报。同时，中国平安投资富通集团还将在保险、银行、资产管理三大金融领域积累先进经验，其打造跨国金融巨头的梦想将会实现。

从 2006 年年底开始，中国平安开始与富通集团接触。经过一年的调查，中国平安得出了这样的结论：情况良好、前景光明。

事实上，富通集团存在很多问题。首先，富通集团作为一个"结合体"，其因定位混乱、管理不善、目标模糊而受到欧洲业界的批评。其次，富通集团本身也涉及重大收购。2007 年 10 月 9 日，富通银行与苏格兰皇家银行、西班牙桑坦德银行共同投资 710 亿欧元收购荷兰银行。当时，这场欧洲银行业大规模收购战的前景尚不明朗，尚未确定。

从中国平安锁定富通集团作为投资目标近一年的时间里，富通集团的股价已经从最高点 40 欧元下行到 25 欧元左右。换句话说，彼时摆在中国平安面前的是一个 1.1 倍净资产、5 倍市盈率的公司。而当时国内银行股对应的数据分别是 3～5 倍和 20 倍左右，即便在香港市场，银行股的净资产和市盈率也在 1.5 倍和 10 倍以上。但是，从基本的技术数据看，投资富通集团是一个理性的选择。更重要的是，中国平安认为，富通集团正在收购的荷兰银行资产管理业务是荷兰银行最优质的业务，同样是平安资产平台亟须配置的短板。

2007 年 10 月，中国平安开始在公开市场购买富通集团的股票，持股比例增至 4.99%，成为富通集团单一的最大股东。2008 年 3 月，中国平安的总经理张子欣进入富通集团董事会，中国平安计划以 21.5 亿欧元的对价投资富通资产管理公司，从而获得 50% 的股权。

双方签署的谅解备忘录披露的信息显示，富通资产管理公司拥有约 2300 万欧元的债务抵押债券（CDO）和货款抵押债券（CLO）风险敞口。

CDO 和 CLO 都是在美国次贷危机中发挥重要作用的"垃圾债券"。更重要的是，富通集团向所有人瞒报了这些垃圾债券的危害，其 40 亿欧元的亏空直到东窗事发才公之于众。

随着金融危机从美国蔓延到欧洲，富通集团的财务状况开始令人担忧。2008年3月，富通银行相关资产的损失已经在欧洲银行中位列前十。2008年5月，富通集团宣布其净收入受次贷危机的影响，已从2007年的11.7亿欧元下滑至8.08亿欧元，下跌31%。其中，富通银行业务利润下跌20%，保险业务盈利下跌38%。

2008年6月，富通集团为了保证现金流，宣布进行83亿欧元的增发。这个意欲通过发行股票、剥夺股东分红的筹资计划正是中国平安投资之初最不愿意看到的情形。然而，此时中国平安在投资富通集团的道路上已经越走越远。在2007年11月29日正式发布公告前第一次以18.1亿欧元购入4.18%的股份后，中国平安又在未透露时间和数量的情况下增持到1.13亿股。到了这个关头，为保证大股东地位，中国平安再次斥资7500万欧元购买了富通集团5%的增发股票，此前的分红重新回到富通集团的口袋中，至此，中国平安持有富通集团1.21亿股，投资成本高达238.74亿元人民币。

随后，金融危机的全面升级成为压垮富通集团的最后一根稻草。2008年9月16日，伦敦银行间美元隔夜拆借利率大幅飙升至6.44%。出于对富通集团财务状况的担心，所有的银行都向其关上了大门。尽管在2008年9月26日，富通集团仍然宣称自己没有流动性危机，但在之前的一周内，其股票连续五天下跌，每股价格只有5.2欧元，为15年来的最低点。而这时候，以第一大股东身份进入富通集团董事会的中国平安已经基本无能为力。

2008年10月3日，荷兰政府宣布，将出资168亿欧元收购富通集团在荷兰的全部银行和保险业务，并予以国有化。2018年10月5日，巴黎银行同比利时、卢森堡两国政府达成协议，收购富通集团在比利时和卢森堡的分支机构，而作为交易的第一步，两国政府将先把富通集团在其境内的分支机构全部国有化，然后再采用换股的形式卖给巴黎银行。

经过这一轮部分国有化的安排，富通集团的资产大大缩水，在失去荷兰、比利时、卢森堡三国的大部分银行及保险业务后，富通集团只剩下了两部分业务：一部分是集团原有的国际保险业务；另一部分则是一个价值104亿欧元的结构性产品组合中的主要控股权，而投资者对其缺乏信心。

分析：在本次收购案中，中国平安在投资之初试图向富通集团学习的银行、保险、资产管理三大业务并驾齐驱的计划已经崩溃。其原因主要包括以下两点。首先，中国平安对富通资产管理公司的资产调研不足，同时富通资产管理公司对自身所持的CDO和CLO风险敞口有所隐瞒，导致了不良资产在次贷危机中产生巨大亏损。其次，中国平安在本次收购案中，对次贷危机所带来的影响产生误判，为了保持大股东地位，多次投入大量资金，也在最后导致了本次投资的巨大失败。

在此次案例中，中国平安对富通银行的不良资产没有进行及时、充分的了解，并忽视了次贷危机带来的重大影响，很大程度上导致了本次投资的失败。本次案例如果发生在当下，中国平安可通过"区块链+大数据"的综合分析系统在发起投资前期通过提前布局区块链技术，对富通集团的所有资产做整体评估，尽量避免吸收被收购企业的不良资产。在次贷危机中，中国平安也可通过大数据结合人工智能分析系统，对整个危机进行全面、综合的分析并及时调整仓位，从而尽量避免投资的失败。

第三节　区块链促进企业国际化

一、区块链助推中国产品走向国际

区块链技术的集成应用在新的技术革新和产业变革中起着重要作用。我们要把区块链作为核心技术自主创新的重要突破口，明确主攻方向，加大投入力度，着力攻克一批关键核心技术，加快推动区块链技术和产业创新发展；探索"区块链+"在民生领域的运用，积极推动区块链技术在教育、就业、养老、精准脱贫、医疗健康、商品防伪、食品安全、公益、社会救助等领域的应用，为人民群众提供更加智能、更加便捷、更加优质的公共服务。

使用区块链技术来实施供应链追溯，是供应链行业多主体参与、跨时空流转的客观特点要求。纵观商品在供应链全流程流转的管理特点，需要在原料商、品牌商、生产商、渠道商、零售商、物流服务商、售后服务商、第三方检测机构，以及对应的政府监管部门间建立高效、互信、安全的追溯信息管理体系和数据应用体系，而这正是区块链联盟链技术的用武之地。

通过区块链技术加持的溯源系统和传统溯源系统大不相同，它能很好地利用区块链技术的特点，根除传统溯源系统存在的不足和弊端，从而真正解决社会大众的信任问题。

区块链技术能够整合多个交易主体的共识机制、分布式数据存储、点对点传输和加密算法等多项技术特点，提供一个多主体间信息快捷同步、块链式存储、信息极难篡改的理想且可信的信息管理解决方案。

区块链技术在溯源方面的突破对中国企业的电商平台获得国际信任十分重要。众所周知，中国电商平台曾深受侵权、伪劣产品的困扰。由于中国工业起步较晚，曾经的制造业普遍依赖密集型劳动力来维持行业发展。同时，国内相关版权保护意识较低，中国产品在很长一段时间内都被世界各地区消费者持有色眼镜看待，常被冠以伪劣、山寨等不良名声。这样的印象对中国产品走出国门和中国企业国际化造成极大的阻碍。

1. 确保记录信息不可篡改

通过为生产商、经销商、物流服务商、零售商、政府监管机构、检测机构等主体建立网络节点，借助物联网技术提升赋码与信息采集效率，将产品的原料、生产、加工、仓储、物流、零售等信息以自动化形式存储在区块链中。信息上链后会自动同步到各节点，且无法单方面篡改，这保障了源头信息的真实性。此外，结合一维码、二维码、RFID技术（射频识别技术，俗称电子标签）等多种物联网标识还能实现更安全的防伪验证。

2. 实现商品信息透明共享

通过商品统一的身份标识，对全流程信息进行记录、传递、核验、分析，保证了数据的连通性、一致性、完整性和准确性，从而解决各企业之间的信息孤岛问题，实现信息的透明共享。

3. 助力政府部门有效监管

通过区块链网络的信息同步，监管部门可以作为其中一个节点加入整个网络中，快速实现信息监管。在发现问题时，监管部门可以快速定位问题来源，确定召回范围，实现"来源可查、去向可追、责任可究"，以快速、可靠的技术方式实现我国消费品的安全与质量管控，保障消费者的合法权益，助力实现质量强国。

4. 提升供应链各主体的协同效率

供应链上下游企业基于共同的区块链网络，从原料到生产加工、仓储物流、供应商，再到零售终端，全链条的信息通过分布式账本进行维护，共同监督；各环节之间信息共享，上下游企业之间及时了解整体状态，便于快速做出决策，降低沟通成本；同时全流程的信息将以可视化的方式传递给消费者，提升消费者对商品品质的信任。

5. 溯源链实践案例

2018 年 4 月 14 日，京东公布了京东全球购 2018 年战略规划，对售前、售中、售后三个环节的品质保障举措进行升级。

在售前环节，京东全球购通过"买手团"把控源头质量关，按照最高标准遴选品牌与产品，提升商品入驻门槛，并通过检测机构对非知名品牌、安全性要求较高的商品进行检测，确保入驻商品达到质量标准。

在售中环节，京东建立了区块链防伪追溯解决方案，并将逐步覆盖京东全球购业务，实现"全程溯源"：在生产阶段，通过区块链技术由品牌商为商品记录下第一条身份信息；随后，商品进入京东海外仓、出口报关、国际物流、进入保税仓或直邮至中国海关口岸报单请关、国内分拣、京东自有物流配送、消费者签收等环节，在此过程中，现场工作人员都会为其独立记录信息，附有工作人员的数字签名和时间戳，且所有记录的信息都确保真实，无法被篡改。

京东的自有品牌京造于 2018 年正式面世，其定位是"高端产品大众化，大众产品品质化"。在此定位下，京造采用 C2M 模式，重新审视创造商品的出发点，试图赢得新时代的消费者。

随着人们生活质量的提高，乳胶产品天然防螨、支撑性十足、使用舒适等特点深受国人的喜爱，近年来越来越多的人热衷于购买乳胶枕。然而，很多人对乳胶产品的了解并不多，又缺乏科学的鉴别方法，可能会买到劣质或假冒产品，不但浪费钱，还会影响健康。

市场上有不少乳胶枕标榜为泰国进口，实则不然，它们很多都是用从泰国进口的乳胶液加工而成的。由于乳胶液容易氧化，难以保存，所以在进口过程中需要加氨水保存，等运回国内以后，每家工厂的除氨水平参差不齐，国内生产的乳胶枕的乳胶液含量一般是 80%～85%，距离行业的 93%的高标准有很大差距。因此，乳胶枕类的产品，核心原料的产地及特性、生产流程及工艺、流通渠道等因素均会对产品品质产生很大影响，由此造成市场上鱼龙混杂。虽然从短期来看，劣质的乳胶枕产品不会立刻对消费者的身心健康造成影响，但由于市面上的乳胶枕普遍价格高昂，消费者迫切需要品质更好、价格更优的乳胶枕。

京造的品牌乳胶枕，全部是在泰国工厂采集乳液在 48 小时内发泡而成的，所以京造乳胶枕的乳胶液含量可以达到 93%（乳胶自身无法发泡，必须添加发泡剂）。品牌商采纳区块链防伪追溯服务，对乳胶的原产地进行追溯和展示，向消费者真实呈现品牌的品质过程保证，树立消费者的正品品质认知。

京造乳胶枕的全流程追溯包含如下节点。第一个节点记录了泰国工厂的生产环节信息及产品的出库信息；同时，品牌商在泰国的工厂里还安装了摄像头，通过网络直播可以看到工厂的生产过程。第二个节点是产品进入中国后，中国的供应商会维护产品的到货记录信息；待产品包装好发货到京东仓库后，第三个节点的京东仓库会维护收货记录。等到产品从京东仓库出库后，仓库也会维护出库信息，这是第四个信息记录点（节点）。

采纳了区块链防伪追溯服务后，品牌商最直观的认知就是销量的上升。在售后服务层面，消费者在产品的售后评价中有许多好评提及品质溯源，目前京造乳胶枕的好评率为99%左右，高于平台95%~97%的平均值。

二、区块链保障中国产品价值

金融科技劲旅蚂蚁金服已经开发了一套专有区块链，其用途包括维护阿里巴巴市场平台所售商品的溯源，而阿里巴巴持有蚂蚁金服的部分股权。阿里云区块链服务是一种基于主流技术的区块链平台服务，由蚂蚁金服区块链团队提供技术支持。阿里云区块链服务可以帮助平台快速构建更稳定、更安全的生产级区块链环境，大幅减少在区块链部署、运维、管理、应用开发等方面的挑战，使平台更专注于核心业务创新，并实现业务快速上链。例如，顾客可以追踪钻石的采购来源，一直追溯到安特卫普的交易中心，还可以看到钻石的评级、切割和打磨记录。

蚂蚁金服旗下的支付宝在全球有超过10亿名用户。2018年6月，支付宝启动了基于区块链的服务，位于中国香港的人士可以使用该服务与位于菲律宾的人士直接进行转账，几秒内就可完成。

Hyperledger Fabric，是由Linux基金会托管的开源企业级区块链平台，是开放式、标准化的区块链技术生态的代表。

蚂蚁区块链，是蚂蚁金服自主研发的高性能、全球部署、具有极强的隐私保护功能的金融级联盟区块链平台。

Quorum，是摩根大通基于以太坊开发的面向企业场景、符合EEA（Enterprise Ethereum Alliance）规范的开源企业级区块链平台。

1. 键式部署

阿里云区块链服务帮助用户一键式快速创建和部署生产级区块链环境，提供图形化的区块链管理运维能力，实现参与企业和业务的动态添加，简化区块链的部署流程和应用配置。

2. 隔离性

基于阿里云区块链服务创建的联盟链网络，其建立在云计算多租户隔离（包括计算/存储/网络等资源的隔离）的基础之上，保证了区块链业务参与方的独立性和自治性。

3. 跨地域

业务参与方可分布于不同的地域，实现跨地域联盟网络的建立。例如，联盟链网络中的各方（运营方和参与方）可以分别部署于三个不同的城市。

4. "2B2C"的双端服务模式

Quorum 为品牌企业用户提供"2B2C"的双端（TaaS 平台端和支付宝小程序端）服务模式。通过 TaaS 平台，企业用户可以定制商品的溯源环节和溯源信息，实现区块链技术的快速赋能；通过支付宝小程序端，企业用户可以定制对外露出的品牌元素，让品牌的终端用户迅速了解商品并查验溯源信息，实现品牌心智打造和精准客群获取。

5. 溯源+营销

TaaS 平台除了提供基础的区块链溯源服务，还给品牌企业用户提供了丰富的营销能力，包括但不限于支付宝基础权益提供、异业权益导流、营销反欺诈能力、品牌权益发放与营销活动管理，从而实现售前、售中、售后的全方位营销管理。

6. 商品防伪防窜

商品有"一物一码（芯）"的标识，并且商品流转的全过程信息会被写入区块链。区块链上的信息不可篡改和删除，商品从生产到运输再到最后的销售，每一个环节的信息都被记录在区块链上，可以确保商品的唯一性。造假商品很难具备合乎特定规则的商品标识。

7. 支付宝一级入口扫码验证

通过 TaaS 平台发布的商品溯源信息支持支付宝端的"扫一扫"一级入口查验，品牌企业的终端用户无须先找到"蚂蚁区块链溯源"小程序就能进行扫码验证，从而杜绝了被山寨网站或小程序"钓鱼"的可能性。

8. 链高效协同

TaaS 平台能够有效帮助品牌企业用户提升供应链效率。区块链上的数据高效地在供应链不同环节之间进行共享，达到统一凭证、全程记录、及时高效，能够有效解决多方参与、信息碎片化、流通环节重复审核等问题，从而降低品牌企业各项成本、提高整体效率。

蚂蚁区块链更多服务于跨境贸易企业，为跨境贸易双方提供更多的便利，也为贸易的发展提供更大的平台。阿里巴巴为中国大量的中小型企业提供了一个高效的交易平台。蚂蚁区块链将秉承阿里巴巴的高效交易平台的精神，利用最新科技打造更安全、更高效、更便利的交易平台。蚂蚁供应链金融示意图如图9.3所示。

图 9.3　蚂蚁供应链金融示意图

蚂蚁区块链与 Hyperledger Fabric、Quorum，以及国际知名区块链达成合作，有利于链上企业获得海外商家及消费者的信任。

从海外生产企业开始，记录单品和生产批次的对应关系，经历海外质检机构抽样和监督、海外入仓、干线物流、国内质检、运输直到消费者手里，全程信息上链，保证跨境商品可追溯。

在本节中，我们提到蚂蚁区块链可以提供企业加入联盟链的相关技术。蚂蚁区块链开放联盟链，是一个低成本、低门槛开放普惠的区块链服务网络，依赖蚂蚁区块链开放联盟链强大的技术基础、创新公有许可机制、联合各行业权威节点合作伙伴共同打造。蚂蚁区块链开放联盟链致力于解决现有区块链网络费用高、开发门槛高、无法大规模商业应用等问题，为更多企业建立相互信任平台。

前文提到了 TCL 集团与汤姆逊集团的并购案，案例中 TCL 集团与汤姆逊集团的合作以失败告终，很大一部分原因出自双方所处文化背景不同而导致的企业文化不同。同时，也因为 TCL 集团对欧洲市场的误判，导致错失商机，最终 TCL 集团不得不放弃欧洲市场。

试想当年 TCL 集团在和汤姆逊集团合作后，如若没有派驻集团管理人员直接参与汤姆逊集团工作运营，双方就可避免由于相互的不信任及管理风格迥异导致企业运营效率降低。在目前区块链技术有一定发展基础的情况下，并购双方完全可以通过采用联盟链的合作机制，在管理上自治，在收益上相互分享。相信合作双方能获得 1+1>2 的效果，中国企业对外国市场的投资成功率将大大提高，中国企业也能走得更远、更稳健。

三、区块链助力中国版权保护

随着互联网，特别是移动互联网的发展，数字出版已经形成较为完整的产业链，给网络作家等相关参与方带来可观的收入。

但是，侵权盗版制约着数字出版的进一步发展，各参与方都深受其害。特别是作者等内容生产方一直处于弱势地位，缺少相应的话语权和主导权，创作积极性倍受打击。面对这些问题，国家非常重视，各种政策和扶持计划频出，重拳解决版权保护难题，但是限于技术手段，很难从根本上解决。

传统的版权保护手段非常有限。历史上，有过使用邮戳实现版权保护的方法，即作者把写好的文稿，一式两份同时寄出，一份寄给出版机构，另一份寄给自己。当出现被盗用的情况时，就拿出自己手里的那一份作为诉讼的证据，因为邮戳时间一致、内容一致。

到了当今的互联网时代，免费分享盛行，版权保护一度被忽视。当这个问题引起人们足够重视的时候，人们却发现并没有十分可靠的办法来解决，特别是在分享环节，更是无能为力。

区块链基于数学原理解决了交易过程中的所有权确认问题，对价值交换活动的记录、传输、存储结果都是可信的。区块链记录的信息一旦生成将被永久记录，不可篡改，除非其拥有的算力占全网络总算力 51% 以上，才有可能修改最新生成的一个区块记录。

根据区块链的特点，结合版权保护的各个环节综合考量。

我们知道"可信时间戳"由权威机构签发，能证明数据在一个时间点是已经存在的、完整的、可验证的，是一种具备法律效力的电子凭证。对于原创作品的登记，区块链技术可以非常方便地把时间戳与作者信息、原创内容等元数据一起打包存储到区块链上。而且，它打破了现在的从单点进入数据中心进行注册、登记的模式，可以实现多节点进入，方便快捷。

所有涉及版权的使用和交易环节，区块链都可以记录使用和交易痕迹，并且可以看到并追溯它们的全过程，直至源头的版权痕迹。更重要的是，区块链所记录的版权信息是不可逆且不可篡改的。区块链公开、透明、可追溯、不可篡改的特性，保证了信息的真实可信，再辅以简单易用的查询工具，版权确权就成为非常简单的事情了。

区块链大量使用密码学技术，版权所有者在把作品写入区块链时，自动用自己的私钥对作品进行了数字签名，第三方可以用版权所有者的公钥对数字签名进行验证。如果作品的数字签名值验证通过，则表明此作品确实为版权所有者所有，因为只有版权所有者有私钥，从而生成该签名值。另外，人们也可以使用杂凑密码算法 SHA256 计算作品的数字指纹，通过数字指纹比对、验证版权情况。再者，辅以分布式检索等基于内容的技术手段，便可覆盖各类复杂验证情况。

版权保护的核心问题就是正确的用户拥有正确的作品，以正确方式发布，并且以合理方式呈现；一般涉及内容的权属界定、保护措施和侵权鉴定。传统的保护措施包括身份认证信息、内容加密技术、水印技术等。由于区块链采用分布式账本数据库，具有去中心化、信息不可篡改、集体维护、可靠数据库、公开、透明等特征，被业界认为是天然适合版权保护的技术。据了解，目前区块链技术在版权登记确权、版权交易、涉版权案件司法审判、证据链保存等方面均有应用。

1. 区块链打造一站式版权区块链方案

目前，迅雷链是国内版权保护应用众多的区块链平台之一。2019 年 3 月，迅雷链就曾联手中国版权保护中心打造 DCI 标准联盟链，建设公开、透明、可追溯的版权登记和验证平台，助力构建国家版权新生态。此外，迅雷链还中标了广东南方新媒体股份有限公司的版权管理联盟链建设项目，基于区块链技术建设可信、安全的版权数据管理系统。而联合深圳市版权协会推出的 E 证链，则是迅雷链在版权存证验证领域的又一落地应用。

迅雷链总工程师来鑫表示，区块链技术可以有效提升版权存证、取证的公信力，降低版权溯源的难度，减少版权交易成本，从而充分保护内容创作者的权益，有利于优质内容的市场流通。

迅雷链能够得到多款版权保护应用的青睐，与其自身技术优势密不可分。其中，迅雷链所独具的百万级 TPS、秒级确认等的强大性能，很好地支持了应用对版权内容的瞬间确认和对版权交易的即时完成功能。即便在极高的访问量下，应用也能及时处理版权内容的确权、查证及交易等请求，而不会出现拥堵，造成确权或查证失败，从而影响版权保护效率和体验，使得整个版权保护体系具备足够的实用性和可行性。

迅雷链还通过领先的密码学和加密算法等技术，实现了极高的安全性和隐私保护能力，其独具的可追溯隐私保护技术相关论文还被该领域最为权威的中国密码学会收录，充分彰显了技术实力。基于该技术，迅雷链可以充分满足实际应用中的隐私保护需求，在必要时对用户身份采取脱敏措施。因此，在金融、政务、医疗等对数据隐私极为重视的领域，迅雷链也能够充分满足区块链技术的应用需求。

此外，迅雷链母公司网心科技具备强大的边缘计算、边缘存储和人工智能技术实力，在首届"中国人工智能技术竞赛"中，网心科技的同源视频检索、同源图像检索两个项目获得最高级别的 A 级证书。这些相关技术优势和区块链技术有机结合，可以为版权区块链平台提供一站式解决方案。例如，基于高性能、高可用的迅雷链文件系统，迅雷链可以提供"作品存储+确权"的整体方案；基于"AI+视频指纹"技术，迅雷链可以进行图像、视频等版权内容的监控，降低确权和维权难度。

2．区块链版权保护解决方案

蚂蚁区块链数字作品版权平台基于蚂蚁区块链 BaaS 架构，支持一站式 API 接入，并提供可视化界面，提供原创登记、版权监测、电子证据采集与公证、司法诉讼全流程服务，基于阿里云云端部署。蚂蚁区块链数字作品版权平台架构如图 9.4 所示。

图 9.4 蚂蚁区块链数字作品版权平台架构

（1）架构优势：基于蚂蚁区块链 BaaS 架构，具备金融级高性能、高隐私性；提供可视化平台，支持一键式 API 接入，支持云端部署。

（2）智能化整体方案：将蚂蚁区块链和视频 AI 等多种服务进行技术融合，针对版权行业提供智能化的整体方案，以解决人工方式无法完成的版权认证等工作，实现可信的版权统一认证、管理和交易能力。

（3）司法公信效力：运用区块链技术建立版权业务的共享账本，使版权存证、交易等全链路信息均被记录在共享账本上，多方透明共享，无法篡改和删除，进而提高版权的公信力和司法效力。

（4）高性能检索：视频 DNA 能力的植入，可以发挥其服务稳定性、高准召和抗攻击性的优势，为多种媒体提供唯一标记，支持亿级 DNA 库的毫秒级检索，可很好地应对多种常见数字媒体内容篡改手段，如模糊化、视频旋转等攻击。

（5）重塑版权价值：利用"区块链+视频"AI 技术，重塑版权价值，打造可信任的版权数据库及数字化版权资产交易平台，并提供侵权监测、法律维权、IP 孵化等相关服务。

3．百度图腾区块链助力原创版权保护

中国版权市场处于发展初期，市场格局、产业链已经初具规模，但由于版权问题导致价值链环不封闭，存在大量侵权行为。百度图片版权卫士抽样检测 500 张版权图片，近 800 家侵权企业，1300 条侵权线索。其中，自媒体、素材网站等是图片侵权的多发地。对于版权方特别是个体版权方来说，由于盗版线索筛选困难、法律知识储备不足、个人精力有限等原因，维权困难重重。

2018 年 4 月，百度"下血本"研发、上线了新平台图腾。通过官方曝光的这一区块链产品图腾，应用自研区块链版权登记网络，抓取每张原创图片生成版权 DNA，达到原创版权保护效果，形成一个良性循环过程；通过区块链的公开、透明性，解决行业信息不对称、效率低等痛点。

4．版权保护刻不容缓

音乐抄袭，原创作品被"洗稿"，摄影作品无端被盗……在信息化时代，每天有数以万计的数字内容在互联网"裸奔"，造成这种现象的主要原因是传统版权保护存在以下三大痛点。

（1）效率低。受技术限制，传统版权登记的周期较长，官方的审核一般需要约 20 个工作日，无法满足网络时代作品"产量多、传播快"的特点。

（2）收费高。版权登记的价格偏高，通常登记单件作品的市场价为 500 多元。

（3）维权难。平台投诉手续的复杂，法律诉讼成本更高……大多数原创者因此选择保持沉默，任由自己的权利被侵犯。

受限于传统版权保护效率低、收费高、维权难的制约，作者等内容生产方一直处于弱势地位，创作积极性倍受打击。同时，不仅原创图片侵权事件屡见不鲜，音乐、电影、文字等原创内容的抄袭事件也层出不穷，便捷、有效、全面的版权保护服务成为内容生产商最迫切的需求。

图腾积分是图腾平台为了激励用户图片上传、信息上传等行为所发放的一种具有一定可兑换价值资源和权益的积分。积分初始生成40亿分，每年新增发4.5%的图腾积分，作为版权链节点记账的奖励。

在图腾的规划中，版权内容信息将存储于百度分布式存储系统中，图腾的内容版权链将登记确权、维权线索、交易信息等存储在版权链上。版权链默认采用超级链的DPOS机制，版权链的节点成员目前以邀请制为主，而成为节点成员需要属于三类机构：原创内容的生产或代理机构、确权机构、提供版权保护的维权机构。

图腾平台层主要提供登记存证、分发交易、维权取证等服务。

（1）登记存证：作者和机构通过平台将自主产权图片提交到图腾平台后，平台将对作者信息和图片信息进行可信时间戳的计算，进行第一重的信息存证；然后将作者和机构的信息（关键信息加密保护隐私）、图片信息、可信时间戳信息和上链时间（由区块链系统生成）上链存储。

（2）分发交易：图腾基于上链数据构建的智能图片搜索系统，为图腾平台、百度图片搜索等平台提供图片服务，让版权图片和作者本人进行相应流量曝光，同时促成版权图片交易。

（3）维权取证：基于覆盖全网的盗版追踪监测系统，可以第一时间锁定版权图片在互联网中的盗版使用情况，并自动进行取证。图腾平台将为图片版权拥有者提供从确权到维权的完整证据链，从而保护版权图片原创者的权益。

图腾产品包含以下四个核心特点。

（1）全流程版权保护。将作品版权信息永久写入区块链，基于区块链的公信力及不可篡改性，结合百度的人工智能识图技术，让作品的传播可溯源、可转载、可监控。

（2）多渠道内容分发。基于图像分析、语义理解等多项人工智能技术，构建图片标签（Tag）智能推荐和图片检索子系统；依托百度系产品流量支持，精准匹配图片内容与用户需求，实现图片供需双方高效链接。

（3）技术赋能生态。建立基于区块链的版权登记系统、人工智能视觉检索系统和版权图片检索系统，发挥百度的技术生产力，赋能原创作品版权登记、监控与维权。

（4）全行业秩序重构。基于区块链上链信息的公开、透明性，解决行业信息不对称、流程效率低等切实痛点，打破封闭旧模式，构建公平新秩序。

在图腾里，作者将原创图片在"链上"进行登记，便可获得确权，根据区块链的不可篡改和溯源特性，实现作品可溯源、可转载、可监控。

在解决盗版问题的同时，图腾还会基于百度的网络资源，利用分布式爬虫系统，对全网图片进行采集。基于图像理解的 AI 技术，构建相同图片检索系统。图腾白皮书中提到，利用算法，即使对图片进行变形和修改也能被发现并追踪。

区块链技术还被应用在图腾的一站式在线维权系统中，该系统会在发现侵权行为后，对该侵权行为进行在线取证并记录至区块链中。另外，借助于人工智能和大数据技术，图腾打造了一个版权检测系统，该系统覆盖全网千亿规模的数据，识别的准确率超过 99%，可以全天候运行，万张图片最快 2 小时即可产出版权检测报告。

图腾基于百度搜索生态，对原创图片实现全流程的识别与保护，合理监控转载图片的使用情况，依托百度自身产品（如信息流），精准匹配图片内容，有效链接图片供需双方，达到双赢。通过人工智能视觉检索系统和版权图片检索系统，对原创作品进行全网检测，构建版权维护体系，通过线上律师简化基于诉诸法律维权的流程。

通过图腾，作者可以获得更加完善的版权保护功能，其原创版权被确权后，便可以获得百度搜索的收录加速、原创标识及优先展示等特权；同时，如果它的原创内容被侵权，也可以借助图腾更方便地进行维权。

除了可以帮助图片原创作者更好地确权、维权，图腾还可以为他们提供多渠道的分发及价值变现机会。通过百度搜索的平台影响力，图腾可以让原创图片获得更多的曝光机会，并由此带来更多的潜在交易机会。

在图片版权行业之外，图腾未来的应用场景还会得到更多的拓展，图腾始于图片，但不止于图片。未来，图腾将面向图片、文字、视频、音频等更多的原创内容领域开放，希望技术能够更好地服务更多的版权生态。

通过利用区块链技术对我国制造进行更好的版权保护，我国产品将在国际市场收获更好的口碑，得到全世界各地区更多消费者的信任。我国产品也将一洗境外消费者以往对我国制造的产品廉价、劣质的固有印象，进而提高我国企业在海外消费者心中的形象，实现我国企业国际化的目标。

第十章

区块链+企业管理创新案例

本章介绍了区块链技术在企业管理应用中的创新案例,通过区块链在企业经营管理中的成功案例对区块链技术在企业管理中运用的可行性进行分析,由此引发大家对区块链技术带来的变革的思考,为企业管理的创新提供新的解决方案。通过对区块链技术在企业管理中的实际案例分析,获取区块链技术在实践中的成功经验,以此提高企业运营管理的效率。

对于企业来说,机遇与挑战共存,企业在数字经济环境下能否科学、合理地进行运营管理与服务创新,已成为增强企业核心竞争的关键所在。因此,针对数字经济时代下企业运营管理与服务创新的新机遇、新理论、新方法进行深入研究与凝练,对我国企业下一步的产业经济转型升级具有重要的指导意义。

第一节　当代企业面临的现实问题

一、企业内部架构层级化严重

一方面,企业存在大量管理者,企业大部分活动发生在企业内部,通过层级化的监管手段促使企业不断创造利润。而这里最现实的问题就是层级化带来的权力集中和财富集中,并且伴随着企业的发展对整个市场产生影响,出现大型企业垄断市场的情况。

另一方面,企业管理者往往被认为获得了过高的报酬,即这种报酬超出了他们为企业创造价值的合理度量。在企业内部存在不公,在某种意义上,这种不公代表着内部激励,这种激励在小型企业取得了很好的应用效果,但在大型企业中的效果逐渐减弱,从而大型企业会管理控制得更宽泛,不断巩固上层的管理层级与制度。

二、信息成本

伴随互联网发展，企业业务成本得到了一定程度的降低，从信息搜索角度，借助互联网的覆盖，浏览器、万维网等在一定程度上降低了搜索成本。互联网上存在着大量信息，但互联网的信息大多在价值方面存在不足，信息多以碎片化形式存在，并且可修改、可删除、易被篡改。企业所要使用的价值信息并不容易寻找到。互联网搜索引擎存在的不足，催生了各种数据收集与内容分发的网络信息平台。比如，企业所需的人才信息可能集中在一些人才招聘网站，这些人才招聘网站构建起企业与人才之间搜索信息的桥梁，但平台上发布的信息的真伪却很难监管。

三、契约成本

企业的存在是为了降低交易成本，把交易所需的高额费用转成企业内部成本较低的活动。而合约只是双方或多方在取得多方数据和信任的前提下制定的凭据，之所以把合约理解成凭据，是因为目前合约的存在形式多以纸张或纸张媒介形态存在，合约自身并不具备判断双方利益是否合规的能力。因此企业会引入法律制度和法律仲裁机制（法庭）作为保障手段。但法庭的仲裁成本很高，并且仲裁的时间很长，最终结果也不能保障（企业往往不能获得满意的结果）。

四、信任成本

信任是企业之间完成交易的基础，为了获得双方或多方信任，需要提前收集、了解对方的信息，确认对方的身份。在交易过程中创建信任的环境，企业为此往往会付出很大的成本。信任机制至关重要，这就涉及怎样保证另一方以诚实、互利、负责的正直原则来达成交易。例如，借助第三方担保或委托，常见的资金交易往往是通过银行机构来完成多方身份确认并实现信任的（如通过银行等机构，企业可以确认对方的身份，完成身份核对，从而保证资金交易的安全性）。

五、传统企业的激励工具——期权激励

期权即企业给予员工在一定的期限内按照某个特定价格购买一定企业股票的权利。对于员工来说，只有当企业的市场价值上升的时候，享有股票期权的人才能获得利益。期权可以让每位持有员工认识到自己的工作表现会直接影响到未来企业股票的价值，从而与自己的利益直接挂钩。这将激励每位持有股票的员工

去努力帮助企业提升业绩。

六、区块链技术提供的解决方案

1. 提供去中心化的管理方式

去中心化即相关活动与动作并不依赖于某一个权利节点或中介机构。不依赖于权利节点，在资源调配和协同工作中，小组、项目组之间可以直接建立沟通，以网状形式的组织架构完成各功能部门之间的协调与合作。把以往集中存放的数据分散开，并散播给全局，通过全局节点对信息进行共同治理。依据区块链从集中治理到分散治理的理念，涉及权利的分散和区域协同治理。在区块链中对数据的维护由全局共同承担，协同与公正是其蕴含的哲学理论。

2. 信息真实性得到保障

通过区块链的底层软件代码可在很大程度上保证信息的真实性和透明性。互联网数据饱受伪信息、低质量信息的诟病，对信息的真实性监管工作是巨大且几乎不可实现的。而区块链通过链式的数据结构来存放数据，并且记录在全局的分布式账本之中。其隐含的几项功能、特点包括：①信息的真实性有保障；②区块链的账本与账本之间会自动加盖时间戳。

3. 智能合约的建设

利用智能合约检查各方动作的合规性。目前主流的纸质合约一般是先制定协议，等到出现不合规问题之后，再将合约作为证明材料解决各方之间争端。而智能合约将相关法律、规则、制度等嵌入平台机制中的软件程序中，在各方达成信任并进行交易的过程中，自主判断、检查、审核相关交易动作是否合规，或者某项内部流程是否规范，完成最终交易过程和流程审批。

4. 具备可信协议

区块链技术可被用于打造分布式可信网络来解决企业管理之间的信任问题。基于底层的软件程序代码，任何个体在达成交易之前就可构建起一个相互信任的桥梁，这种信任桥梁是直接构建在双方或多方交易者之间的，不需要借助第三方机构或商业化企业。最简单的应用和场景就是商业支付，目前我们所熟悉的资金交易业务都是需要银行机构或金融服务机构介入的，第三方机构（企业）充当交易双方之间的信任桥梁。

第二节 财务管理

一、财务管理的人为风险

财务信息在记录和传递过程中存在的风险主要有两方面。

（1）人为风险。部分技术人员基于个人目的或第三方目的，在财务信息流转的任意阶段利用或制造系统漏洞，通过造假、恶意篡改，使企业核心资料出现虚假信息。在传统数据存储模式下，单个中心对于数据安全的保障能力十分有限，一旦出现系统漏洞或服务器故障，将造成严重的负面影响。

（2）系统性风险。在传统数据模式下，所有数据的存储往往依赖于一个或有限几个数据存储服务器，一旦中心服务器受到攻击，存储的数据将面临重大危险。

二、区块链技术提供解决思路

（1）通过采用区块链技术，利用分布式记账避免大量数据同时存储于同一服务器，通过区块链网络的多个节点共同保存数据、共同存储信息，其分散性的特点可保证既有信息的完整性不受侵害，也可通过独有的时间戳保障信息的同步性。

（2）利用区块链技术的共识机制，令每一个节点在确认信息存储的时刻具备一定前提。当区块链网络采用了共识机制，外力介入对数据网络进行冲击将难以实现，除非同时覆盖 51%以上的节点，否则将无法造成任何影响。同时已确认的节点之间彼此独立，将进一步减少数据记录过程中的作弊风险。

三、财务审计

针对财务审计过程中的信任及效率问题，基于区块链的财务审计模式从根本上保证了审计的独立性、公正性、透明性和客观性。区块链成为会计信息质量保驾护航的重要手段，满足了会计核算要求，并降低了道德风险。在区块链上，每个节点在财务入账的时候都会与其他节点核实、匹配，保证了交易的真实性和完整性。区块链使得企业财务减少了账目欺诈的可能性。同时，区块链本身具有的不可篡改、可追溯的特征，解决了信任问题，保证了审计的公正性和客观性。

区块链具有可追溯性和不可篡改性，可以帮助各部门进行数据确权（包括原始来源、管理权、访问权、使用权等），准确记录数据产生、交换、转移、更新、开发、利用的整个过程，对数据调用行为进行记录，出现数据泄露事件时能够准确追责，全面掌握"谁来拿数据""拿数据干什么"，大幅降低了数据共享的安全风险。

在区块链上，数据包的哈希值是唯一的，能够用来验证数据包的真实性。利用哈希算法对数据可能涉密或隐私部分进行加密，能在流通环节将数据进行一定程度的脱敏。同时，共享数据的各参与者之间采用非对称加密技术，可以更好地划分角色，更加精细化对数据的操作权限的管理，支撑各部门对访问方和被访问数据进行自主授权，保障数据隐私安全。

数据分析成为审计的核心。大数据改变着经济社会的预测范式，以经济统计指标为基础的经济预测模式正在悄然发生改变，经济预测的科学性和时效性逐渐提高。大数据已经在宏观经济研究方面、农业领域、商业领域、医疗保健领域、社会安全管理领域、科学研究领域等众多领域取得许多应用成果。在现代生活"一切皆可数据化"思维的指导下，社会生产和生活越来越依赖于数据，同时社会生产和生活也为审计活动提供了大量的数据。

审计人员可以利用社会生产和生活提供的数据开展审计活动，如审计人员利用天气数据预测被审计单位的销售收入数据的真实性。面对大量的纸质材料，直接对其进行审计是不经济的，为解决审计对象变化后的效率和效果问题，审计人员的思维方式需要发生变革，即探索新的审计、取证模式，围绕数据分析这一主题开展审计业务活动。

区块链的不完美性使得区块链数据并不一定完全真实、可靠，仍需要审计人员通过数据分析发现疑点，进而延伸取证。对于审计而言，区块链的优势在于向审计人员提供相对真实、可靠的数据来源，并提供智能化的编程技术，其核心还是对从区块链网络中获得的被审计单位的数据进行分析，进而延伸取证，即数据分析将成为"区块链+审计"作业模式的核心（见图10.1）。

需要指出的是，区块链数据虽然具有不可篡改的特性，但区块链数据与实物的关联不能上链，对被审计单位的数据开展分析后，仍需要到现实世界获取具体的审计证据。

在区块链系统中，内部审计人员可以通过只读方式实时访问链上的数据，来获取审计所需的信息；某区块中记录了一类重要交易，内部审计人员可以通过软件实现持续监控该区块，来实现持续审计。内部审计人员可以通过审计加密存储在区块链中的合同、协议、采购订单和发票等辅助文件，确认这些辅助信息，从而提高审计效率。

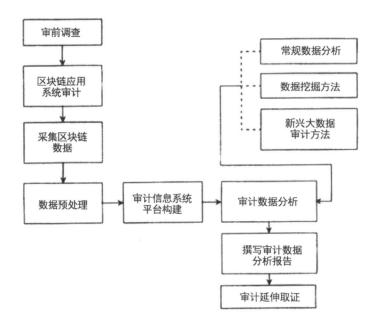

图 10.1　"区块链+审计"作业模式

　　防止和降低系统损坏的风险，确保系统根据其使用者的期望和公众利益运行，提高系统的可信度。对于内部审计而言，区块链技术的广泛采用，为其充分发挥积极作用提供了广阔的舞台。事实上，鉴于区块链技术的复杂性，企业内部各部门应用区块链会碰到很多技术问题，风险管理部门会关注区块链应用的合规性，董事会和经理层会关注区块链应用的安全性。因此，对区块链应用进行内部审计就有其必然性和必要性。

　　对区块链技术应用进行内部审计包括：对数据录入的准确性、及时性等的可信性进行审计；对智能化合约、区块链设置等的合规性进行审计；对区块链可能受到本地攻击和系统范围内的攻击的安全性进行审计。

第三节　数据管理

一、供应链金融

供应链金融是指在产业的供应链基础上，金融机构围绕核心企业或平台的上下游企业、资金、物流等信息进行记录并整合后，在将风险控制在最低的情况下提供金融服务（见图 10.2）。它与传统信贷业务最大的差别在于，它可以利用供应链中核心企业的资信能力，来缓解商业银行等金融机构与中小型企业之间信息不对称的问题，将单一企业的不可控风险转变为供应链企业整体的可控风险。

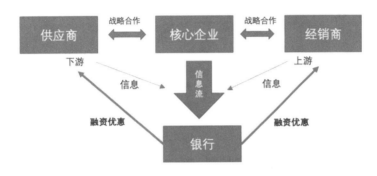

图 10.2　供应链金融示意图

针对供应链金融业务中小型企业信用风险大，以及贷中、贷后管理缺位的问题，利用区块链共识机制，可以提高业务可信性，降低欺诈风险。利用区块链技术建立联盟链，通过在链上发行数字资产，实现业务可信转移，加强资金流向管控和回款控制，实现资金流闭环管理。

目前，供应链金融的参与主体主要包括金融机构、中小型企业、支持型企业及核心企业，并根据不同主体的融资需求，主要产生了应收账款、保税仓、库存质押三种模式。

二、创新供应链管理模式

1. 有利于供应链的防伪溯源，提高造假成本

供应链运作通常涉及多个利益方之间的合作，在传统的供应链管理中，监控和追溯的信用往往容易缺失，或者存在被篡改或隐匿的风险。通过区块链技术，由于信息不可篡改且具有高度透明性，链上的一切信息都无法修改。当出现虚假信息时，节点各方都将获知，这增加了造假成本。由此，区块链便可从根本上解决供应链的溯源问题。

2. 消除信息不对称问题，降低运营成本

在传统供应链管理中，一条供应链上的各级供应商层出不穷。当链条不断延

长时，交易稳定性将逐渐提高。在采用区块链技术后，由于链上数据对所有节点公开，同时所有节点存储的数据信息都是相同的，因此能消除信息不对称问题，从而降低企业运营成本。

3．实时更新信息，增强供应链的流动性

通过采用区块链技术，企业可以运用可视化工具识别低价值或无价值的操作，如多余库存、多余运输环节等。因此供应链上的企业可实现精益化生产，由此降低成本。整体而言，采用区块链技术可提高供应链运转效率，增强供应链的流动性。

4．实现智能合约，降低信任成本

智能合约是指在计算机系统中存储的合约，当条件满足时即可执行。然而，智能合约执行的前提是双方充分信任彼此。例如，进行供应链的跨境操作时，只要交易双方事先确认货物通关规则，即可通过算法来自动确认货物通关，无须担心造假、违约等失信行为，从而降低交易的信任成本。

三、案例分析

（一）区块链在供应链金融中的应用

当前，我国供应链金融已经从摸索阶段转入快速发展阶段，市场规模持续扩大。统计数据显示，2017 年中国供应链金融市场规模达到 14.42 万亿元，2020年中国供应链金融市场规模超过了 27 万亿元，具有很大的发展空间。

现以趣链科技供应金融服务为例。趣链科技供应链金融服务由六大板块组成，分别是应收账款、信用保险、资产证券化、数字仓单、物流供应链、绿色能源。

1．应收账款

通过标准化数字资产凭证"金票"，在平台中实现应收账款的在线流转、融资和拆分（见图 10.3）。

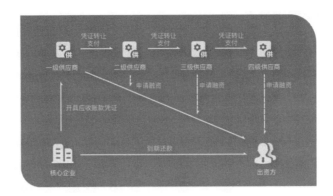

图 10.3 应收款链平台示意图

该产品主要实现了核心企业信用的多级传导，助力核心企业维护供应链，解决末端中小型企业融资难的问题，拓宽资金方在线金融服务。

目前已成功应用该产品的有浙商银行。浙商银行与趣链科技共同推出国内首个基于区块链技术的应收款平台。截至 2018 年年末，该平台累计签发应收账款 2600 余笔，签发金额超过 1000 亿元。

2．信用保险

供应链企业通过信用险增信，使得信用风险得到更大范围的分散，满足企业低成本融资的诉求（见图 10.4）。

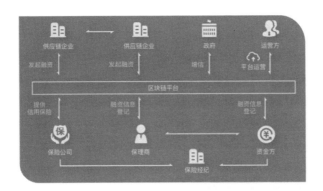

图 10.4 信用保险示意图

该产品的主要功能是为中小型企业增信，缓解融资困难，标准化企业信用，实现风险缓释，实现供应链金融体系的信用穿透，助力完善社会信用体系。

该产品目前成功应用于趣链科技联合爱心人寿及其全资控股的爱心保险经纪公司。该公司凭借"基于区块链的中小型企业信用险增信平台"技术方案，成功入选"北京市市区两级重大紧迫任务、科技支撑专项课题"项目计划，开创破解中小型企业融资难的融资增信新模式。

3. 资产证券化

通过区块链联合多方构建多中心的 ABS（资产证券化）项目管理平台，实现对基础资产全生命周期的管理（见图10.5）。

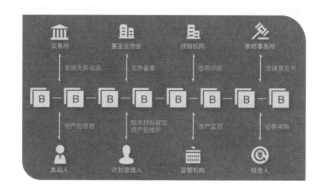

图10.5　资产证券化示意图

该产品可增强资产可信度，缩短发行周期，提高监管效能，提高产品流动性，降低融资成本，提高清算效率。

目前，该产品已应用于招商银行信用卡中心。趣链科技为招商银行信用卡中心构建 ABS 项目管理平台，区块链技术的应用能够有效地解决证券化过程中信息不透明、信息披露不充分、操作效率低、风控能力弱、定价难等问题。

此外，趣链科技也与德邦证券通过搭建基于区块链技术的 ABS 项目管理平台，联合券商、交易所、评级机构、律所等建立联盟链，实现了 ABS 业务全流程线上化管理。

该产品通过区块链联合仓储、物流公司以及保险、质检机构，可以保证货物的全流程监管，仓单及交易信息全上链。

4. 数字仓单

通过区块链联合仓储、物流公司及保险、质检机构，可以保证货物的全流程监管，以及仓单及交易信息全上链（见图10.6）。

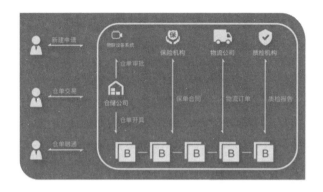

图 10.6　数字仓单示意图

在数字仓单方面，该产品有助于避免仓单造假、确保资金安全、降低企业成本、促进商品流通，为中小型企业仓单流通提供接入更多仓储公司的渠道，扩大业务覆盖度。

联仓科技与趣链科技联合研发了区块链仓单技术应用，为用户提供公平、公正、公开的交易环境，为贸易方登记债务或承诺，为全球交易资产持有方提供有效的风控数据基础设施。

5.　物流供应链

该产品在基于区块链的物流供应链平台中，将真实运单作为数字资产，将多方可信数据作为审计报告，并将其安全、完整、永久地记录在链上（见图 10.7）。

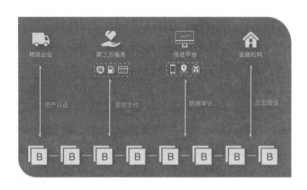

图 10.7　物流供应链示意图

目前，该产品可实现多方可信协作，降低金融机构对物流企业授信的成本，满足末端中小型物流企业的融资需求，追溯信贷资金流向，控制贷后风险。

由趣链科技自主研发的区块链平台 Hyperchain 结合微软 Azure 的 IoT 技术打造的物流供应链平台，可实现实时显示物流的状态，使物流供应链服务更加便捷，为更多的物流企业、金融机构、保险服务商提供服务。

6. 绿色能源

该产品通过基于区块链的绿色能源交易平台，实现绿色资产数据可靠采集、可信存储与资产溯源（见图 10.8）。

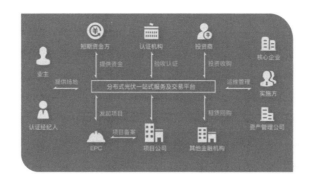

图 10.8　绿色能源示意图

该产品目前可实现资产数据穿透，实现全面监控，实现资产确权，提高资产流动性，使资产信息可信，降低风险评估成本，共享资源信息，提升资源匹配效率。

目前，杭州阳光智联科技有限公司联合趣链科技，推出了全国首个区块链绿色产业金融科技服务平台，用区块链技术为绿色产业与社会资本提供一站式企业级服务。

区块链与供应链金融的结合将有效解决各参与方的痛点，并带来新的价值。

（1）推动资金流转。通过打造开放、透明、高效的分布式网络，区块链将供应链上下游企业、核心企业、银行等参与方接入区块链网络，实现核心企业信用的多级穿透。将应收账款等资产的确认、流转、融资、清分等流程上链，做到资产确权；同时，链上资产可进行拆分和多级流转，推动资金流在链上移动，化解供应链末端中小型企业的融资困境。

（2）降低金融风险。对银行而言，供应链全链条的数据将帮助银行更透彻地了解整条供应链及其中的每家企业，同时信用的多级传递能够帮助银行获取更有保障的优质资产，降低不良贷款率。

（3）增加供应链中核心企业与上下游企业的黏性。区块链的应用可以赋予传统供应链金融新的价值，不仅有助于解决链上多级供应商、经销商融资难、融资慢的问题，也能够增加供应链中核心企业与上下游企业的黏性，提升整体竞争力。高效整合企业信息流，也有利于提升产业链的协同合作能力，实现整体效益的提升。

（二）区块链在能源电力领域的应用

目前，国家电网区块链项目以通用型技术为代表，包括电子合同、电力结算、供应链金融、电费金融、大数据征信等金融产品，适应担保、融资、交易等多类型应用场景，体现了行业特色，如需求侧响应、能源补贴、共享储能等。

通用性技术方面：基于区块链技术自主打造的电 e 贷、电 e 票等金融服务产品，为电费金融类应用提供票据保存、链上审核、票据溯源、流转管理等功能，实现了票据全程可查、可验、可信、可追溯。基于区块链的电子合同，利用智能合约技术，结合区块链身份认证机制，为企业、个人提供具有法律效力的线上合同全流程管理与存证、取证服务。比如，浙江宁波供电公司开发的"链无忧——基于区块链技术的停电险"项目，利用区块链分布式存储、不可篡改等特性，将电网停电等数据放入区块链，一旦投保用户发生停电，保险公司无须人工现场核损，即可基于链上数据按停电时长自动实时理赔。

行业技术方面：2019 年 1 月国网浙江省电力有限公司（简称国网浙江）上线国家电网首个自主研发的区块链应用平台，围绕着该平台开发出多种应用。一是需求侧响应，2019 年 10 月 1～3 日，浙江首次实施填谷需求响应，缓解节假日期间低谷时段电网运行调节压力。本次填谷响应实际参与户数为 540 余户，最大填谷负荷为 52 万千瓦，合计响应电量为 730 万千瓦时。电力需求侧响应采用了区块链技术来实现数据共享。基于区块链技术，可将实时负荷数据上链，并且提供给电网公司、省能源局、用户等相关利益方，确保不同主体的数据的一致性，用户可在网站查询相关数据，并能对上链数据进行校验，实现需求侧管理创新。二是能源补贴，国网浙江在嘉兴海宁进行光伏补贴业务的试点验证，研发了区块链网关，用于光伏发电数据的采集，并在嘉兴海宁分布式光伏用户现场部署了 8 套区块链网关，初步实现了基于区块链的光伏发电数据采集，探索了从采集设备端直接将数据发送给用户、监管部门等相关方的方法。

国网青海省电力公司（简称国网青海）利用区块链技术实现共享储能市场化交易。青海光伏装机规模快速扩大，但受系统调峰能力不足、市场机制不健全等多种因素的影响，其新能源发展面临着消纳难、电量贡献小、发电调节灵活性差、波动性强等问题。新能源发电站和储能电站可通过市场化交易方式进行协商和竞价，通过撮合匹配，按平均报价成交，缓解新能源发电站弃风、弃光的问题。其中，区块链技术保障了多主体间交易的快速撮合、智能研判，形成交易全过程的大账本，实现数据的精准追溯、不可篡改，保证了交易的公平。2019 年 6~8 月，该项目实现调峰交易 566 笔，调峰充电电量达 470.64 万千瓦时，区块链交易存证数据达上千万条。

（三）区块链上电子数据存证中的应用

1．电子数据存证现状

随着数字经济的高速发展，体现在司法实践中，即证据的种类正逐步从物证时代过渡到电子证据时代。电子证据主要呈现出四个特点：数量多、增长快、占比高、种类广。

我国第一次将电子数据作为法定证据是在 2012 年修订的《中华人民共和国民事诉讼法》和《中华人民共和国刑事诉讼法》中予以明确规定，此后相关的电子证据使用规范或制度等相继出台。

在司法实践中，电子证据使用仍面临着诸多认定难题。第一，电子证据容易被篡改；第二，在取证时，电子证据和相关设备如果发生分离，则电子证据的效力会降低；第三，在出示证据时，需要将电子证据打印出来转化为书证，这种操作不但可能破坏电子证据的内容，而且司法认定的成本也较高；第四，在举证时，由于其易被篡改的特性，可能出现双方电子证据内容不一致的情况，导致法院对电子证据的真实性、关联性、合法性的认定变得很困难。

《最高人民法院关于互联网法院审理案件若干问题的规定》指出："当事人提交的电子数据，通过电子签名、可信时间戳、哈希值校验、区块链等证据收集、固定和防篡改的技术手段或者通过电子取证存证平台认证，能够证明其真实性的，互联网法院应当确认。"

因此，对于电子证据司法认证过程中无法克服的困境，利用区块链技术存证尤为必要。

2．区块链电子合同

目前很大一部分的互联网业务合同采用了电子合同，要保证电子合同数据的真实性和完整性，需要对其进行存证与固证。而区块链技术具有典型的去中心化、不可篡改等基本特性，在存证方面有着天然优势。

区块链使数据可以在网络缔约方之间直接交换，而不需要中间人。交易数据及性能、义务的任何/所有元素都可以在由任何/所有参与实体控制的多个计算机系统上维护。需要注意的是，网络中的签约参与者可以查看他们的条目，但更新合同区块链只能通过大多数人的授权进行。

例如，由于区块链包含所有相关交易的准确和可核查的记录，它可以为作为区块链典型成员的多智能体系统提供一种简单、可靠的方式来交换信息，形成单一版本的真相。

合同无法解决现代产品供应协议中的细微差别，也无法支持管理更现代的、以业绩为基础的制度安排，这是一个公认的、代价高昂的问题。区块链在一个不受约束的、完全网络化的环境中，提供了一个通用的数据平台，有效地提高了人与人和机器与机器之间的协作效率。

3．君子签区块链电子合同

君子签运用区块链技术，不仅让电子合同具备法律效力，更完善了电子合同签约后服务，一站式解决企业的合同签署难题。

君子签通过区块链技术对接公证处、司法鉴定中心、仲裁委员会等权威机构，建立保全链开放平台，让合同文件通过哈希值运算后在链上进行存证，一旦存证信息上链同步广播到各个节点后，便无法篡改或伪造，用技术手段提高数据的真实可信度，解决了传统合同存证不安全、不真实，以及易被破坏、丢失等业务痛点。

此外，君子签电子签约系统会记录整个签署过程，包括签约主体、签约时间、签约地点、签约设备等，如发生合同纠纷，君子签区块链电子合同可随时作为电子证据，防止事后抵赖。

相比纸质合同，君子签区块链电子合同的优势有成本低、效率高、风险低，以及相关的签约后服务较好，如合同的在线公证、在线司法鉴定及网络仲裁等，这些后续服务的质量甚至会直接影响合同的履约率。

4．存证上链场景

（1）仲裁存证。

仲裁存证是区块链电子存证产业链的重要一环。在取证环节，由于区块链的存证方式为多方参与的分布式存储，同时允许司法机构、仲裁机构、审计机构等多个共识验证节点在联盟链上共享电子证据，因此在理论上可以实现秒级数据传输，不仅能降低取证的时间成本，还能优化仲裁流程，提高多方协作效率。

2017 年，微众银行联合广州仲裁委员会、杭州亦笔科技有限公司基于 FISCO

BCOS 区块链底层平台打造"仲裁链";2018 年 2 月,广州仲裁委员会基于"仲裁链"出具了业内首份裁决书。通过"仲裁链",仲裁机构能够从证据产生初期就参与存证业务、参与多方共识进行实时见证,当发生纠纷时,经核实签名的存证数据即可被视为直接证据,极大地缩减了仲裁流程。

（2）公益诉讼。

与刑事立案监督相比,公益诉讼的线索来源更加广泛,其中行政机关提供的数据占比很小,更多的线索是从机关、企业、事业单位、团体、机构等广泛的社会行业数据中获取的。利用区块链去中心化记账和数据不可篡改的特点,可以在检察机关和相关单位之间构建可信机制,让数据的获取、存储、分析、推送等全流程都真实可信,不仅最大限度地保障数据提供方的隐私,还能保证检察机关不遗漏与业务相关的重要信息。

2018 年 6 月,在我国最高人民检察院检察技术信息研究中心的指导下,武汉经济技术开发区检察院率先利用区块链和卫星通信技术对一起公益诉讼案进行调查取证,发现并证实了一块农田发生土质硬化及搭建违章建筑。其中,运用区块链技术可以在卫星遥感影像数据产生时即对数据的真实性进行认证,并为举证数据的真实性提供保障,从而解决公益诉讼领域长期以来"取证难"的法律痛点。

（3）电子发票。

虚开增值税专用发票、骗税、偷税、漏税等现象一直是传统税收模式中的难题。通过区块链技术在企业、税务机关、会计师事务所等财务税务参与主体之间建立统一的多方共识,搭建财税业务公共区块链和分布式账本平台,不仅有助于纳税人对电子发票进行追溯和验证,还有助于税务部门对纳税人发票申领、流转、报税等过程实行全方位监管。

2018 年 5 月,腾讯与国家税务总局深圳市税务局联合建立"智税"创新实验室。6 月,广州税务部门率先推出电子发票区块链平台"税链",并授权广州燃气集团有限公司加入;7 月,"税链"平台迎来首批 100 户试点企业。7 月,东港股份有限公司联合井通科技建立电子票据区块链实验室并发布区块链电子发票产品。8 月,深圳国贸旋转餐厅开出了全国首张区块链电子发票,宣告深圳成为全国区块链电子发票试点城市。

（4）版权登记。

对于大量的互联网作品（如微视频、图片、网络文学等）而言,要在中国版权保护中心进行版权登记的门槛较高。一是登记周期较长,官方审核一般需要 20 个工作日;二是登记价格偏高,登记单件作品的市场价高达数百元,这主要是由技术层面的低效率造成的。通过区块链技术的去中心化共识算法,不仅可以达到接近于零成本的数据记录，还能实现秒级确认的确权验证，有效解决传统版权登记模式的高成本和低效率的痛点。

2018 年，国内涌现出多个以区块链技术为基础的第三方版权服务平台。百度和 360 分别推出"图腾"和"图刻"，免费提供原创作品登记服务，采用区块链版权登记网络，配合可信时间戳、链戳双重认证，为每张原创图片生成版权 DNA。小犀智能联合重庆市江北公证处、重庆市版权保护中心等多家知识产权领域的相关机构成立版权链联盟，当事人在对版权作品进行链上确认后，可以通过平台在线提交"保全证据"进行公证和在版权保护中心进行在线登记。

（四）区块链在隐私保护中的应用

随着互联网的广泛、深入发展，企业逐步由封闭走向开放，大量的系统和数据暴露于互联网，使得用户个人隐私数据的保护面临挑战。利用区块链技术的匿名特性，通过将用户个人隐私数据（用户信息等）记录到区块链上，实现用户在区块链环境中的匿名交易，保护用户个人隐私数据和操作数据的匿名安全与传输安全，提升了交易过程的安全性，加强了对用户的隐私保护与服务。

被视为安全基础设施的区块链技术可以提供一个解决阻碍健康数据协调管理和促进互操作性问题的潜在解决方案。因此，区块链技术的出现为解决新的经济优势带来了更大的希望。

1．华为云区块链服务的安全特性介绍

本节将介绍华为云区块链服务（Blockchain Service，BCS）在安全隐私保护的设计与实现。华为云区块链服务的构建基于开源的区块链框架 Hyperledger Fabric，除了支持原生开源框架内部的 PKI 身份证书认证、交易签名校验、TLS（安全传输层协议）等，华为云区块链服务在华为云安全的基础上还额外增加了新的安全特性，为区块链服务提供高安全环境。本文主要描述如何基于虚拟私有云网络 VPC 建立租户区块链节点的隔离机制；从安全合规性角度讨论国密算法 SM2/SM3/SM4 的支持，为用户提供多样性的哈希和签名策略；为保护交易参与方的隐私性，提供范围可证明的加法同态加密机制。本文将一个区块链应用的开发作为示例，详细描述如何使用 BCS 的安全隐私保护特性。

2. 区块链服务的租户数据隔离机制

华为云对云端数据的隔离是通过虚拟私有云（Virtual Private Cloud，VPC）实施的。它将不同租户间的网络深度隔离，保证了不同租户间的数据不会被越权获取。通过 VPC，租户可以完全掌控自己的虚拟网络，实现不同租户间在二、三层网络的完全隔离。一方面，结合 VPN 或云专线，将 VPC 与租户内网的传统数据中心互联，实现租户应用和数据从租户内网向云上的平滑迁移；另一方面，利用 VPC 的安全组功能，按需配置安全与访问规则，满足租户更细粒度的网络隔离需求。

在华为云区块链中，每个租户单独运行在一个 VPC 中，利用 VPC 数据中区块链联盟成员独立隔离机制来保障每个成员的数据隔离和权限隔离，从而满足区块链系统的多中心化、多方参与、多方共识和不可篡改等独立、安全原则。例如，在三个租户建立的联盟链网络中，每个租户在自身的 VPC 内构建区块链的组织和节点，用于存放账本数据。只有租户的管理者对自己本 VPC 内的节点和数据具有管理权限。每个租户可以设置 EIP（外部地址）和端口，将锚点的访问地址发布出来，以便其他租户集群的锚点可以与其建立链接。同样，我们将共识组织内的节点构建于一个私有集群，并为每个共识节点发布 EIP 和端口，使得各租户组织的主节点可以与共识节点建立链接。

3. 国密算法的设计和使用

华为云区块链服务是基于 Hyperledger Fabric 开源框架构建的，采用为每个组织生成 MSP 证书完成身份证书认证，通过 TLS 证书保证通信安全。为满足金融行业的特定需求，BCS 开发了基于国密算法的证书签名机制，应用和节点之间、节点和节点之间及节点和共识节点之间采用基于国密算法签名的证书认证机制。国密算法是国家密码管理局制定标准的一系列算法，随着金融安全上升到国家安全高度，国密算法的应用也越来越广泛。2017 年 11 月 SM2/9 正式进入 ISO/IEC 标准。华为云区块链支持国密 SM2/3/4，提供多种加密算法供用户选择，同时满足合规要求。SM2 是基于 ECC 的国密非对称加密机制，SM3 是国密消息摘要机制，SM4 是国密对称加密机制。

本节从区块链节点的租户数据隔离机制、安全合规性的国密算法支持机制，以及范围可验证加法的同态加密机制讨论了华为云区块链服务的增强安全特性。后续华为云区块链服务将会提供零知识证明能力。零知识证明能够在不向验证者提供任何有用的信息的情况下，使验证者相信该结论是正确的，证明过程中不用向验证者泄露被证明的消息，从而减少用户隐私泄露风险。

（五）区块链在医疗、健康和农业中的综合应用

华大基因自 2018 年起开始布局区块链技术应用并加入了超级账本，最终目标是与行业伙伴共同搭建基于区块链及密码学技术的数据流通生产级基础设施，以隐私保护为前提，以数据共享为目的，确保全流程可控制、可审计、可监管，从而支撑民生普惠、科学探索和产业应用，使相关主体（个人、政府、医疗机构、科研机构、国家基因库、企业等）共有、共为、共享，在生命时代为个人生命数据确权并将数据资源资产化，形成生命价值可定价、可流通、可交换的全新生态体系。

华大区块链的业务目标分为两部分。从个人层面而言，实现人人、实时、终身的生命 4D 数据隐私保护，为个人数据确权；通过积分激励将数据价值还于个人，同时促进科研及产业应用。从组织层面而言，为行业伙伴提供企业级的区块链基础设施与解决方案，形成组学数据与其他健康医疗大数据的共享交互生态体系，最终实现个人（数据所有者）、机构（科研、医疗等）、政府、企业在生命时代共有、共享、共为的多方协作和互惠共赢体系。

1. 华大区块链重点关注的特色技术点的突破

（1）基因数字 ID：通过个人基因 ID 技术，解决现有区块链技术中的数字身份无法安全关联个人实体身份的问题，规避网络应用中的数字权利与现实社会中实体权利难以合法关联的问题。

（2）后量子加密：解决现有区块链产品的非对称加密体制无法防止将来量子计算的破解问题。

（3）安全多方计算：通过提供安全多方计算解决方案，实现多方数据所有者在不透露数据细节的前提下进行数据协同计算。

（4）匿名应用：节点可匿名提供暂时数据给区块链上的第三方应用进行处理，通过瞬时加密机制确保用户隐私。

（5）乱序存储：节点可以对数据乱序加扰后分布存储到多个其他节点（包括云平台），数据所有者是恢复原始数据所必需的乱序引索（Index）的唯一拥有者。

2. 华大区块链应用场景

（1）"区块链+跨组学数据"：个人生命数据的价值流动。

①通过生命组学工具（测序仪、质谱仪、影像设备、可穿戴设备等）收集全方位、全周期的生命大数据，形成人人、实时、终身的生命健康档案，形成数字化生命。

②将所有数据进行加密处理，于国家基因库进行统一存储，确保数据硬件安全、物理安全和访问安全。

③用户可通过前端 App 授权个人数据被内部科研团队、合作医院、健康管理团队等使用，所有的使用日志将以区块链形式记录，用户可实时查询、授权个人数据使用情况，实现用户对个人数据的控制权，将数据价值还于个人。

④对于授权数据使用或主动提供组学数据的用户，华大基因以健康积分作为激励；健康积分可用于各类健康促进服务（精准运动、精准营养等），实现个人生命数据价值的正向反馈。

（2）"区块链+注册申报"：医疗器械申报全流程管理。

华大基因每年需要报国家食品药品监督管理总局审批的国产仪器与试剂盒众多，为加强华大内部设备试剂生产、临床试验数据、注册申请材料等全流程追踪管理，实现全程可溯源、信息可追踪、过程可监管，华大基因正在搭建基于华大区块链的临床注册申报管理平台。未来所有注册申报的数据及信息均将通过此平台登记，防止出现报送信息不全、失真等问题，并减少数据泄露的风险。同时，华大基因将与国家食品药品监督管理总局探讨建立合作关系，以区块链模式及时共享数据，联合实施审计监管，从而提高申报效率。

（3）"区块链+罕见病公益"：许一个没有罕见病的未来。

华大区块链为罕见病相关的公益基金是基于区块链的管理平台建立的，确保资金用途、捐赠记录、受捐人信息等都将通过区块链进行存证，实现全程公开透明。同时，由于罕见病例稀少，相关数据极其分散，对罕见病的诊断、医疗需要通过患者、病友会、医生、检测机构、科研机构、制药机构、公益基金会、媒体等多方互助才能把资源最优化，最大可能地应对罕见病。华大区块链也将探索通过分布式架构促进罕见病相关方多方协作，同时确保数据隐私、促进数据共享、定义数据价值。

（4）"区块链+互助保险"：HPV 检测保障计划。

为应对 HPV（人乳头瘤病毒）感染现状，降低宫颈癌发病率，呵护女性健康，华大基因近期研发出自取样的 HPV 分型基因筛查检测产品，启动大规模的互联网宫颈癌防控计划，同时首期在员工内部试点 HPV 互助保障计划，将基因科技与互联网保险结合，所有购买 HPV 检测试剂盒的费用都将作为互助基金，用于日后的互助理赔。购买记录、检测结果、理赔金额等都将通过区块链进行不可篡改地存证，并接受相关机构的监管，保障用户权益。

（5）"区块链+深度学习"：从技术融合到生物智能。

将区块链技术与深度学习等智能算法融合，预先明确算力提供者、算法提供者和数据提供者三方的权责并做好利益分配，才能有效促进基因大数据的挖掘。

在区块链上进行待训练数据的身份与权属认证，并通过智能合约发布训练需求，激励算法提供者贡献智慧。算法提供者既可以在本地可信环境中训练模型，还可以通过区块链接入第三方算力平台。智能模型训练完成后，其科研与产业应用价值可通过预先定义好的规则回馈给各方。华大区块链创新性地将区块链技术应用于数据供需方匹配，为数据挖掘引入广泛的市场参与者，从而形成一个多方协作的算法市场与智能计算系统，既可为数据确权，又可最大化地发挥数据价值，为最终实现生物智能奠定基础。

（6）"区块链+供应链"：农产品智慧防伪溯源平台。

华大区块链携手华大农业，整合物联网和基因检测技术，打造农产品的智慧防伪溯源平台。利用区块链去中心化、数据不可篡改、公开透明、时间戳等特点，将农场、农户、检验检疫、加工贸易、销售、物流仓储等机构加入联盟链，形成一个资金流、信息流、产品流的共享链条，做到来源可查、去向可追、责任可究。各个环节参与方以全节点形式参与到流程中，所有数据的产生与交互数据都会在加密签名后上链存证，充分解决供应链中由信息不对称导致的交易摩擦、监控管理缺失和由数据欺诈导致的质量安全或假冒问题，为消费者提供透明、可追溯的全流程信息，形成全新的农业生产管理方式。

第四节　硬件管理

一、供应链物流

针对传统供应链物流中存在的信任及效率问题，利用区块链实现物流、信息流、价值流"三流合一"，增强供应链物流体系参与方的协调性和信任度，提高供应链物流的效率，促进供需匹配。利用区块链上共享、透明、可靠的信息，实现产品采购、制造和流通的历史信息可追溯，做到资产、设备的全生命周期管理，提升供应链各环节的数据共享效率。当出现货物的冒领与假冒或纠纷时，举证和追查也将变得更加清晰和容易，从而提升物流过程的可信性。

一些供应链已经在使用该技术，专家认为区块链不久之后可能会成为一个通用的供应链操作系统。我们应考虑如何利用这项技术改进以下任务。

（1）记录类似托盘、拖车、集装箱等资产的数量和转移——当它们在供应链节点之间移动时。

（2）跟踪采购订单，更改订单、收货、装运通知或其他与贸易有关的文件。

（3）分配或验证实物产品的认证或某些特性，如确定食品出处是否有机、是否属于公平交易。

（4）将实物商品链接到序列号、条形码、RFID 等数字标签上。

（5）与供应商和客户共享有关制造过程、装配、交付和产品维护的信息。

不管应用程序如何，区块链都为托运人提供了以下优势。

（1）增强透明度。区块链记录了整个供应链中的产品旅程，揭示了其真实的起源和交接点，增加了信任，并有助于消除当今不透明供应链中出现的问题。制造商还可以通过与原始设备制造商和监管机构共享日志来减少产品召回。

（2）更高的可扩展性。实际上，区块链可以接受任何数量的接触点访问。

（3）更安全。区块链具有编纂规则的共享机制，不可磨灭的分类账本可能会消除内部系统和流程（支出事项）所需的审计。

（4）增加创新。作为分散式架构的结果，大量机会可能会出现在因为技术创造而产生的新的行业中。

布比基于区块链技术构建了物链，整合先进的物联网技术，建立了一套完整的供应链生态服务系统。

通过对物品生命估计的记录，来实现对品质型商品和作品的价值保护，以及对产品流通渠道和消费者权益的保护。

如此一来，在当前粗放和缺乏公信力的市场中，物链就能帮助很多产业链条上的中小型企业被市场发现并且得到市场的长期认可，避免销售中获取的利润被市场中的次品和假冒产品抢夺。除此之外，因为物链具有公信力的价值转移和再生，所以其也将会成为政府相关部门行使监督权力的可靠渠道。

物链还结合了供应链的特性对区块链的接口进行了继承、封装及应用，形成了一系列具备鲜明应用特色的供应链管理云平台，使每一个物品的静态（固有特性）和动态（流转、信用）等信息都能够在生产制造企业、仓储企业、物流企业、各级分销商、零售商、电商、消费者，以及政府监管机构之间达成共享与共识。

物链所涉及的服务内容关系到生活中的方方面面，其本质就是成为产品流通领域品质和诚心的担保人，发现并培育出更多优质和便捷的产业链条，围绕这些链条来实现企业、公众和国家的利益。

二、设备管理

在资产密集型企业中，存在大量设备资产，当这些设备出现故障的时候，往往难以快速、有效地诊断与排除。针对目前设备故障诊断的效率问题，利用区块链在设备间建立点对点的直接沟通桥梁，使设备成为可以自我维护的自主个体。利用智能合约，实现故障诊断自主化，提升故障诊断效率。另外，实现对设备的可信监控和检测。当设备监测到异常时，通过智能合约和关联设备的数据，的关联分析，合理、充分地综合相关信息进行快速、准确的故障诊断，将诊断结果上传到检修平台，为运行维修人员提供辅助分析，提高检修效率，从而减少设备中断时间。

三、内外高效协同

对于大型集团企业来讲，其主营业务往往影响或主导着行业与产业的变化。区块链支撑"开放、共享"理念，推进企业内部各部门间的主动协同，增进行业或产业链上下游企业的高效协作，形成一个自发性高、获得感强、活力充沛、良性发展的行业或产业链生态圈，实现和谐共赢。在外部生态圈协同上，充分发挥企业在行业或产业链生态圈的主导作用，带动供应商、设计单位、第三方物流、分销商、客户等合作伙伴积极开展信息集成、业务协作和资源共享。建立行业或产业链征信系统，自动获取供应商等利益相关者的信用信息，全面评价供应商等利益相关者的技术和履约能力，向社会平台共享供应商等利益相关者的不良行为信息，促进供应商等利益相关者的优胜劣汰，净化市场，促进市场经济的诚信与公平，提升行业或产业链的对外服务价值。

区块链技术目前已在各行各业发挥重大作用，尤其在协助企业管理提高工作效率方面，区块链技术将产生巨大的推动力。企业通过采用区块链相关技术，可显著降低企业运营成本、提升企业管理能力。区块链技术也将通过提高企业管理能力逐步达到推动经济发展的长远目标。

企业可通过区块链技术极大地降低企业的搜索成本、运营成本、管理成本及信任成本，提升管理能力，打破企业原有的层级制度，将组织结构扁平化。区块链技术也可令企业通过全体共治、内部协作体系，以及智能合约让企业管理更高效、更透明，并为企业管理带来巨大变革，激发企业活力，为社会经济增长做出更大的贡献。

参 考 文 献

[1] 王岩．区块链在新型智慧城市建设中的应用现状[EB/OL]．2018-9-26.http:// www.lianmenhu.com/blockchain-6601-1

[2] 安永 EY．区块链在应急疫情管理中的应用[EB/OL]．2020-02-21．https:// www.ey.com/zh_cn/consulting/blockchain-consulting-services

[3] 成文厚．财政部下达 1136 亿专项扶贫资金预算，此前提出利用区块链技术 监督 [EB/OL]．2019-11-19．http://www.ccw.com.cn/channel/blockchain/ 2020-02-21/12052.html

[4] 叶蓁蓁．人民网评"解析区块链"之一：如何落实依法治理 [EB/OL]．2019-10-28．http://opinion.people.com.cn/n1/2019/1028/c1003-314 24952.html

[5] 人民网．人民日报《区块链——领导干部读本》开篇文：从互联网思维到区 块链思维 [EB/OL]．2018-08-17.http://finance.sina.com.cn/blockchain/coin/ 2018-08-17/doc-ihhvciiw3441904.shtml

[6] 郑晓丹．"互联网+"思维对企业管理创新的启示[EB/OL]．2015-12-30.http:// www.rmlt.com.cn/2015/1230/413170_2.shtml

[7] 王梦灵．区块链技术在智能交通领域的融合应用[EB/OL]．2020-01-08.http:// www.its114.com/html/news/survey/2018_06_95059.html

[8] 常宁．热点：社交媒体内容运营逻辑[M]．杭州：浙江大学出版社，2018： 104-105．

[9] 一品内容官．内容营销 vs 社会化媒体营销：到底有啥区别？ [EB/OL]．2016-06-14．https://www.jiemian.com/article/695277.html

[10] 张楠．5G 时代下，数字营销企业的使命与未来[EB/OL]．2019-09-27.http:// www.infoobs.com/article/35048/5G-shi-dai-xia-shu-zi-ying-xiao-qi-ye-de-shi-mi ng-yu-wei-lai.html

[11] Kant．新营销 20 条：2020 最值得关注的社交营销趋势 [EB/OL]．2020-03-02.https://www.sohu.com/a/377240531_505816

[12] 窦春欣．区块链技术将如何改变广告产业[J]．传播力研究，2018：119．

[13] 李海华．区块链技术在广告传播中的应用[J]．青年记者，2019：99．

[14] 布洛克财经．通证经济新方向——再谈大小通证[EB/OL]．2018-12-17.http:// www.lianmenhu.com/blockchain-8122-1

[15] 孟岩．一个通证经济典型案例——移动广告矿机[EB/OL]．2019-09-18.https:// blog.csdn.net/myan/article/details/100982415

[16] 王瑶．客户关系管理基础理论体系框架[J]．合作经济与科技，2020：140-141．

[17] 金融界．安妮股份郝汉：区块链助力数字版权打开万亿级市场竞争尚处蓝海 [EB/OL]．2020-03-11.https://finance.sina.com.cn/stock/relnews/cn/2020-03-11/ doc-iimxxstf8227146.shtml

[18] 区块链大本营．区块链重塑人类社群生态[EB/OL]．2019-12-27.https:// blog.csdn.net/Blockchain_lemon/article/details/103740522

[19] 徐慧丽，刘迷．移动社群电商与传统电商差异性及协同创新发展模式研究[J]．商 业经济研究，2019：92．

[20] 李健．获取流量是手段，提高渠道效率是根本[J]．现代家电，2019：26．

[21] 加里•阿姆斯特朗，菲利普•科特勒．市场营销：原理与实践[M]．16 版． 北京：中国人民大学出版社，2015：14-15，50-56．

[22] 人民网 以区块链赋能社会治理（新论）[EB/OL]．2019-11-21.http:// theory.people.com.cn/n1/2019/1121/c40531-31466099.html

[23] 王岩．区块链+智慧城市建设中具体的应用现状[EB/OL]．2018-09-26.http:// www.cbdio.com/BigData/2018-09/27/content_5850012.htm

[24] 腾讯编辑部．区块链白皮书[J]．金融科技时代，2019（11）：99．

[25] 梅兰妮•斯万．区块链：新经济蓝图及导读[J]．金融电子化，2016（03）：96．

[26] 杨海霞．数字化在城市治理领域机会广阔——专访阿里巴巴集团副总裁许诗 军[J]．中国投资，2020（Z3）：36-38．

[27] 谈毅．区块链与智慧城市群相互赋能发展策略研究[J]．人民论坛•学术前沿，
2020（05）：76-81．

[28] 姜红德．企业数字化转型面临新拐点[J]．中国信息化，2020（01）：10-12．

[29] 童向杰，郑武，谢凤玲，董丽花，汤炉鑫．企业数字化转型中的硬件 DevOps
实践[J]．价值工程，2020，39（01）：1-5．

[30] 董乐．5G 时代企业数字化转型之路[J]．中国电信业，2020（05）：46-49．

[31] 王强，刘玉奇．新零售引领的数字化转型与全产业链升级研究——基于多案
例的数字化实践[J]．商业经济研究，2019（18）：5-8．

[32] 肖旭，戚聿东．产业数字化转型的价值维度与理论逻辑[J]．改革，2019（08）：
61-70．

[33] 张永金．从"中国制造"到"中国智造"——浅析国内制造业数字化转型之

路[J]. 商讯，2019（10）：161+188.

[34] 李清源. 探索工业数字化转型之路[J]. 高科技与产业化，2017（11）：62-65.

[35] 朱岩. 疫情下数字经济与传统制造业转型新机遇[N]. 建筑时报，2020-05-14（006）.

[36] 魏炜，朱武祥. 新金融时代：发现商业模式[M]. 北京：机械工业出版社，2009：02-01.

[37] 袁煜明，孙航天. 区块链助力知识产权步入新纪元——火币区块链产业应用系列报告之一[M]. 火币区块链应用研究院，2019：11-13.

[38] 区块链专研. 乐鸥在线文旅通过区块链能为旅游行业带来什么改变[N]. 简书，2018-06-14.

[39] 袁煜明，肖晓. 全球区块链产业发展全景（2019-2020 年度）[M]. 火币区块链应用研究院，2020：02-28.